365
acompañados
por los
SANTOS

365 días acompañados por los

SANTOS

Volumen 2

PETRA S. ALEXANDER

LOYOLA PRESS.
UN MINISTERIO JESUITA
Chicago

LOYOLA PRESS.
UN MINISTERIO JESUITA

3441 N. Ashland Avenue
Chicago, Illinois 60657
(800) 621-1008
www.loyolapress.com

Diseño de la portada: Loyola Press.
Ilustraciones de la portada: Rafael López
Santos de la portada (desde arriba hacia abajo): santa María Magdalena; Santa María, Madre de
Dios; santa Catalina de Drexel; san Jerónimo; san Pedro Claver

ISBN: 978-0-8294-4967-9
Número de Control de Biblioteca del Congreso USA: 2020936437

Impreso en los Estados Unidos de América.
20 21 22 23 24 25 26 27 28 29 Versa 10 9 8 7 6 5 4 3 2 1

*A mi hijo Jeremy J. Alexander, le comparto el sentir de León Bloy:
"Al final solo hay una tragedia, y es no haber sido santos".*

Índice

Introducción

Actualmente colaboro con algunas clases para nuestras comunidades hispanas en la diócesis de San Bernardino y constantemente escucho en los asistentes el deseo de conocer más sobre la Iglesia. Aquí están estos bocetos o perfiles de la santidad que han madurado en la vida católica, aderezados con pensamientos de su sabiduría. Estos santos proceden de diversos países, condiciones sociales, culturas y épocas. Parece que ninguno de ellos ha logrado la santidad con facilidad, pero cada historia nos dice que seguir a Cristo es posible. Ayuda saber de sus temperamentos humanos, sus crisis, sus desafíos, sus respuestas a la gracia. . . . Como caminantes, nos sirven de bastón donde apoyar cada paso y nos dan un impulso hacia adelante.

En estos tiempos de inmigración global, nuestros hispanos representan un encuentro cotidiano con las bienaventuranzas: las lágrimas de los humillados, el abuso de los inocentes, la pobreza de los que no tienen más que sus manos para trabajar, la ausencia de quienes están en la cárcel o deportados, los sueños y las esperanzas. . . . ¡Qué tierra más fecunda para que germine la santidad! Gracias a Dios tenemos buenos sembradores, como nuestros obispos Gerardo Barnes, Rutilio del Riego y Alberto Rojas, que van delante con su ejemplo.

Deseo que este volumen de *365 días acompañados por los santos* sirva para nutrir la fe sincera del pueblo. Ya hay expresiones de su servicio en la liturgia, la catequesis y la evangelización, pero siempre necesitamos actualizar las obras de misericordia, en la medida que nos sea posible. Cuando rezamos las letanías de los santos se experimenta una solemnidad horizontal, nos arrodillamos para pedir la ayuda de los que sí cumplieron con la misión: *Santos del Señor, ¡rueguen por nosotros!* Invocamos a esa "densa nube de testigos" (Heb 12:1), para correr con constancia la carrera que nos lleva a Cristo. La crisis de nuestra Iglesia nos reclama una recuperación del Evangelio. Solo con santidad recuperaremos credibilidad.

Agradezco a la editorial Loyola Press la posibilidad de compartir este almanaque. A muchos de estos santos los conocí por mis padres; son viejas raíces que entrelazan mi identidad. Agradezco a Ramón Rabre la valiosa información sobre algunas historias menos conocidas compartida en su blog *Tus preguntas sobre los santos*. Más que historias, espero sean chispas que prenden (Sab 3:7), capaces de provocar fuegos nuevos en los lectores. Estoy segura de que donde hay santidad, un magnetismo se contagia.

Enero

Santa María, Madre de Dios

Una mujer de la multitud alzó la voz y dijo: ¡Dichoso el vientre que te llevó y los pechos que te criaron!
—Lucas 11:27

Comenzamos el año reconociendo a María, la aurora de nuestra salvación, porque gracias a que ella afirmó su fe y aceptó ser madre, el mundo conoció a Cristo. Desde el Concilio de Éfeso le damos el título de "Madre de Dios". Esta manera de llamarla no es protocolo, sino una expresión de nuestra conciencia acerca de quién es Jesús. Al tener a Cristo como nuestro salvador y centro de la historia, la asociamos a él de manera única.

෮ ❖ ෨

Romano Guardini en su libro *El Señor*, afirma que cuando se quiere conocer un árbol, se pregunta por la tierra de donde toma los nutrientes. Se pregunta por el suelo que lo alimenta y le permite dar frutos especiales. Igualmente debemos preguntarnos sobre Cristo: ¿de quién aprendió como persona humana?, y llegaremos a María. Ella enseñó al Jesús niño, al adolescente, al joven, al hombre Jesús. Le enseñó a orar, le enseñó con su ejemplo la compasión, el perdón y la paz.

¿Qué te ha enseñado María sobre Jesús? ¿Y qué te ha enseñado Jesús sobre María?

San Gregorio de Nacianzo

Amen al Señor todos sus fieles, que el Señor guarda a sus fieles, pero castiga con creces a los orgullosos.
—Salmos 31:23

San Gregorio de Nacianzo (329–390) es uno de los grandes padres que regaló a nuestra Iglesia dones maravillosos: sus sabias reflexiones en sermones, en escritos y con ejemplos de humildad y caridad. Rodeado de un ambiente culto y de educación refinada, con amigos como san Basilio, Gregorio optó por la humildad. Con su erudición ayudó a la reflexión de la Cristología y participó en el Concilio de Constantinopla. Renunció varias veces al ejercicio episcopal y prefirió dedicarse a la meditación.

ಬಿ❖ಐ

Uno de los temas favoritos de san Gregorio fue el amor por los pobres. Preparó muchas homilías para animar en sus comunidades la práctica de la caridad. Decía "que las manos de los pobres también sean nuestro altar" (*Servir a los pobres con alegría*). Con el paso de los tiempos, el mensaje de Gregorio tomó fuerza en la Iglesia, sobre todo cuando hace falta solidarizarse con los más desvalidos. San Gregorio supo que un cristiano siempre tiene algo que compartir. Si no tiene algo material recomendaba "que demos a los pobres antes de que ellos pidan, y si no tenemos otra cosa, lloremos con ellos, regalemos nuestras lágrimas, basta con un poco de compasión, con un poco de amor sincero, para atenuar la amargura del padecer" (*Dos modos de servir a nuestros hermanos*). Demos lo que podamos.

¿Hay alguna circunstancia actual por la que deberíamos entregarnos así a los pobres?

Santa Genoveva

En el Señor me refugio, ¿por qué me dicen:
Escapa al monte como un pájaro?
—Salmos 11:1

Santa Genoveva (422–502) es una poderosa intercesora por las ciudades que afrontan crisis y peligros. Desde muy joven tuvo la iniciativa de convocar a la ciudad de París a la oración para librarse del terror de Atila. París la consideró su intercesora y no era tímida cuando se trataba de animar al pueblo a orar con fe. Así lo hizo en las hambrunas: llena de confianza en Dios, salió a buscar alimentos para salvar al pueblo. Dios le permitió regresar por el río Siena con sus barquitas repletas. Genoveva también se llenaba de valentía para abogar por los presos políticos y se sabe que, gracias a su constancia, logró que los reyes les otorgaran la libertad y los devolvieran a sus familias.

෨ ❖ ඥ

Actualmente, hay una gran necesidad de abogar por los prisioneros en diversas condiciones. Hay prisioneros que desean pedir perdón a sus víctimas, que quieren expresar a sus familias su arrepentimiento y que quieren demostrar a la sociedad que también son capaces de hacer el bien. Como católicos nos interesan estos miembros lastimados del Cuerpo de Cristo. Con santa Genoveva de ejemplo, en la oración pedimos a Dios la capacidad de amar a nuestra patria y a nuestros semejantes más allá de las intenciones, con verdaderas acciones.

¿Cómo puedes apoyar a personas que sabes que tienen seres queridos en prisión?

Santa Elizabeth Seaton

Inclina tu oído hacia mí, ven pronto a liberarme, sé mi roca de refugio, mi fortaleza protectora.
—Salmos 31:2

Santa Elizabeth (1774–1821) vivió en el convulso tiempo de la revolución por la independencia de los Estados Unidos de América. Siendo pequeña perdió a su madre y su padre. Esto le inculcó la caridad y el servicio hacia los más necesitados. Manifestó interés en conocer las Escrituras dentro de la Iglesia episcopal. Se casó con un hombre de negocios y dentro del matrimonio vivió todas las altas y bajas de una sociedad cuya economía oscilaba entre éxitos y quiebras. Su esposo pasó por diversos quebrantos económicos y Elizabeth quedó viuda a los treinta años. En un viaje a Italia quedó impresionada por el mundo católico, se interesó por la vida de oración, la Eucaristía y la Santísima Virgen, y se convirtió al catolicismo. Trató de rescatar los negocios de su esposo, no por el lucro o la ganancia, sino para financiar obras de caridad. Fundó una escuela católica y un hospital para los pobres. Rodeada de críticas e incomprensiones, no perdió su valor para servir. La Iglesia reconoce que santa Elizabeth tuvo diferentes pérdidas: desde niña, su madre y padre, después sus hermanas, de casada a su esposo, a sus hijas. . . De tristeza en tristeza, Elizabeth encontró en la fe la fortaleza para hacer frente a todo dolor con la plena confianza en Dios.

❧ ✦ ☙

Nuestras sociedades viven constantemente el vaivén de las crisis económicas sin poderse resistir al vértigo de la pérdida. Todos conocemos a personas que de la noche a la mañana pierden sus ahorros, sus jubilaciones, sus cosas de valor. La depresión y la angustia colman su existencia, pues no tienen otro horizonte que el vacío de lo que ya no tienen.

¿Cómo podemos dar testimonio de nuestra confianza en Dios en tiempos de crisis?

San Juan Nepomuceno Newman

Pelea el noble combate de la fe. Aférrate a la vida eterna, a la cual te llamaron cuando hiciste tu noble confesión ante muchos testigos.
—1 Timoteo 6:12

Nacido en la actual República Checa, desde que estudiaba teología en Budweis, san Juan Nepomuceno Newman (1811–1860) se sintió atraído por las misiones y se ofreció para servir de misionero en las tierras americanas. Siendo seminarista, su primer destino en los Estados Unidos fue Nueva York. Allí fue ordenado y enseguida se le envió como misionero a la zona de Niágara. Su cambio de Europa a las Américas le hizo reflexionar sobre muchas cosas. La fe católica en los Estados Unidos no era fácil de transmitir: la sociedad contenía tantas diversidades religiosas, culturales y políticas. Fue entonces cuando valoró la fuerza de una comunidad e ingresó con los Hermanos Redentoristas. Dentro de esta comunidad su principal actividad pastoral fue en Filadelfia, donde además de ocupar cargos en su comunidad fue obispo. Como pastor de esta diócesis, trabajó para multiplicar las escuelas católicas en cada parroquia. Aunque solo fue obispo por ocho años, su trabajo fue impresionante.

✠

El Papa Francisco hace el constante llamado a volvernos una Iglesia en salida, una Iglesia con la capacidad de tomar la iniciativa para evangelizar a los que no conocen nuestra fe.

¿Te atreves a dar ese primer paso si se trata de anunciar el Evangelio?

San Félix, Obispo de Nantes

Planten un árbol bueno y tendrán un fruto bueno; planten un árbol enfermo y tendrán un fruto dañado. . . pues por el fruto conocerán al árbol.
—Mateo 12:33

San Félix, Obispo de Nantes (514–584) vivió en el tiempo posterior a la caída del Imperio romano en el marco de la vida rural. En las diócesis prácticamente había que crear todo: formación, caridad, vida pastoral. Félix tenía una buena trayectoria para darle mucho a su pueblo porque él tuvo una excelente familia en Aquitania que le dio saber, virtud y elocuencia. Se sabe que estaba casado y cuando su comunidad le pidió que fuera obispo, su esposa se fue a un convento y él se concentró en cuerpo y alma al servicio. Félix asistió a los concilios de París y de Tours y se hizo famoso porque logró darle a su diócesis una catedral.

ഈ ✤ ൙

En su camino en la historia, la Iglesia muchas veces se ha revitalizado. Más que en su estructura o su organización, la Iglesia interpreta este recomenzar como parte de la obra del Espíritu. En su obra, *La Aparecida* (42), resumió: "Los cristianos necesitamos recomenzar desde Cristo, desde la contemplación de quien nos ha revelado en su misterio la plenitud del cumplimiento de la vocación humana y de su sentido". Del encuentro con Cristo de cada generación se revitalizar el modo de ser católico.

Y para ti, ¿qué es recomenzar en Cristo?

San Raimundo Peñafort

La Ley del Señor es perfecta: devuelve el aliento; el precepto del Señor es
verdadero: da sabiduría al ignorante.
—Salmos 19:8

San Raimundo (1175–1279) fue un dotado estudiante que se preocupó por varias disciplinas, como el Derecho Canónico y la Teología Moral. Estudió en la Universidad de Bolonia. Entró a la Orden de Predicadores y después fue ordenado. Su predicación fue ardorosa y esmerada, y con su mensaje evangelizó Aragón y Castilla, en España. Marchó a Túnez y llevó el Evangelio a musulmanes y judíos. Raimundo dedicó tanta energía al estudio de Teología como al servicio de los pobres y a la confesión. Muchas personas lo buscaron porque sus consejos devolvían la paz a sus almas. El mismo Papa lo pidió para que fuera su confesor. Raimundo también escribió una guía que ayudó a los confesores a discernir casos difíciles de conciencia.

৯০ ❖ ଓ

La tercera parte de nuestro catecismo católico se dedica al tema de la conciencia. En nuestra fe se considera la conciencia como el sagrario íntimo donde resuena la voz de Dios en nosotros, enseñándonos a elegir el bien y evitar el mal. La Iglesia siempre necesita buenos pastores que ayuden a los fieles en esta importante tarea de discernir el camino seguro que nos conduce al cumplimiento de la voluntad del Padre.

Se dice que en nuestro tiempo hay una crisis de confesión. ¿A qué crees que se debe
esta "crisis" y qué consecuencias tiene en la vida cristiana?

San Jorge el Ermitaño

*Este mensaje es de fiar y digno de ser aceptado sin reservas: que Cristo Jesús
vino al mundo para salvar a los pecadores, de los cuales yo soy el primero.*
—1 Timoteo 1:15

San Jorge el Ermitaño (s. VII) nació en la Isla de Chipre y decidió irse con
su hermano a Palestina a seguir la vida espiritual de los padres del desierto.
Los cristianos que se sentían deseosos de dejar el mundo, se acercaban a las
montañas de Choziba, ya que allí encontraban cuevas que ofrecían refugio y
que estaban cerca de los lugares santos. Allí se detenían numerosos peregrinos
en camino a la Tierra Santa, porque una antigua tradición aseguraba que fue el
sitio donde se escondió el profeta Elías y había sido alimentado por los cuervos.
En la soledad de estas montañas, estos monjes se centraban en el análisis de la
naturaleza humana, las pasiones, las virtudes y la manera de superar el espíritu
del mundo. Durante la invasión de los persas hubo muchos martirios en este
monasterio; sin embargo, a Jorge le perdonaron la vida por su avanzada edad
y su aspecto venerable. Alcanzó a hacer una última peregrinación a Jerusalén y
después murió.

❧ ✥ ☙

Chipre ha sido una isla atravesada por diversas culturas antes de Cristo y en
nuestra era. Esta isla fue evangelizada por el apóstol san Pablo y Bernabé. A
la caída del Imperio romano quedó bajo el Imperio bizantino. Chipre ha sido
codiciada como lugar estratégico del Mediterráneo y por sus riquezas naturales.
Los constantes ataques obligaron a los cristianos a emigrar de Chipre y hubo
quienes optaron por el desierto. De allí emerge la palabra "desertar". San Jorge
el Ermitaño era un desertor del mundo.

*¿Existen formas modernas de "desertar" del mundo buscando una renovación
espiritual? ¿De qué otros ambientes podríamos "desertar" para lograr esta
renovación espiritual?*

San Eulogio de Córdoba

La Buena Noticia del reino se proclamará en todas las naciones, y entonces
llegará el fin.
—Mateo 24:14

Para ubicar a san Eulogio nos ayuda imaginar que en el año 800, cuando nació, España estaba bajo el control de los califatos y el islam mostraba tolerancia con el desenvolvimiento de la fe cristiana. En esos tiempos los monasterios guardaban reliquias y escritos y los abades eran sus guardianes. Eulogio quiso hacer varias veces peregrinaciones a Roma y por los enfrentamientos encontraba cerrados los caminos e inaccesibles las rutas. Hacia el año 850 se impuso un califato más intransigente que comenzó a perseguir y castigar a los cristianos. Lejos de asustarse, los cristianos se sintieron llenos de valentía y comenzaron a manifestar públicamente su fe aunque los llevaran a la cárcel. Cuando lo tomaron preso, Eulogio aseguraba que se llenó de gozo en la cárcel porque se sentía con una gran familia. Prisionero, dedicó mucho tiempo a confesar y aconsejar, y consiguió la libertad. Fruto de esta experiencia escribió una famosa obra apologética con el propósito de ayudar a los cristianos a defender su fe. Siguió escondiendo en su casa a cristianos perseguidos, hasta que fue descubierto y también a él le dieron muerte en el año 859.

❧ ✣ ☙

Llamamos el periodo "mozárabe" al tiempo en que los árabes invadieron la península ibérica (España y Portugal) y los cristianos coexistían con los árabes y los judíos. Los islamitas mostraban cierta tolerancia y había acuerdos frecuentes entre obispos y abades y los líderes islámicos. En el arte, el islam influyó en muchas obras arquitectónicas, ya que la cultura árabe era muy rica y atractiva. Sin embargo, los cristianos no asimilaron el islamismo y defendieron su identidad como pueblo y como comunidad de fe.

Analiza casos actuales en que alguna cultura dominante amenaza los valores
de nuestra fe. ¿Qué sientes al reflejar sobre esos casos?

Beata Laura Vicuña

Maduró en pocos años, cumplió mucho tiempo; como su alma era agradable
a Dios, él se dio prisa para sacarlo de la maldad.
—Sabiduría 4:13–14

Si alguien piensa que la santidad es cosa de muchos años, se equivoca. La beata Laura Vicuña (1891–1904) es un ejemplo de cómo a temprana edad se puede responder a la gracia. Laura fue un modelo de conciencia sensible. Chilena de nacimiento, conoció desde niña la experiencia de inmigrar a Argentina. Su madre, movida por la pobreza y la necesidad de ofrecer algo a sus hijas, se unió a un hombre terrateniente y enviaron a Laura a la escuela salesiana donde recibió la doctrina. Al comprender Laura la fuerza del matrimonio como sacramento, se dio cuenta de que su madre vivía en unión libre y quiso reparar la falta de su madre. Ese impacto familiar y el esfuerzo para abundar en obras buenas, le costó a Laura su salud y su vida. Cuando agonizaba, su madre determina vivir según la ley de Dios.

ဢ❖ೞ

En su mensaje a los jóvenes en Filipinas (enero 2015) el Papa Francisco sugirió a los jóvenes que para alcanzar la santidad hace falta pensar bien, sentir bien y actuar bien. Y este fue el proceso de Laura en su vida. El Papa pide a los jóvenes correr el riesgo de ir hacia la santidad y no ser "jóvenes de museo". La Iglesia está para acompañar a los jóvenes a responder a sus particulares llamados a la santidad.

¿Qué brindamos a nuestros jóvenes para estimular que piensen bien, sientan bien y actúen bien?

Beato Francisco Rogaczewski

Por eso me ama el Padre, porque doy mi vida para después recobrarla.
—Juan 10:17

El beato padre Francisco Rogaczewski (1892–1940) fue un sacerdote polaco que desarrolló la primera parte de su ministerio en la arquidiócesis de Gdansk y después se fue a Francia. En París trabajó en la parroquia de Cristo Rey. Cuando regresó a su patria en 1939 la encontró ocupada por los nazis. El 1º de septiembre lo encarcelaron por ser sacerdote católico, culpándolo como a otros religiosos de proteger a los judíos. Fue torturado y finalmente fusilado el 11 de enero de 1940.

៨◌៩

Hay numerosos mártires del nazismo de cuyo sacrificio tenemos que sacar sabiduría. La Iglesia nos pide reflexionar sobre esta dura etapa de la historia mundial. En el credo rezamos que Jesús descendió a los infiernos y los supervivientes describen su experiencia en los campos de concentración como un infierno fabricado por hombres. Lo que vieron padecer a otros compañeros, lo que ellos mismos experimentaron, todavía nos parece una pesadilla. Cuando en nuestras relaciones humanas se rompe la fraternidad, se busca el poder, el dominio sobre los demás, haciendo que se sientan inferiores, se llega al extremo de creerse con derecho a eliminarlos. Lo impresionante es que el racismo se reproduce en versiones modernas y en el fondo procede del mismo origen: romper nuestra igualdad ante Dios.

¿Estás vigilante de cualquier forma de racismo que pueda darse en tu conducta?

Santa Margarita Bourgeoys

Nosotros somos el aroma de Cristo, ofrecido a Dios para los que se salvan y los que se pierden.
—2 Corintios 2:15

Santa Margarita Bourgeoys (1620–1700) nació en Troyes, Francia. Desde pequeña, tuvo gran devoción a la Virgen María y en un día de Nuestra Señora del Rosario, experimentó, una gracia especial: *Ve que nunca te dejaré,* le dijo la Virgen. Desde ese momento, ella se dedicó a buscar la vida religiosa. Entró a la comunidad externa de Notre Dame de Troyes y de allí tomó la idea de fundar una comunidad externa para jóvenes maestras. Conoció al gobernador de Montreal que buscaba en Francia personas que quisieran fortalecer la colonia. Margarita trasladó su comunidad a Ville Marie (antiguo Montreal), arriesgándose en barcos frágiles que hacían tres meses de travesía. Cuando llegó, había peste en Ville Marie y Margarita se ofreció como enfermera. Establecida en Montreal, fundó la Congregación de Notre Dame y desarrolló un proyecto de religiosas educadoras, que enseñaban a los colonos a cultivar y cuidar granjas para responder a la hambruna. A Margarita se le reconoce como fundadora de la primera congregación femenina que no era de clausura. Su vida estuvo llena de pruebas, pues su congregación al principio se consideró un fracaso, pasaron pobrezas y su primer convento se incendió. El obispo quería desintegrar la congregación, pero ella fue persistente. Fundó su primera escuela de indígenas y veinticuatro religiosas hicieron los votos, incluyendo hermanas nativas.

❧ ✦ ☙

El Papa Francisco urge a los cristianos a no pensar en la Iglesia sin las mujeres. A todos los cristianos nos corresponde potenciar el rol de la mujer en la Iglesia. Reconozcamos en toda obra los roles claves que desempeñan las mujeres.

¿Conoces mujeres que toman iniciativas pastorales en tu comunidad de fe? ¿Quiénes son y cómo podrías ayudar a que sus esfuerzos sean reconocidos?

San Hilario de Poitiers

Ya no los llamo sirvientes, porque el sirviente no sabe lo que hace su señor. A ustedes les llamo amigos, porque les he dado a conocer todo lo que escuché a mi Padre.
—Juan 15:15

San Hilario de Poitiers (315–367) inició su vida fuera del cristianismo como un intelectual sincero con preguntas sobre la verdad. Al descubrir las Sagradas Escrituras, se convierte al catolicismo y pone su ciencia al servicio del análisis de la Palabra y de comentarla para el bien de los creyentes. Su comunidad pidió que lo ordenaran obispo, en vista del valor de sus dones. En su tiempo, la herejía de los arrianos de negar la divinidad de Jesús le provocó diversos conflictos ya que el emperador Constancio les permitió desarrollarse y se opuso a los obispos, desconociendo su autoridad pastoral. Hilario fue desterrado por oponerse a este movimiento y aunque estuvo lejos, su pueblo se mantuvo fiel a él. Utilizó el destierro para aprender mejor el griego y completar su exégesis. Así escribió el tratado sobre la Santísima Trinidad y trabajó por unir bajo un solo credo a los cristianos de oriente y de occidente.

☙ ❖ ❧

Nuestra liturgia es trinitaria porque la meta de toda comunidad cristiana es avanzar hacia la unidad perfecta y la armonía. Al iniciar la misa, declaramos una amnistía a las incomprensiones, a la violencia, a los desgarros, las rivalidades o indiferencias, y por eso se nos recibe con el saludo: "La gracia de nuestro Señor Jesucristo, el amor del Padre y la comunión del Espíritu Santo esté con todos ustedes" (*Misal Romano, 3ª Edn*).

¿Cómo podemos hacer nuestro el modelo de familia de la Santísima Trinidad en nuestras comunidades?

Beato Pedro Donders

Hijitos, no amemos de palabra y con la boca, sino con obras y de verdad.
—1 Juan 3:18

El beato Pedro Donders (1809–1887) fue un holandés procedente de una modesta familia de tejedores, que manifestó una vocación temprana y pagó con su trabajo sus estudios sacerdotales. Le apasionaron las misiones y fue admitido en una misión de las Guayanas Holandesas en el actual Surinam. En su trabajo apostólico encontró todo tipo de pobrezas. Los indios nativos no eran fáciles de evangelizar y menos todavía los cimarrones que fueron llevados ahí para los trabajos más duros. Fue muy criticado por los blancos que no entendían su radical entrega total a los más desprotegidos, sobre todo su amor por los habitantes leprosos. El padre Pedro tuvo una intensa vida de oración a la que no fallaba, y era capaz de dar de su propio pan si encontraba a alguien hambriento. En 1863, Roma envió a los redentoristas a Surinam y el padre Pedro se incorporó a esta comunidad donde terminó sus días. Por el testimonio fue llamado el apóstol de los leprosos del Surinam.

❧ ❖ ☙

El Papa Francisco afirma que si hay vida de oración en un discípulo, dará verdaderos frutos en la práctica de la caridad. La verdadera caridad nos lleva, al igual que Francisco de Asís, a abrazar a los leprosos y llamarles hermanos: "Si realmente queremos encontrar a Cristo, es necesario que toquemos su cuerpo en el cuerpo llagado de los pobres, como confirmación de la comunión sacramental recibida en la Eucaristía" (1ª Jornada Mundial de los Pobres, 2017).

¿Por qué es tan difícil cruzar el puente de la oración a la caridad en ida y vuelta?

San Mauro

Al que me reconozca ante la gente, yo lo reconoceré ante mi Padre del cielo.
—Mateo 10:32

San Mauro (511–581) fue un monje de la comunidad de discípulos de san Benito. Nacido en una distinguida familia romana, fue encomendado a san Benito desde su adolescencia para que este le enseñara la verdad y la virtud, y muy pronto se decidió por llevar la vida de su maestro. Ayudó a san Benito a fundar las comunidades del Subiaco y fue enviado a Francia a fundar comunidades en la región de GlanFeuil. Hay bastantes leyendas de sus milagros, como cuando la corriente del río llevaba al joven Plácido y Benito le ordenó a Mauro que lo pusiera a salvo. Sin dudarlo, fue en su auxilio con tanta prisa que caminó sobre las aguas y sacó a su amigo a la orilla. Mauro y Plácido gozaron de una larga convivencia con san Benito, quien fue un mentor constante para hacerlos crecer en la virtud. Los dos jóvenes son muy venerados por la tradición monástica de la Edad Media: los llamaron oblatos, que significa que eran monjes que ofrecían sus votos o promesas a Dios, y las cumplían cabalmente. Fue un modelo de obediencia por la docilidad que mostró siempre a sus superiores.

 හ ✤ ශ

Los monjes que expandieron el carisma de san Benito hicieron realidad lo que pide la exhortación *Gaudete et Exultate* (31): hace falta una santidad que integre la soledad y el servicio, la tarea evangelizadora y la intimidad de la oración. Una santidad que nos permita integrar cada uno de los acontecimientos de la vida como escalones hacia la plenitud.

¿Por qué crees que en la actual crisis vocacional de nuestras comunidades falta el ofrecimiento?

San Marcelo I, Papa

*Desde el confín de la tierra invoco al Señor con corazón abatido. Llévame a
una roca inaccesible, porque tú eres mi refugio.*
—Salmos 61:2–3

¿Qué queda después de una persecución sangrienta en la Iglesia? Sin duda
numerosas víctimas del miedo y también algunos que se sienten satisfechos de
su fidelidad. San Marcelo (308–309) fue un cristiano comprometido durante
uno de los periodos más dramáticos de persecución a la Iglesia. En un receso de
paz, Marcelo fue elegido papa y recibió la tarea dedirigir una Iglesia lastimada.
Reestableció presbíteros y organizó, en lo posible, la estructura. Pero tuvo
un gran conflicto: muchos cristianos que habían renegado la fe por miedo a
la persecución, querían regresar. Marcelo propuso una penitencia que causó
división. Una parte de los cristianos la juzgó muy dura y la otra muy leve. En
Roma hubo una revuelta y culparon a los cristianos por su división interna. El
emperador Majencio castigó al Papa Marcelo y lo desterró. Según la Tradición,
el Papa en el destierro fue sometido a humillaciones, pasó sus últimos días
limpiando establos y, aun así, siguió escribiendo cartas para convocar la unidad.
Aunque fue papa solo por breve tiempo, la Iglesia reconoce en él la fuerza del
Espíritu para resistir la adversidad.

෨ ✤ ෬

Es común que en nuestra comunidad de fe se den tensiones por la diversidad
de puntos de vista entre los creyentes. En *Evangelii Gaudium* (88) se nos
advierte que en nuestra sociedad se vive mucho la polarización de opiniones.
El Evangelio siempre nos invita al encuentro con el otro, a hacer comunidad, a
reconciliarnos y servirnos unos y otros.

*Cuando encuentras en la Iglesia a cristianos con diversos puntos de vista,
¿reaccionas salvando la unidad?*

San Antonio el Ermitaño

[...] el Espíritu lo llevó al desierto [...] donde fue tentado por Satanás.
—Marcos 1:12–13

San Antonio el Ermitaño (251–356) es famoso porque diversos pintores ilustraron su vida usando el contraste del desierto con las frecuentes tentaciones que padeció este santo. Aunque las tentaciones prestaron color a la austeridad del desierto, el arte no alcanza a representar el silencio de Antonio ni la sabiduría que cosechó al entrar constantemente dentro de sí para hablar con Dios. Por eso sus reflexiones son únicas y otros ermitaños lo han llamado "el amigo de Dios". Antonio se mantuvo solitario y animó a los discípulos a que se acercaran a llevar una vida semejante. Tuvo tanta influencia que se le considera uno de los padres del desierto. La única vez que rompió su retiro fue cuando viajó a predicar a Alejandría, motivado por el cisma del arrianismo.

᪣ ❖ ᪢

Los ermitaños fueron un movimiento que le devolvió profundidad a la Iglesia. El griego *eremos* significa "apartado del mundo, que se va al desierto". Los que se alejaron del mundo, movidos por el Espíritu, dejaron atrás la alabanza, la crítica, el falso sentimiento de seguridad que nos dan los bienes materiales y también los afectos terrenales en busca del gran amor de Dios. La espiritualidad que se alcanza al dejar las distracciones y buscar el verdadero conocimiento de uno mismo y de Dios se revela cuando no hay impedimentos.

¿Vas desarrollando capacidad de alejarte de las cosas y mirarte con sinceridad a ti mismo?

Santa Priscila

Los que esperan en el Señor renuevan sus fuerzas, echan alas
como las águilas.
—Isaías 40:31

Santa Priscila (c. 269) es una de las historias más conmovedoras de martirio temprano que la Iglesia de los primeros siglos guardó en sus memorias. La joven Priscila fue detenida junto con un grupo de creyentes en tiempos del emperador Claudio. Al ver su juventud pensaron que sería fácil que se retractara y la llevaron al templo de Apolo donde ella se negó a servir. Le dieron tremendos castigos para que sirvieran de escarmiento a la comunidad, pero una fortaleza increíble llenó el ánimo de Priscila, quien soportó golpes, fieras, fuego y cárcel. En las actas dicen que después de haber fracasado con diversas torturas, la decapitaron con orden de que su cadáver terminara entre las alcantarillas de la ciudad. Pero un águila guardó el cadáver y no permitió que se lo llevaran los soldados. Los cristianos luego la sepultaron en las catacumbas. Actualmente las catacumbas de santa Priscila se pueden visitar en Roma.

ฅ ❖ ฌ

San Cipriano consideraba dichosa a la Iglesia por sus mártires. En ella florecen lirios y rosas, sangre blanca por las buenas obras de los hermanos, sangre roja de sus mártires. *Evangelii Gaudium* (106) anima a la Iglesia a reconocer que los jóvenes tienen muchos valores, se solidarizan ante los males del mundo y son prontos en responder como voluntarios. La Iglesia necesita jóvenes "callejeros en la fe", felices de anunciar el Evangelio en las calles y las plazas de nuestros centros urbanos.

Nuestras comunidades de fe, ¿ayudan a los jóvenes a amar el Evangelio y a
dar testimonio?

San José Sebastián Pelczar

No se cansen de hacer el bien, que a su debido tiempo,
cosecharemos sin fatiga.
—Gálatas 6:9

San José Sebastián (1842–1924) nació en Korczyna, Polonia, en una familia católica que, al ver sus talentos, hizo sacrificios para que estudiara en Rzeszów. Allí despertó su vocación sacerdotal y, ya ordenado, continuó sus estudios en Roma. Al volver a Polonia fue maestro del seminario y de la universidad de Cracovia donde se destacó por su acertado trabajo con los jóvenes. Además de enseñarles ciencias, los animó a conocer su fe y a servir a los pobres. Fundó salas de lectura y bibliotecas, y organizó cursos para empleadas domésticas. En honor a la Inmaculada, fundó una fraternidad que apoyaba a artesanos, huérfanos y desempleados. Fundó las Siervas del Sagrado Corazón, con un propósito de servicio social. Fue obispo de la diócesis de Przemyśl por veinticinco años y allí ejerció una impresionante labor pastoral. Trabajó por la renovación del clero, la apertura de nuevas parroquias, la formación de su pueblo y la atención social a los inmigrantes y a los más necesitados.

℘ ✦ ℘

El obispo Pelczar participó en el constante desafío que fue la revolución industrial para la Iglesia. Atender a los jóvenes fue una inspiración del Espíritu Santo, ya que ellos sufrían los reveses del desempleo y el entusiasmo por las ideas políticas. Pastores que dirigen el diálogo entre el fomento de la espiritualidad sólida, la formación de la conciencia, la reacción a los cambios sociales y la atención a los desfavorecidos son una prueba de que Dios no abandona a su Iglesia.

¿Cómo podemos equipar a nuestros jóvenes con una formación que les permita dialogar con los nuevos cambios?

San Sebastián

No teman a los que matan el cuerpo y no pueden matar el alma.
—Mateo 10:28

La tradición ha presentado a san Sebastián (256–288) como un soldado de rango, que estuvo al frente de la guardia del emperador Diocleciano, uno de los más agresivos perseguidores de la Iglesia de la historia. Sebastián cumplía sus deberes y servía después a su comunidad. Les daba avisos de peligro, se preocupaba por los pobres y llevaba la Sagrada Comunión a los que no podían salir a recibirla. Una vez tomaron prisioneros a un pequeño grupo de cristianos que estaban temerosos y dudaban en negar la fe. Sebastián los animaba a dar un testimonio valiente cuando fue sorprendido y acusado de traición. Por ser soldado recibió la condena de ser pasado por las armas. Los arqueros dispararon a su cuerpo, pero las flechas no tocaron sus órganos vitales. Los cristianos recogieron su cuerpo y limpiaron las heridas de aquel agonizante, cuidaron de él y milagrosamente, recuperó su energía, hasta que un día se llenó de fuerza y se presentó al emperador que lo creía muerto. Sus palabras enojaron más al emperador quien dio orden de que lo mataran a palos. Su tumba es venerada hasta la actualidad en Roma.

֍ ❖ ֎

Se han dado diversas interpretaciones a las flechas disparadas sobre san Sebastián. La imagen de él sobreviviendo a este ataque han sido de gran estímulo para quienes reciben críticas, celos, envidias e incluso para los que experimentan un cambio en su suerte por alguna enfermedad inesperada.

Cuando te sorprende un dolor en tu vida, ¿quién te inspira para resistir?

Santa Inés

Felices los limpios de corazón, porque verán a Dios.
—Mateo 5:8

El nombre Inés, en latín *Agnes*, significa "puro" y "cordero". Asociada a estos significados se hizo popular a santa Inés (c. 291–304) como una joven bella que carga un cordero y la palma que distingue a los mártires. La Iglesia primitiva la distinguió como una persona muy querida considerada modelo de la juventud. Se sabe que el hijo del prefecto romano estaba apasionado por la belleza de Inés, aunque ella solo tenía trece años. El joven intentó por diversos modos forzarla a casarse con él y se llenó de ira al sentirse despreciado. Inés quería vivir su cristianismo y no hizo caso de sus amenazas. El joven la llevó al juez y denunció su amor a Cristo como una traición. Inés recibió diversas pruebas, pero fue protegida. Esto llenó aun más de irá al hombre despechado que logró que la condenaran a ser decapitada.

ॐ ❖ ☙

La Iglesia guarda con especial cariño el testimonio de jóvenes mártires que prueban con su propia vida los valores del Reino. Santa Inés conoció el valor de la integridad y se decidió a mantener su virginidad. El Papa Francisco dijo a los jóvenes: "De la mano de Jesucristo es posible vivir a fondo, de su mano es posible creer que la vida vale la pena, que vale la pena dar lo mejor de sí, ser fermento, ser sal y luz en medio de los amigos, en medio del barrio, en medio de la comunidad, en medio de la familia [. . .] les pido que no se dejen excluir, no se dejen desvalorizar, no se dejen tratar como mercancía" (*Encuentro con los jóvenes*, 16 feb 2016). El Papa sugiere a los jóvenes practicar la terapia de escuchar para ayudar a otros jóvenes a salir de su desvalorización y a caminar seguros de su dignidad.

¿Escuchas a los jóvenes animándolos a ser siempre guardianes de su dignidad?

Santos Valero y Vicente

Hijo mío, cuando te acerques a servir al Señor,
prepárate para la prueba;
mantén el corazón firme, sé valiente.
—Eclesiástico 2:1–2

San Valero (s. IV) fue un obispo de Zaragoza, España que organizó la diócesis y se sabe que participó en el Concilio de Elvira. Padeció la persecución ordenada por Diocleciano. La leyenda cuenta que era tartamudo y no pudo articular con rapidez su confesión de fe, por lo cual fue desterrado y al poco tiempo murió en Valencia. En cambio, su diácono, san Vicente, fiel servidor de la Iglesia y de apasionada defensa de su fe, sí fue condenado al martirio. El martirio del diácono quedó engrandecido frente a los otros grandes diáconos de la Iglesia primitiva. La Iglesia reconoció que ambos ganaron la santidad por diferentes vías. El obispo Valero formó a su diácono y fue su mentor pastoral y el diácono fue un fiel servidor probado hasta los extremos de la tortura.

❧ ✧ ☙

San Agustín siempre alentaba a seguir el ejemplo de los mártires. No podemos decir que no nos sentimos capaces, porque además de imitar a personas santas, hay que seguir el ejemplo de Cristo, como lo dijo el apóstol san Pedro: "Cristo padeció por nosotros, dejándonos un ejemplo para que sigamos sus huellas" (*Sermón 47*).

¿Por qué nos da temor el martirio?

San Andrés Chong Hwa-Gyong

Yo soy el camino, la verdad y la vida: nadie va al Padre si no es por mí.
—Juan 14:6

San Andrés Chong Hwa-Gyong (1808–1857) fue uno de los primeros catequistas en Seúl, Corea. Abrazó de todo corazón la fe cristiana y ofreció su casa como escondite al obispo Lorenzo Imbert, quien era el vicario apostólico en Corea. Escondió también a otros cristianos. Pero los empleados del gobernador engañaron a Andrés haciéndole creer que el peligro había pasado y que había gente buscando al obispo porque querían convertirse. Andrés cayó en la trampa. Estuvo prisionero varios meses sometido a diversos tormentos hasta que finalmente le dieron muerte.

ဩ❖ က

El ser catequista es un verdadero ministerio que se desprende del Bautismo. Al ejercer nuestra tarea profética no solo nos comprometemos a conocer cada vez mejor nuestra fe, sino también a vivirla. Aunque la primera impresión que dan los catequistas es su tarea formadora, el catequista tiene también un llamado a la santidad. Enseñar la fe es más que adoctrinar, organizar un estudio y preparar unos temas. La fe también se enseña con el testimonio de vida.

¿Te han catequizado con ejemplos de vida? Piensa en qué tipo de catequesis piden nuestros tiempos actuales.

San Francisco de Sales

Estén siempre dispuestos a defenderse si alguien les pide razones de su esperanza [. . .] Pero háganlo con modestia y respeto, con buena conciencia; de modo que los que hablan mal de su conducta cristiana, queden avergonzados de sus propias palabras.

—1 Pedro 3:15–16

Puede sorprender que san Francisco de Sales (1576–1622) sea patrono de los periodistas y los comunicadores, si pensamos en términos de la comunicación digital actual. Escribió panfletos, libros, innumerables cartas y artículos para los periódicos. La Iglesia reconoce en san Francisco de Sales fundamentalmente tres cosas: su comunicación del cristianismo partió de una esmerada formación académica y teológica unida a una exquisita virtud. Quienes lo trataron quedaron fascinados por su manera de ser. Con su bondad dialogó de manera amable con los calvinistas y muchos de ellos regresaron a la fe católica. Como pastor de almas, la Iglesia lo identifica como un modelo de dirección espiritual, y como obispo fue incansable al renovar el clero, predicar con ardor y organizar la vida pastoral para el mejor servicio. La Iglesia ve en él el modelo de un comunicador que transforma vidas.

ℰℐ ✣ ℭℛ

Evangelii Gaudium (9–10) nos anima a retomar la "dulce tarea de evangelizar" y a brindar el Evangelio como una auténtica experiencia de verdad y de belleza que busca por sí misma su expansión. Si comunicamos así el Evangelio, el bien se arraiga y se desarrolla. De la autenticidad de nuestro encuentro con la Buena Nueva de la salvación brotará una comunicación convincente, sobre todo por su alegría y su consistencia.

Y tú, ¿cómo comunicas la Buena Nueva de Cristo Jesús?

La conversión de san Pablo

Gracias a Dios soy lo que soy, y su gracia en mí no ha resultado estéril.
—1 Corintios 15:10

La conversión de san Pablo (s. I) fue un acontecimiento muy importante para la Iglesia primitiva. El libro de los Hechos de los Apóstoles lo narra dos veces (Hch 22:3–21 y 26:4–23) y también se encuentra en las cartas de san Pablo. Con palabras sinceras, san Pablo expresa quién era ese hombre llamado Saulo, antes de su encuentro con Cristo. Como el riguroso judío, que perteneció a los fariseos y tenía en sus estudios un cimiento para su celo, reprobaba toda desviación de lo que no considerara fiel al estricto judaísmo. Por eso no dudó en participar de la persecución a los "seguidores del Camino". Cristo arrebató su ceguera con varias luces: consideró basura lo que lo enorgullecía. Pidió el Bautismo urgido de entrar a la vida nueva. Su convicción se iluminó seguro de que nada puede salvarte ni darte la justificación más que aceptar a Cristo crucificado y resucitado. Un amor que no conocía se apoderó de su ser y un nuevo entusiasmo ardió en su corazón. Esta iluminación lo lanzó en una empresa misionera de difundir su convicción.

℘❖ℭ

La conversión no se interpreta como un hecho individual, sino como una experiencia de Iglesia. La conversión de Saulo dio a la Iglesia renovación, amplitud y vitalidad. Nuestra conversión personal no es solo para el perfeccionamiento de nosotros mismos, debemos insertarla en la Iglesia. Todos estamos llamados a interpelar nuestra conciencia de iglesia, iluminar el ideal de la Iglesia no solo para denunciar, sino para forjar juntos el rostro de la verdadera Esposa de Cristo (*Evangelii Gaudium,* 26).

¿Por qué les falta a nuestras comunidades verdadera renovación?

San Timoteo

Te recuerdo, que avives el don de Dios que recibiste por la imposición de mis manos [. . .]
—2 Timoteo 1:6

Si preguntamos a un anciano perseguido y enfermo a quién de sus amigos desearía cerca, y ese anciano fuera san Pablo, de hecho contestaría: a Timoteo. La historia de san Timoteo (c. 96) fue una de amistad humana, en Cristo y misionera. Pablo regresaba del Concilio de Jerusalén, llevaba el ímpetu de anunciar el Evangelio por toda Asia Menor. El joven Timoteo escuchó sus enseñanzas y se unió a la predicación. Pronto fue testigo de las dificultades. Pablo lo nombró su secretario y acompañante y Timoteo supo de los conflictos y tensiones de cada comunidad, de los logros de Pablo y de la expansión de la fe. Dos cartas de Pablo nos ofrecen una semblanza de este amigo entrañable: Pablo estaba prisionero, era experto evangelizador y tenía poco tiempo. En su último encargo pidió a Timoteo que cuidara el precioso don de su vocación sacerdotal y lo animó a dar testimonio compartiendo los sufrimientos por el Evangelio.

ഗ ❖ ര

Cuando en la misa el sacerdote nos exhorta: "El Señor esté con ustedes". El pueblo responde: "Y con tu espíritu". Este diálogo es mucho más que una fórmula. En realidad, estamos pidiendo que el espíritu presente en la consagración sacerdotal esté activo y operante. San Pablo fue vehemente en su petición a Timoteo para que guardara su fe intacta y se mantuviera leal a esta vocación pastoral. Finalmente, Pablo encomendó la iglesia de Éfeso a Timoteo, y más que un nombramiento, le entregó como obispo a la comunidad más perseguida, donde finalmente Timoteo fue asesinado.

¿Te comprometes para que los sacerdotes sean fieles a su vocación?

San Enrique de Ossó

El justo florece como la palmera, crece como cedro de Líbano.
—Salmos 92:12

San Enrique de Ossó (1840–1896) fue un sacerdote español que dio múltiples respuestas apostólicas. Como catequista logró una metodología que hizo que los niños regresaran a los sacramentos. Con frecuencia repetía su certeza: por los niños, a la conquista de los hombres. Entusiasmado con la Enseñanza Social Católica, hizo llegar a los obreros y campesinos el mensaje de *Rerun Novarum*, lo mismo que a los patrones. También reavivó las tradiciones y la religiosidad a nivel popular. Sin embargo, lo que más caracterizó su don para la Iglesia fue su preocupación por formar a la mujer. En ese tiempo las mujeres solo se dedicaban a aprender cosas domésticas. El padre Enrique tuvo desde muy joven a santa Teresa de Jesús como modelo e inspiración. Fundó una cofradía para las jóvenes donde se impartían temas de vida cristiana y fundó las escuelas teresianas con una congregación especializada en la enseñanza femenina: la Compañía de Santa Teresa de Jesús.

෬ ✦ ෬

En la década de 1850 se vivió un cambio tremendo con el auge de la Revolución Industrial. El entusiasmo por la ciencia y la tecnología influyeron en la pérdida de la fe. Los que tenían estudios y posibilidades de inversión, se entusiasmaban con el avance de las máquinas y se alejaron de la Iglesia. También, entre los trabajadores pobres, el desempleo y la fragilidad económica pasaron al mismo tiempo. El padre Enrique sostuvo sus convicciones apoyado en la mística de santa Teresa de Jesús. Aunque separados por muchos años, el magnetismo de esta santa animó su respuesta evangelizadora.

¿Qué desafíos nos presenta ahora le tecnología digital?

Santo Tomás de Aquino

Gusten y vean qué bueno es el Señor: ¡Feliz quien se refugia en él!
—Salmos 34:8

Necesitamos valorar a algunos santos desde su final hacia su comienzo. En el caso de santo Tomás de Aquino (1225–1274), dedicó sus últimos años a su gran obra de la *Summa contra los gentiles,* obra que quedó detenida cuando experimentó una gracia mística. Así, sin más, paró de escribir. Santo Tomás sigue siendo famoso en el mundo académico por sus aportes al conocimiento y se le conoce como el Doctor Angélico. Fue un monje dominico sencillo, que amaba a la Virgen María y la Eucaristía. Dedicó su vida al estudio de la verdad que procede del entendimiento y de la revelación. Releyó la Filosofía y se basó en pensadores como Aristóteles para ofrecer un nuevo paradigma a la Teología. Además, santo Tomás tuvo la capacidad de viajar mucho, necesitó de varios secretarios para cubrir sus diversos roles como ser consejero papal, docente en distintas facultades de Teología, escritor, pensador y mediador entre gobiernos e Iglesia. Cuentan que cuando su secretario Reginaldo le recordaba concluir la *Summa*, santo Tomás afirmaba: "Después de esta gracia, todo lo que he escrito sobre Dios me parece que es solo paja. . .".

⧸❖⧹

La vida mística es la que brota de la experiencia de Dios. Jesús afirmó: "Quien tenga sed venga a mí y beba quien crea en mí, de sus entrañas brotarán ríos de agua viva" (Jn 7:38). Se refería al Espíritu que debían recibir los que creyeran en él. Quizá hemos cantado muchas veces estas palabras, pero es una gracia experimentar que el Espíritu Santo es esa fuente que ilumina nuestro conocimiento y por su luz sabemos quiénes somos realmente y quién es Dios.

Identifica el himno eucarístico Pange Lingua, *escrito por Santo Tomás, para ayudarte en la oración.*

San Afraat

Por la fe en Cristo Jesús, todos ustedes son hijos de Dios.
—Gálatas 3:26

San Afraat (270–345) fue un sabio persa que deseó ser más conocido por sus escritos que por su biografía. Su obra llamada *Demostraciones* es una gran reflexión escrita durante una temporada en que fue perseguido por hacer una Teología Trinitaria y una Cristología comentando las Sagradas Escrituras. Sus temas son espirituales y con una retórica dulce y bondadosa trata las diferentes discrepancias con los judíos. Aunque era persa, se le considera uno de los padres de la Iglesia siriaca. No se sabe exactamente si fue abad u obispo, pero su ministerio lo desarrolló cerca de Mosul.

☙ ❖ ❧

En los actuales estudios de las primeras comunidades cristianas se ha valorizado el gran trabajo de reflexión y de pastoral que realizaron líderes como Afraat. A lo largo y ancho de la geografía del cristianismo primitivo hacía falta clarificar los elementos de identidad y las diferencias entre el judaísmo y el cristianismo, y además hacerlo con espíritu fraterno. Los grandes temas como el mesías, el día para santificar, la Pascua, etc. eran seriamente analizados basándose con respeto en el Antiguo Testamento que anunciaba el Nuevo Testamento, y al Nuevo que cumplía el Antiguo.

Nuestra Liturgia nos ofrece una correspondencia constante entre el Antiguo y el Nuevo Testamentos. ¿Aprecias esta sabiduría que encierra nuestro Leccionario?

San Pablo Ho Hyob

Si el Espíritu del que resucitó a Jesús de la muerte, habita en ustedes, el que resucitó a Cristo de la muerte, dará vida a sus cuerpos mortales [. . .]
—Romanos 8:11

La presencia de la Iglesia católica en Corea del Sur ha sido tardía y difícil. El primer bautizado fue Yi Seung-Hun, quien llevó a ese país el catolicismo que le enseñaron los jesuitas en China. En Corea gobernaba la dinastía de los Joseon. Entre los cristianos y los coreanos hubo mucha fricción ya que el emperador imponía terribles castigos a quienes se negaran a guardar las tradiciones coreanas. San Pablo Ho Hyob (1796–1840) pertenecía al ejército de su país y junto con su esposa y otros familiares se convirtió al cristianismo. Pablo vivió una encrucijada entre su fidelidad a su gobierno y a su nueva fe. Él y su familia recibieron torturas y castigos, y renegaron del credo. Pero Pablo recapacitó, reunió valor y volvió a encarar la adhesión a su nueva fe.

୨୦✤୧

Los cristianos recién bautizados, como Pablo Ho Hyob, hacen realidad su nacimiento a la novedad del Espíritu. La capacidad para optar por Cristo y ponerlo por encima de todos los poderes temporales, es semejante a la valentía de los discípulos en Pascua, que superaron el miedo y salieron del escondite para dar un testimonio de la Resurrección a plaza abierta. Los mártires son una prueba de que el Bautismo hace realidad los dones del Espíritu Santo.

¿Experimentas la valentía del Espíritu en tu vida?

San Juan Bosco

Indícame, Señor, tus caminos, enséñame tus sendas.
—Salmos 25:4

San Juan Bosco (1815–1888) logró influir tanto en la vida apostólica de la Iglesia como en la pedagogía universal. Su intuición lo llevó a cambiar el paradigma educativo y social de "castigar al que se porta mal" por una visión diferente: prevenir el mal estimulando el bien. Juan Bosco conocía las penalidades de los pobres porque él mismo, siendo huérfano, luchó por sacar a su familia adelante y pagó él mismo sus estudios en el seminario. Supo de las tentaciones para los adolescentes y jóvenes en los barrios empobrecidos y se dio cuenta de que la falta de educación es la peor de las pobrezas. Tomó ejemplo de otros sacerdotes educadores como Felipe Neri y Francisco de Sales, y fundó la Congregación de Salesianos. Tanto los sacerdotes como las religiosas de esta congregación están dedicados a educar a los pobres, ofrecer educación, formación en la fe y oficios por todo el mundo.

❧ ❖ ☙

Actualmente son muchos los ambientes donde prevalece el castigo por sobre la educación. Los sistemas carcelarios son uno de estos. Los obispos de EE.UU. nos animan a reflexionar sobre las causas sociales de la delincuencia. Las comunidades católicas estamos llamadas especialmente a manifestar preocupación por los jóvenes en riesgo y a volvernos guías para que nuestra juventud tenga dirección para evitar la delincuencia (USCCB, *Responsabilidad, rehabilitación y restitución*).

¿Identificas las cárceles juveniles en tu área? ¿Sabes cuáles son los delitos más comunes por los que jóvenes están encarcelados? ¿Has cruzado esa periferia?

Febrero

San Cecilio

Jesús recorría toda Galilea enseñando en las sinagogas, proclamando la Buena Noticia del reino y sanando entre el pueblo toda clase de enfermedades y dolencias.
—Mateo 4:23

San Cecilio (s. II) pertenece a los varones apostólicos, la siguiente generación de líderes que, unidos a alguno de los apóstoles, fueron enviados a evangelizar. Estos siete varones se consideraron la raíz de la fe cristiana en España. A san Cecilio se le adjudica la evangelización en Granada. En el martirologio de Lyon aparece Cecilio. Se sabe que fue arrestado y martirizado durante el tiempo de Nerón.

❧ ✦ ❧

Los varones apostólicos son un ejemplo de esa Iglesia en salida, pronta a difundir un mensaje leal a una experiencia de fe y sobre todo en seguimiento del maestro, Jesús. Esta no fue la expansión de un proceso de adoctrinamiento, sino una experiencia de actualizar el mensaje del Evangelio con nuevos pueblos y nuevas culturas. De encontrar constantemente seres humanos que podían hallar la verdad en las palabras de Jesús y experimentar su amor y su perdón.

Al entrar en contacto con el Evangelio, ¿sientes el deseo de comunicarlo a otros?

Santa Juana de Lestonnac

Miren a las aves del cielo: no siembran ni cosechan ni recogen en graneros, y sin embargo, el Padre celestial las alimenta.
—Mateo 6:26

Santa Juana de Lestonnac (1556–1640) fue hija de una pareja noble de Burdeos y conoció las divisiones entre protestantes y católicos. En su propia familia vivió la tensión religiosa ya que su padre era católico y trabajaba para el gobierno como consejero de asuntos religiosos, y su madre era calvinista. Su tío Miguel de Montaigne, famoso pensador, le ayudó a comprender el cambio de ideas que en su época vivió la sociedad francesa. Se casó con Montferrat y tuvieron ocho hijos. Quedó viuda con hijos adolescentes y otros murieron. Su combinación entre la fe y el humanismo la llevó a buscar protección para los niños desfavorecidos. Cuando sus hijos emprendieron su camino, ella fue a un convento de vida muy estricta. Le sugirieron que siguiera su búsqueda y tuvo una visión de jóvenes que cayeron de un precipicio. Juana quiso ayudarlos y pidió a Dios su luz para hacer algo. Así es como discernió que realizaría una obra para ayudar a las mujeres jóvenes a encontrar el Evangelio. Animada por dos jesuitas, puso a los pies de Nuestra Señora su propósito y decidió llamar su fundación la Compañía de María.

❧ ✣ ☙

La inspiración de Juana de Lestonnac de poner en María nuestra madre una obra al servicio de la juventud nos recuerda que María es misionera (*Evangelii Gaudium,* 286), que su cariño materno también abre los corazones a la fe, a recibir el Evangelio y a hacerlo fructificar.

¿Has sentido la cercanía de María? ¿Te ha dicho: "Haz lo que él te diga"?

San Óscar Anscario

Vengan conmigo y los haré pescadores de hombres.
—Mateo 4:19

San Óscar Anscario (801–865) nació en Amiens, Francia. Se identifica como uno de los grandes misioneros de la Europa Nórdica y Eslava, a la altura de san Bonifacio, san Cirilo y san Metodio. Estudió y se ordenó con los monjes benedictinos en Corbie y trabajó en la enseñanza en la escuela del Monasterio de Korvey en Westfalia. Luego el rey de Dinamarca lo invitó a predicar. Después fue nombrado obispo de Hamburgo y Bremen. Ludovico y el Papa Gregorio IV lo enviaron a cristianizar Dinamarca y Suecia. Emprendió la evangelización junto a dos otros monjes, pero muchos de los dinamarqueses regresaron a los cultos paganos. Es famoso porque tuvo que reevangelizar a su pueblo. Y sin embargo, ayudó cuanto pudo a los pobres y fundó escuelas en Dinamarca. Dio un tremendo testimonio con su vida austera y sacrificada, siempre orando por la conversión de su pueblo. Ha sido llamado el apóstol del norte de Europa.

ℰ❖ℛ

La historia hace énfasis en ese esfuerzo continuo de san Óscar de evangelizar y retomar la tarea. No podemos pensar que la semilla del Evangelio dará su fruto sin el trabajo comprometido del sembrador, ni podemos confiar a que una vez plantada la vid siga produciendo. El Papa Benedicto XVI habló de recristianizar Europa: el continente que expandió la fe a tantas naciones ahora necesita del anuncio y el testimonio. Pero no solo Europa, son muchos los creyentes que abandonan el cristianismo. Nuestra actual invitación es de salir de la propia comodidad y atreverse a llegar a todas las periferias llevando la Buena Nueva del Evangelio (*Evangelii Gaudium,* 20).

¿Identificas católicos que han dejado la Iglesia? ¿Tienes ánimo de invitarlos a regresar y escuchar el Evangelio?

San Juan de Brito

Me hice débil con el débil para ganar a los débiles. Me hice todo a todos para salvar por lo menos a algunos. Y todo lo hago por la Buena Noticia, para participar de ella.
—1 Corintios 9:22–23

San Juan de Brito (1647–1693) fue un misionero jesuita portugués, que recién ordenado fue a la India oriental. Recorrió ciudades como Malvatar, Ginje, Tanjor, Pesquería y Travancor. Estudió las principales ideas de los sabios y observó con atención los valores y costumbres de los pueblos que conoció. Se vestía como un sanyasi penitente, para de ese modo acercarse más a los empobrecidos y marginados en la sociedad de clases. Hombre de fácil sonrisa, fue afamado por su trato humano y bondadoso. Bautizó a miles de cristianos de diversas culturas y despertó el odio de los brahmanes que lo persiguieron, lo encarcelaron y torturaron hasta quitarle la vida.

☙ ❖ ❧

La inculturación del Evangelio es uno de los grandes desafíos actuales. Esto no significa mundanizar el Evangelio ni disfrazarlo con lo que está de moda. El Papa san Juan Pablo II dijo citando la Asamblea Extraordinaria de Obispos de 1985, que, "la inculturación significa una íntima transformación de los auténticos valores culturales por su integración en el cristianismo y el enraizamiento del cristianismo en las diversas culturas humanas" (*RMi*, 52). Ni san Pablo ni Juan Brito querían negociar el Evangelio para complacer a los pueblos evangelizados. Tampoco fue una respuesta pragmática, sino la obediencia a una invitación espiritual de imitar a Cristo encarnándose con aquellos elegidos.

¿Observas las nuevas culturas de nuestro tiempo? ¿Cómo podemos evangelizar con "nuevos lenguajes" a las culturas juveniles o a las segundas y terceras generaciones de inmigrantes hispanos, siendo fieles a la esencia?

Santa Águeda

No teman a los que matan el cuerpo y no pueden matar el alma.
—Mateo 10:28

Santa Águeda (c. 230) fue una joven siciliana que tenía las cosas soñadas por muchos: belleza, juventud, posición social, virtud. . . . Por todo ello el cónsul romano Quinciano se inclinaba con pasión hacia ella. Lo que podría ser una historia de atracción contra el rechazo, se topó con la fe y la libertad. Quinciano se propuso desviar a Águeda de su virtud y confabuló para romper su integridad, pero fracasó en este objetivo. Recurrió a la amenaza, luego a la brutalidad. Águeda pasó de ser una joven persistente a alguien de increíble valentía. En las "Actas de los Mártires" quedó escrita la condena: cortar sus pechos. Ella reaccionó con indignación: "Tú, tirano impío, ¿no te avergüenzas de ordenar que corten a una mujer aquello de lo que tú mismo mamaste a tu madre? En mi alma tengo los senos intactos". En el cónsul creció la obsesión y ordenó mayores tormentos a Águeda hasta ocasionarle la muerte. En la tradición oral se dice que en el momento de su muerte tembló la tierra. . .

ॐ❖ॐ

Mujeres con padecimientos o situaciones de vulnerabilidad recurren a santa Águeda. La experiencia de amenaza o fragilidad ante cualquier agresión física o psicológica se frena ante la conciencia de la gran dignidad que Cristo nos ha regalado. Son tantas las mujeres que viven situaciones dramáticas en el nivel doméstico, civil, ecológico, social y político, que es necesario el referente femenino de Águeda. Después de grandes pruebas las mujeres concluyen con ella: es cierto, la valentía reside adentro, hay un don de Dios que hace a una persona indestructible.

¿Cuáles son las mujeres más vulnerables en nuestras comunidades? ¿Qué podemos hacer para apoyarlas en su fortaleza?

San Pablo Miki y compañeros, mártires de Japón

Felices ustedes cuando los injurien, los persigan y los calumnien de todo por mi causa. Alégrense y estén contentos pues la paga que les espera en el cielo es abundante.
—Mateo 5:11–12

El grupo de mártires que celebramos (c. 1597) era variado: tres jesuitas, seis franciscanos y diecisiete laicos. Entre los laicos había catequistas, intérpretes, un soldado, un médico y tres monaguillos. Hacia el año 1588 había ya numerosos convertidos en Japón. Luego entró el emperador Taicosama quien se adjudicó honores divinos y expulsó a los cristianos. Pero muchos de ellos se escondieron, y el emperador ordenó capturarlos y ponerlos en prisión. Así estos veintiséis mártires fueron hallados entre Osaka y Meaco. Los mutilaron y exhibieron para sembrar el pánico entre todos los lugareños hasta que en Nagasaki hicieron una fila de cruces y los crucificaron. El primero en morir fue el mexicano Felipe de Jesús.

℘❖℞

Evangelizar las culturas orientales, particularmente Japón, ha sido un desafío enorme para la Iglesia. En parte porque son pueblos arraigados en sus propias tradiciones y filosofías, en parte también por la dificultad de las lenguas y los modos de evangelización. Pese a todo, la fe está en ese país sembrada igual que en otros: con la sangre de mártires.

En la *Liturgia de las Horas* (*Propio de los Santos 7*, 171–112), se reproducen las últimas palabras de Pablo Miki quien, cerca de la muerte, resume dos verdades: Ha encontrado en el cristianismo su camino y ese camino es de amor y perdón hacia los enemigos.

¿Podrías resumir tu vida en la certeza de que en Cristo has encontrado tu camino? ¿En tu seguimiento de Cristo encuentras una facilidad de perdonar más?

Santa Juliana Falconieri

El Dios de la paciencia y el consuelo les conceda tener los unos para con los otros los sentimientos de Cristo Jesús.
—Romanos 15:5

La ciudad de Florencia maravilla por sus artistas que dejaron tantos legados a la humanidad. Pero no menos grandes son sus santos. Santa Juliana (1270–1341) creció como hija única de la familia de la casa Falconieri. En ese tiempo la región Toscana era intensamente activa: intercambio comercial, producción agrícola, de joyas, telares, arte. . . prácticamente todo estaba allí. Los jóvenes de posición social se entregaban a diversos placeres tanto sensuales como intelectuales, con ideales en el poder material y temporal. El padre Alejo Falconieri, uno de los fundadores de los servitas y tío de Juliana, fundó una congregación. Juliana inició una con modelo semejante, pero femenino. Guiada por los servitas comienza por atender a los enfermos. Después se decidió por fundar las Siervas de María, dedicadas a la atención de los pobres y los enfermos. Juliana llevó una vida sencilla, penitente, sin tomar para sí misma un trato especial. En las calamidades que siguieron, entre ellas guerras, pestes y hambrunas, estas religiosas fueron un bálsamo para la sociedad.

෨✤ଔ

Es posible que cuando repasamos las obras de misericordia nos vengan a la mente actos, las más de las veces esporádicos, donde tenemos la oportunidad de realizarlas. Parece increíble que haya personas que hacen de esas obras el escenario de sus vidas, incluso la opción de su existencia. La exhortación *Gaudate at Ex* (107) afirma que para alcanzar la santidad es necesario obsesionarse y agotarse en vivir las obras de misericordia.

¿Cómo cambiaría tu vida si te obsesionaras por alguna de las obras de misericordia?

San Jerónimo Emiliani

Ve, vende cuanto tienes y dáselo a los pobres, y tendrás un tesoro en el cielo; después sígueme.
—Marcos 10:21

San Jerónimo Emiliani (1486–1537) nació y creció en la sociedad de Venecia, entre las buenas familias del Renacimiento, cuando las ideas divergentes y las luchas por el poder relajaron la sociedad y no se tomaba en cuenta la vida cristiana. Hizo carrera militar y llevaba una vida mundana. Su conversión ocurrió cuando cayó prisionero y meditó las palabras de Jesús: "¿De qué le sirve a un hombre ganar todo el mundo, si se pierde a sí mismo?". Milagrosamente se escapó y reconoció su liberación como un milagro de Nuestra Señora, y por eso se dedicó a promover su devoción. Como resultado realizó numerosas obras de caridad con los empobrecidos. Italia sufrió la peste del cólera en 1531 y Jerónimo trabajó intensamente para visitar enfermos, auxiliarlos y enterrar a los muertos. Quedaron miles de huérfanos y procurando su cuidado agotó los bienes que le quedaban. Entonces, para aliviar tanto dolor, pidió limosna. Fundó la Órden de los Padres Somascos para atender a los niños necesitados. Luego llegó otro brote de cólera a Italia y Jerónimo murió contagiado en su incansable servicio al prójimo.

৪০ ❖ ৫৪

Santificarse significa hacer nuestro mayor esfuerzo por construir el Reino de Cristo para todos (*Gaudete et Exultate*, 25). Cristo mismo se embarca con nosotros y lo vive en nuestra realidad. Esta persistencia en trabajar por el Reino implica esfuerzos y también renuncias. Implica alegría y también fecundidad, satisfacción de ver frutos. Es por esto que santificarse equivale a una entrega constante y eso fue Jerónimo Emiliani: un empeño continuo.

En tu ambiente, ¿qué entiendes que sería necesario hacer para construir el Reino? ¿Haces algún esfuerzo específico para lograrlo?

Santo hermano Miguel Febres Cordero

Vine a traer fuego a la tierra, y, ¡cómo desearía que ya estuviera ardiendo!
—Lucas 12:49

San Miguel Febres (1854–1910) perteneció a los Hermanos de san Juan Bautista de la Salle. Desde niño experimentó la cercanía de la Virgen María. Nació con una malformación en los pies y la Virgen le dio la gracia de caminar a pesar de su dificultad natural. Como hijo único de una familia acomodada de Ecuador, sus padres se opusieron a que entrara de religioso, pero su doble llamado, tanto a la enseñanza como a seguir a Cristo, fue determinante. Dedicó su inteligencia y su sabiduría a mejorar los sistemas de enseñanza católica para todas las clases sociales. Fue reconocido en Francia, Bélgica y España sobre todo por sus aportaciones a los libros de enseñanza y las adaptaciones de obras. Murió de una pulmonía dejando un legado para la enseñanza católica y la catequesis del cual se han alimentado muchas generaciones de escolares.

❧ ❖ ☙

La educación católica está llamada a sembrar santidad como un espacio interno donde se puede tocar la formación integral de la persona humana, ofreciendo a la inteligencia el conocimiento humano y el desarrollo de destrezas y habilidades para la voluntad y el anuncio del Evangelio. Educadores como el hermano Miguel han entendido que las escuelas católicas unen sus esfuerzos a las familias que forman la comunidad de fe y a la sociedad a la cual sirven para impulsar el Reino.

¿Valoramos en nuestras comunidades a los buenos maestros? ¿Alentamos en las nuevas generaciones las vocaciones a la educación?

Santa Escolástica

Este tesoro lo llevamos en vasijas de barro, para que se vea bien que este
poder extraordinario, procede de Dios y no de nosotros.
—2 Corintios 4:7

Por los escritos de san Gregorio se conoce de santa Escolástica (480–542), hermana gemela de san Benito. Ambos vivieron los tiempos en que se derrumbaba el Imperio romano. Benito fue estudioso, espiritual y decidido a iniciar un modelo diferente al de los ermitaños, lo que terminaría siendo el monasterio con regla. Es posible que estos hermanos, unidos en tantas cosas, compartieran sus ideales cristianos. Lo que Benito propuso para los hombres, Escolástica lo desarrollaría para las mujeres. Así, ella inició comunidades de mujeres que consagraban su virginidad a Dios, oraban y trabajaban para su propia subsistencia, y vivían la caridad y la hospitalidad. Se cuenta que los hermanos solo se encontraban una vez al año y conversaban de su espiritualidad.

ဩ ❖ ଓ

En la oración colectiva, la Iglesia pide que imitemos a esta gran mujer sirviendo a los hermanos con amor infatigable y disfrutando profundamente de nuestra amistad con Dios. Escolástica desarrolló un camino contemplativo en su propósito de reencontrar la amistad con Dios como lo más importante que uno puede hacer en la vida. Su camino se formó gracias a la oración, la presencia de los pobres y con las hermanas de comunidad. Oró sin prisa, sin desfallecer.

¿Por qué nos cansamos de orar como los discípulos en el huerto de Getsemaní?

Beato Pedro de Jesús Maldonado

El mensaje de la cruz es locura para los que se pierden; pero para los que nos salvaremos es fuerza de Dios.
—1 Corintios 1:18

El beato Pedro de Jesús Maldonado (1892–1937) nació en un barrio obrero de la ciudad de Chihuahua, México, en medio de un ambiente católico. Se decidió por su vocación sacerdotal con dos grandes metas: la Eucaristía y la entrega a su pueblo. Como sacerdote dedicó su trabajo pastoral a los campesinos y a los indios tarahumaras. Cuando se desató la persecución de católicos entre 1926–1929 en la que se conoce como guerra Cristera, Pedro de Jesús fue perseguido tanto por el ejército como por la policía. Estaba en clandestinidad visitando enfermos y celebrando sacramentos cuando lo sacaron de su escondite. Mientras era golpeado, trató de proteger la Eucaristía y murió perdonando a sus verdugos.

ଚ ❖ ଓ

Durante estos años de persecución en México, se redescubrió la fe de un pueblo que había sido evangelizado y vivía sus tradiciones religiosas sin preocupaciones. La persecución religiosa planteó a muchos cristianos una pregunta de fondo sobre su pertenencia católica. Fueron miles los católicos que se revelaron por la prohibición de manifestar públicamente su fe, que escondieron a los sacerdotes, arriesgando su propia seguridad y la de sus familias para proteger la fe.

¿Has pasado alguna prueba o dificultad por manifestar tu pertenencia a la Iglesia?

San Saturnino y compañeros, mártires de Abitinia

Dios nos mostró su amor en que, siendo aún pecadores, Cristo murió por nosotros.
—Romanos 5:8

Se conoce a un conjunto de treinta hombres y diecinueve mujeres que acompañaban al presbítero Saturnino en el año 304 en Abitinia, al norte de África, como "los mártires del domingo". El emperador Diocleciano había retomado la persecución de los cristianos. Después de haber prohibido cualquier culto, encontraron a este grupo en casa del presbítero Saturnino, celebrando la Eucaristía. Los diálogos que se conservan en las actas describen un interrogatorio en el que uno por uno, todos profesaron su fe. Pese a las amenazas, los mártires concluyeron: "Sin el domingo, no podemos vivir".

৪০❖ଓ

Sabemos que los primeros cristianos consideraban el domingo como el comienzo de su vida nueva. Es el día que recordamos haber salido de la muerte, es el día que despertamos con el resucitado. La Eucaristía era mucho más que una comida, una reunión, una oración, o un recuerdo. Celebrar la Eucaristía era el resumen de un misterio que daba sentido a la existencia: somos amados. Cristo se entregó por nosotros cuando éramos pecadores y nosotros también debemos entregar nuestra vida sirviendo a los demás. Esto fortaleció su vida ante cualquier adversidad. San Ignacio de Antioquía se refería a los que "viven según el domingo", para señalar la fuerza que tenía la Eucaristía.

¿Es la Eucaristía el centro de nuestra vida? ¿A qué nos compromete celebrar la Eucaristía?

Beato Jordán de Sajonia

La cosecha es abundante, pero los trabajadores son pocos. Rueguen al dueño de los campos que envíe trabajadores para su cosecha.
—Lucas 10:2

Hijo de nobles, el beato Jordán (1180–1237) vivió en un castillo en Dassel, cursó sus estudios superiores en París y conoció a santo Domingo de Guzmán, quien lo fascinó por su ideal de predicar la palabra y vivir en pobreza. Lo impresionaron también otros de los grandes dominicos de su tiempo y decidió entrar a la Orden de Predicadores. Ya como dominico, fue un notable maestro de la Sagrada Escritura y tuvo especial cariño por el Evangelio de san Lucas. Participó de los capítulos y fue elegido Superior General después de santo Domingo. Se le considera el gran promotor de la Orden de Predicadores. Jordán fue, sin duda, uno de los hombres más dotados, apreciado en diversos países donde se extendió la Orden. Se le atribuyen más de doscientas fundaciones y miles de vocaciones de jóvenes con carreras de las universidades más importantes de Europa.

≈ ❖ ≈

Todos conocemos la crisis vocacional de sacerdotes, religiosos y religiosas. La crisis vocacional no afecta a las congregaciones, sino a la Iglesia entera. Aunque hay muchos análisis sobre las opciones de los jóvenes, *Evangelii Gaudium* (107) sugiere que las vocaciones escasean cuando falta fervor apostólico y deja de contagiarse la pasión por la evangelización. Esta carencia de pasión no es solo de los clérigos, es de todas nuestras comunidades, de todo nuestro liderazgo y de sus diversas actividades, lo que nos debe hacer pensar.

¿Qué puedes hacer por el aumento de vocaciones religiosas y sacerdotales?

San Valentín

El amor es paciente, es servicial, no es envidioso, ni busca aparentar, no es
orgulloso ni actúa con bajeza, no busca su interés, sino que deja atrás las
ofensas y las perdona.
—1 Corintios 13:4–5

Es difícil separar la leyenda de la historia en el caso de san Valentín (c. 270). La vida de este sacerdote y mártir se remonta a los tiempos del emperador Claudio, quien supuestamente prohibía el matrimonio. Quería engrosar su ejército y pensaba que los soldados solteros daban mejor rendimiento. Valentín se oponía porque valoraba el amor creado por Dios y bendecido por Cristo. Sabía que si los novios recibían el sacramento del Matrimonio prosperarían las familias y la vida cristiana, así que desobedeció al emperador y comenzó a casar en secreto a las parejas. Cuando fue descubierto lo llevaron a juicio y recibió palazos y golpes hasta que lo decapitaron.

❧ ✤ ☙

La Iglesia aboga infatigablemente por el matrimonio también ante los poderes civiles, las prácticas culturales y la diversidad de tradiciones. La Iglesia cree en el peso moral que tiene el amor humano bendecido por Dios. Sabemos que nuestras generaciones más jóvenes están saturadas de publicidad que dirige la atención a una experiencia del amor que pasa de largo por los compromisos y sacrificios propios del amor verdadero. El Catecismo nos recuerda que la unión de Cristo con su Iglesia se refleja en el sacramento del matrimonio (*CIC*, 661). Entonces, el amor debe estar acompañado por Cristo; así madura y se perfecciona. Por eso los católicos sabemos que en el matrimonio hay un camino hacia la santidad.

¿Qué diferencias hay entre amarse y enamorarse? ¿Crees que, como Iglesia, estamos
preparando a los novios a conocer con profundidad la diferencia entre
estas dos cosas?

San Sigfrido de Suecia

Señor, si mi hermano me ofende, ¿cuántas veces tengo que perdonarle?
¿Hasta siete veces? Le contestó Jesús: No te digo que hasta siete veces, sino
hasta setenta veces siete.
—Mateo 18:21–22

San Sigfrido (c. 1030) fue un diácono de la Diócesis de York, en Inglaterra, que recibió la invitación del rey Olaf para apoyar la evangelización en Suecia, que ya había vuelto al paganismo. Sigfrido tenía tres sobrinos monjes que lo acompañaron en esta tarea. Antes de salir a Suecia fue ordenado obispo. Comenzó su trabajo misionero y atendió todas las preguntas del rey Olaf quien se convirtió y facilitó lugar para su ministerio. No era fácil para los suecos abrazar la fe y dejar las costumbres paganas. Tuvieron diversas contrariedades, y los sobrinos de Sigfrido fueron degollados. El rey ayudó a encontrar a los culpables, sin embargo, Sigfrido los perdonó. Este martirio no lo acobardó, sino que lo vio como una señal de evangelizar con más ardor. En Växjö, el lugar donde encontró las cabezas de sus sobrinos, inició una catedral.

ଚଡ ❖ ୠ

El propósito de la evangelización es la transformación humana. El Evangelio actúa en las personas, comunidades y sociedades, cuando ejerce su poder a través de la conversión y el cambio de valores. El perdón es uno de los catalizadores más esenciales para esa transformación. Si no perdonamos, frenamos la tarea evangelizadora, o hacemos del mensaje una semilla estéril. El perdón sincero fecundiza a las almas donde llega. Jesús lo enseñó desde la cruz, perdonando a quienes injustamente lo trataron: perdonó a Pedro por haberlo negado y a sus discípulos por su abandono.

Cuando quieres anunciar el Evangelio, ¿lo acompañas con el perdón y la
reconciliación?

San Pánfilo de Cesarea y compañeros, mártires

Señor, ¿a quién iremos? Tú tienes palabras de vida eterna. Nosotros hemos
creído y reconocemos que Tú eres el Consagrado de Dios.
—Juan 6:68–69

San Pánfilo (240–309) fue un notable cristiano que vivió en tiempo del emperador Diocleciano. Desarrolló su trabajo entre lo que hoy es Líbano y Siria. Estudió Teología y fue ordenado sacerdote en Alejandría, donde fue compañero de grandes estudiosos como Orígenes. Compartió una ardorosa apologética, pero sobre todo, fue valorado como copista de los textos sagrados. Tanto san Eusebio como san Jerónimo lo citan y le tuvieron gran estima. Cuando se desató la persecución de Diocleciano, fue a la cárcel. Con el emperador Maximiano, el gobierno presionó más a los cristianos de desistir y Pánfilo padeció terribles tormentos. Los relatos afirman que lo dejaron como una llaga viva, y él, con paciencia, recuperando sus pocas fuerzas, aprovechó el tiempo para catequizar y alentar a todos los prisioneros cristianos que vacilaban en sostener su fe. Por esto se le consideró padre de mártires, llenando de valor a quienes lo acompañaban, aunque todos fueron decapitados.

❧ ✤ ☙

¿Qué sostenía la fortaleza de los mártires? Sin duda fue su fe, como un abanico que integra diversas convicciones. Una de esas razones es que la muerte no es el final: la muerte semejante a la de Cristo llevará, con prisa, al cristiano a gozar de los bienes prometidos.

¿Crees que los bienes eternos son superiores a los bienes terrenales? ¿Has tenido
deseos de estar ya en el cielo prometido?

Los siete fundadores de los servitas

Vendan sus bienes y den limosna. Consigan bolsas que no se rompan, un tesoro inagotable en el cielo, donde los ladrones no llegan ni los roe la polilla.
—Lucas 12:33

Por el año 1233, uno de los problemas más severos de la Iglesia eran los enfrentamientos del papa con los reyes o señores feudales. Eran tiempos en que no se tenía una separación entre la Iglesia y el Estado. Se transponían diversas funciones. Los reyes o señores tenían desacuerdos con Roma, dejaban la fe y obligaban a todos sus siervos a sumarse su nuevo credo. El papado tenía propiedades que defendía con la espada y con guerras. Todo esto traía sufrimiento y dolor, sobre todo a los más débiles. Los siete servitas (s. XIII) fueron comerciantes que pusieron sus preocupaciones en discernimiento con el obispo Ardingho de Florencia. Vendieron sus posesiones y las repartieron entre las víctimas de aquellos conflictos, se adentraron en los bosques y en una montaña hicieron oración. Después decidieron tomar la regla de san Agustín y consagraron su comunidad a la Virgen, por eso tomaron el nombre de Siervos de María. Se hicieron famosos por su vida entregada al servicio, el papa les facultó para perdonar pecados especiales. Ayudaron mucho a levantar la fe en la Europa desunida de su tiempo y a evangelizar a los empobrecidos.

౿❖ଓ

Cuando la Iglesia examina la santidad de personas que va a poner de modelo para toda la vida, trata siempre de identificar aquellas prácticas que se identifican con Cristo, las respuestas ministeriales que se dieron en cierto tiempo de la historia según el Evangelio. La opción por los valores del Evangelio se aplica en todos los tiempos.

En los acontecimientos actuales, ¿qué valor te sientes invitado a vivir?

Beato Francisco Regis Clet

Esta es la Buena Noticia que yo predico por la que sufro y estoy encadenado como malhechor, pero la Palabra de Dios no está encadenada.
—2 Timoteo 2:8–9

San Francisco Regis Clet (1748–1820) fue originario de Francia. Entró al seminario en Lyon y después fue maestro en París en la Congregación de la Misión y se preparó intensamente para misionar en China. Se cree que en aquellos años China tenía unos diez mil cristianos, pero estaban diseminados en un territorio difícil de recorrer, con muchas diversidades culturales entre los grupos. Solo había tres sacerdotes para una impresionante tarea ministerial. Pero el padre Regis no perdía ni la sonrisa, ni la paciencia, ni se apagaban sus deseos de confesar o predicar. En 1784 hubo una sublevación contra el emperador y el padre Regis tuvo que ir disfrazado, escondiéndose de los grupos que peleaban. Para los cristianos eran conmovedoras la abnegación y la sabiduría con que aquel misionero seguía su trabajo entre camino y escondite. Siguió su misión hasta que el emperador pidió expresamente que lo buscaran para liquidarlo. Para entonces el padre Regis tenía setenta años y ya era considerado aciano. A los cristianos les conmocionó que a su edad fuera encarcelado y torturado sin delito. Aunque quisieron negociar con los soldados, el mandarín dio la orden y el padre fue estrangulado sin que se rompiera su paz interior.

෨ ✣ ෬

Evangelizar es la tarea encomendada por Cristo a la Iglesia y esta tarea pasa de generación en generación. Muchos católicos entienden su ser cristiano como si fueran "consumidores" de las tareas ministeriales de la Iglesia. Pero la esencia está en tomar el Evangelio, con toda su fuerza transformadora, para pasarlo a los demás: a nuestros hijos, familiares, vecinos, amigos, compañeros de trabajo. . . hasta a los desconocidos, a los que no tienen idea de la Salvación.

¿A qué estás dispuesto tú para evangelizar y pasar el Evangelio a las siguientes generaciones?

Beato Álvaro de Córdoba

Cristo padeció por ustedes, dejándoles un ejemplo, para que sigan sus huellas.
—1 Pedro 2:21

El beato Álvaro (1360–1430) nació en una buena familia de Zamora, España. Posterior a la alta mortandad por la peste negra, la Iglesia perdió numerosos clérigos, y comenzaron los ministerios por personas con poca formación. Se relajaron las costumbres y se complicaron los problemas de autoridad. Álvaro ingresó a la orden de los dominicos, estudió intensamente y realizó varias peregrinaciones. La Iglesia vivió lo que llaman "el tiempo de los tres papas" (uno en Aviñón, otro en Pisa y otro en Roma). Álvaro hizo oración y penitencia para que se reestableciera la Iglesia. Obtuvo permisos para comenzar la reforma de los dominicos y fue destinado a servir en la corte como confesor de la reina, pero él se alejó de los palacios y se quedó en Córdoba, trabajando con el pueblo. Como fruto de sus viajes y su meditación con la Pasión del Señor, desglosó una serie de pasos denominados: "la vía dolorosa", que le permitían a la gente reflexionar, contemplar, confesar sus pecados y terminar cantando. Se reconoce como un antecedente del *Vía Crucis*.

෨✧ඎ

Las crisis de autoridad y organización acaban con los negocios o empresas. La Iglesia ha tenido muchas crisis pero los que la han salvado no lo hacen con estrategias de mercadotecnia, sino con su santidad. La Iglesia vuelve a salvarse por aquellos que abrazan la cruz, imitando a Jesús. La Iglesia se oxigena gracias a los que contemplan una y otra vez la Pasión del Señor para hallar en ella la nueva vida del grano de trigo que cae en tierra y germina.

¿Identificas algún aspecto de la Pasión de Cristo que te ayude a superar tus dificultades?

Beata Julia Rodzinska

Ayudémonos los unos a los otros para incitarnos al amor y a las buenas obras.
—Hebreos 10:24

La beata Julia Rodzinska (1899–1945) nació en Polonia y entró con las religiosas dominicas. Trabajó visitando a los pobres y llevó por todos los rincones de su vida la oración del Rosario. Fue una maestra entregada. En 1943, estando en su salón de clases, la encontraron los nazis y la arrestaron. Pasó dos años en el campo de concentración de Stutthof. Se sabe que dedicó sus últimas fuerzas a consolar y acompañar a mujeres judías. Debido a las precarias condiciones del campo de concentración, se contagió de tifus, al igual que otras mujeres y murió ofreciendo su solidaridad a sus compañeras judías.

❧ ❖ ❧

No es común que hagamos un examen de conciencia sobre la influencia del racismo en nuestros juicios. Pensamos que en nuestras relaciones humanas el racismo no está presente. Sin embargo, el racismo se arraiga de maneras disimuladas dentro de nosotros. Emerge a través del sarcasmo, del acoso, del *bullying*, del rechazo de las diferencias. Si queremos que el drama del holocausto no se repita en la historia, necesitamos vigilar la exclusión de otros y pedir al Espíritu Santo la gracia de no hacer distinción de personas.

¿Te paras a pensar que a lo mejor tenemos prejuicios que nos impiden ver a los demás con los ojos de Dios?

Beato Noel Pinot

El Señor es un refugio para el oprimido. ¡Ten piedad Señor! Mira mi desgracia,
causada por mis enemigos, tú que me levantas del portal de la Muerte.
—Salmos 9:10–14

El tiempo del beato Noel Pinot (1741–1794) es una de las páginas más intensas en la historia mundial. La Revolución francesa estalló como un volcán en el que se habían juntado diferentes factores: el lujo y la opulencia por parte de la monarquía, un gobierno endeudado, las publicaciones de los pensadores de la Ilustración, las malas cosechas, la pobreza extrema. La gente asociaba a la Iglesia con la mentalidad y el comportamiento de la monarquía. El grito: *"¡libertad, igualdad, solidaridad!"*, levantó revueltas y persecuciones, no solo hacia los nobles, sino también hacia el clero. El padre Pinot se negó a jurar la constitución, fue encarcelado y salió libre, pero con la prohibición de ejercer su sacerdocio. Pero el padre estuvo escondido en diversos sitios y clandestinamente administraba los sacramentos hasta que una noche lo tomaron preso. Fue impresionante que así, en sus vestimentos, subiera al patíbulo, uniendo su sangre al ejercicio de su sacerdocio.

☙ ❖ ❧

Las relaciones de la Iglesia con los gobiernos de los pueblos han sido un largo proceso de equilibrio. En muchos momentos de la historia ha habido rivalidad y la conquista del respeto ha tenido muchas vidas sacrificadas por ambos lados. La Iglesia ha ido definiendo su liderazgo espiritual con valores nacidos de la conversión y del seguimiento de Cristo. Por eso nuestro cristianismo tiene responsabilidades históricas.

¿Tienes presentes los valores del bien común cuando eliges a tus gobernantes?

San Pedro Damián

Bendigo al Señor que me aconseja, aún de noche, instruye mi conciencia.
—Salmos 16:7

San Pedro Damián (1007–1072) fue sacado de una infancia en la orfandad y pobreza por su hermano sacerdote, Damián, y por eso, al hacerse sacerdote, él también toma el nombre de su hermano. Desde seminarista tuvo dos grandes deseos: crecer en el conocimiento de la fe y en la práctica de la espiritualidad. La Iglesia vivía un difícil momento de materialismo y superficialidad dentro del clero. Pedro Damián busco una comunidad benedictina y se entregó a la oración, al estudio y al trabajo. Cuando fue elegido abad, fundó varias comunidades que se alejaban de prácticas corruptas como la simonía, los escándalos y las posesiones. Comenzaron a pedirle que organizara retiros y pláticas, y animó al clero a dejar las desviaciones y a regresar al Evangelio. Varios papas lo llamaron de su vida de retiro para que interviniera en la tarea de hacer que el clero volviera al Evangelio. Fue un gran penitente, que además de escribir y predicar, preparaba acuerdos y hacía mediaciones en conflictos entre políticos y la Iglesia. Se le considera como uno de los grandes reformadores de la Iglesia.

❧ ✥ ☙

Algunos pueden pensar que los grandes reformadores de la Iglesia exageraban la nota en la exigencia de su estilo de vida. Pero el Evangelio tiene también un énfasis en la radicalidad, entendida no como extremismo o imprudencia, sino como compromiso rotundo con Cristo. Jesús dijo claramente que no se puede servir a dos señores (Mt 6:24). Cada vez que la Iglesia se aparta de esta radicalidad hacia Jesús, el Espíritu Santo actúa y despierta en sus fieles el deseo de alcanzar la perla de gran valor por la que vale la pena venderlo todo (Mt 13:46).

Cuando encuentras relajamiento en la práctica de la Iglesia, ¿haces alguna opción radical según el Evangelio?

San Policarpo de Esmirna

Una cosa pido al Señor, es lo que busco: habitar en la casa del Señor todos los días de mi vida.
—Salmos 27:4

San Policarpo (c. 156) tuvo el honor de conocer a los apóstoles (discípulos de san Juan) y a la vez, coincidió con otros santos como Ignacio de Antioquía e Ireneo de Lyon. En los documentos que narran su martirio se cita su muerte como un testimonio que marcó a las generaciones. A sus ochenta y seis años había sido pastor de Esmirna y muchos fueron convertidos por sus homilías sencillas y por sus obras de misericordia hacia los enfermos y los empobrecidos. Hay detalles de su muerte que ilustran su testimonio de santidad, como su larga oración por los soldados que lo apresaron y la manera en que los recibió con la cena preparada. Al ver su avanzada edad, los soldados le permitieron llegar a la arena montado en un burro. Él fue meditando la entrada del Señor a Jerusalén. Destinado al fuego y terminado con una puñalada, los cristianos enmudecieron ante las cenizas de aquel obispo. Se dice en el testimonio que para la comunidad de fe, "estas cenizas fueron más valiosas que piedras preciosas y oro".

☙ ✤ ❧

En su carta a la Iglesia de Esmirna, Policarpo da una alabanza a Dios por su llamado, seguro de que el difícil camino del martirio coincide con el cáliz de Cristo y es para alcanzar la resurrección y la vida eterna. En estas comunidades se reflexionó sobre la vida eterna como una proximidad, no como un destino lejano. No era una inmortalidad alcanzada como la fama de los héroes de otras culturas, sino como una comunión con el resucitado en cumplimiento de sus promesas.

¿Vives cada día acercándote a la resurrección?

San Sergio de Capadocia

Si se mantienen fieles a mi palabra, serán realmente discípulos míos,
conocerán la verdad y la verdad los hará libres.
—Juan 8:31

En tiempos del emperador Dioclesiano se envió como gobernador en la región de Capadocia a Sapricio con la instrucción de sofocar el cristianismo y con plena autorización para someter a la muerte a quien desobedeciera sus órdenes. Estaban próximas las fiestas de Júpiter, y Sapricio pidió que se realizaran grandes celebraciones, incluidos los ritos con fuego. Para ese tiempo, Sergio (c. 304) ya tenía fama de santo, había abandonado su vida de noble y estaba en constante oración. Bajó a Capadocia y le pidió al gobernador que no diera culto a dioses falsos. Según se cuenta, Sergio se puso en oración y con sus oraciones se agrietaron las esculturas de los romanos y se apagaron los fuegos. El gobernador, lleno de cólera, pensó que los dioses romanos se habían molestado y lo mandó decapitar. Sin embargo, lejos de asustar a los creyentes, el cristianismo se extendió más en Capadocia y Armenia.

❧ ❖ ☙

San Cipriano de Cartago describe en su *Carta a Demetriano* (18) que quien toma a Cristo como la Verdad, no lo hacen vacilar los combates del mundo. Este afronta valientemente males e infortunios del mundo, con gozo y alegría en Dios, porque sabe que es servidor de la verdad y que le ha convidado a su abundancia en el Reino de los cielos. En todos los tiempos, el verdadero testigo de Cristo es primero un verdadero discípulo, en el silencio y la oración fragua la verdad de su corazón y por eso resiste.

¿Nos identifica como cristianos nuestra resistencia ante el mundo? ¿Cómo te
prepras para resistir?

San Trasio

La vida se manifestó: la vimos, damos testimonio y les anunciamos la vida
eterna que estaba junto al Padre y se nos manifestó.
—1 Juan 1:2

San Trasio (730–806) fue un laico entregado a la virtud en Constantinopla. De noble familia, ejerció cargos políticos como cónsul y Secretario de Estado. Vivió en medio de una crisis que tuvo como principal conflicto el culto que se daba a las imágenes. El patriarca Pablo estaba a punto de morir y pidió que Trasio asumirá su puesto, por lo que aceptó las órdenes sagradas con la condición de convocar un Concilio que pacificara la diversidad de ideas referentes al culto iconoclasta (de las imágenes). Trasio dio con sus talentos un gran servicio a la pacificación entre el Oriente y Occidente de la Iglesia. Enfrentó tensiones difíciles, como cuando el emperador Constantino IV, para casarse con otra dama, argumentó que su esposa quería envenenarlo y Trasio no le permitió sentarse en el presbiterio durante las misas. Sorteó diferentes problemas con gran sabiduría y fortaleza fundamentada en Dios.

ಬಿ ❖ ಞ

Íconos es una palabra que para muchos solo significa imágenes. Aunque llamamos a diversas cosas imagen: una foto, un dibujo, un logotipo. La imagen religiosa relacionada con esta crisis, se refiere a la aceptación de aquellas imágenes inspiradas en una experiencia de fe. Numerosos artistas producen imágenes, pero el ícono religioso es fruto de una espiritualidad en comunión con la Iglesia, sin otra intención que testimoniar el paso de Dios por nuestras vidas.

¿Conoces artistas que, a través de su arte, también anuncian el Evangelio?
¿Valoras y apoyas su don para la comunidad?

Santa Paula Montal Fornes

En esto consiste la vida eterna: en conocerte a ti, el único Dios verdadero, y a tu enviado, Jesús el Mesías.

—Juan 17:3

¿Se influyen los santos unos a otros? Claro que sí. No solo en épocas cuando viven varios santos que se conocen y comparten el momento de Iglesia, sino también cuando se influyen entre muy diferentes épocas. Santa Paula Montal (1799–1889) tuvo una infancia dura en una familia numerosa de Barcelona, España, que mandaba a los niños a trabajar para aportar ayuda. Así ella se dio cuenta de que las niñas en la sociedad española de su tiempo carecían de posibilidades para estudiar. Después, siendo ya mujeres, no recibían instrucción y, si quedaban viudas o no tenían esposo, sus vidas eran arrastradas a la miseria. Al conocer la espiritualidad de las Escuelas Pías de San José de Calasanz, Paula se decide a iniciar una obra semejante con las niñas y funda el Instituto de las Hijas de María de las Escuelas Pías. El Monasterio de Monserrat fue un escenario poderoso para que esta obra creciera a la sombra de la Virgen.

❧ ✦ ☙

En la Iglesia, las mujeres educadoras han dado numerosos frutos, particularmente en épocas confusas donde los valores se corrompen. Por naturaleza, ellas están ligadas a la vida, tienen un don creativo que les permite nutrir el conocimiento y la virtud con especial sensibilidad. El papel conciliador que tiene una mujer en su familia para mantenerla unida, para dialogar, para perdonar y reconciliar se prolonga por el bien de una comunidad cuando se le pone en una escuela o se le otorgan funciones educativas.

¿Valoras a las maestras que educan integralmente?

San Gabriel Possenti

Sean perfectos, como es perfecto el Padre de ustedes que está en el cielo.
—Mateo 5:48

San Gabriel Possenti (1838–1862) nació en Asís, Italia. En su familia había un ambiente de tristeza por la muerte de la madre. El padre se sentía agobiado de cuidar a su numerosa familia. Gabriel tenía una chispa particular: era un chico positivo, que gozaba lo bello de la vida. Le gustaba cantar, bailar, dibujar y el teatro. Su padre encontraba gran consuelo en esa alegría, pero Gabriel estaba marcado también por un profundo llamado de su vida y su sentido. Ya había experimentado diversas muertes en su familia y sentía la brevedad de la vida con la ansiedad de ese "algo más" que no acababa de definir. Le atraía el apostolado y a la vez los placeres, hasta que en una procesión de Nuestra Señora dio el paso definitivo de entrar con los padres pasionistas, pese al dolor de su padre. El trabajo, la oración y la penitencia fueron sus nuevas prácticas. Próximo a ordenarse sacerdote, se le diagnosticó una tuberculosis. Murió a los veinticuatro años dejando enorme admiración por la paciencia que demostró en su sufrimiento.

౸ ❖ ౺

Jesús avisó que la puerta al Reino es estrecha (Mt 7:13) y son muchos los cristianos a quienes estas advertencias les hacen vacilar. Jesús no engañó a nadie, no quería aficionados, quería discípulos libres y entusiastas. Fue claro en decirles que quien lo siguiera, encontraría la cruz. Gabriel de la Dolorosa hizo bien en tomar a Nuestra Señora por guía en su particular seguimiento de Cristo y pese a su juventud, logró asumir la voluntad de Dios.

¿Qué es la cruz para ti?

Santas Marana y Cira

Cuando tú vayas a orar, entra en tu habitación, cierra la puerta y reza a tu Padre a escondidas. Y tu Padre que ve lo escondido, te lo pagará.
—Mateo 6:6

El obispo Teodoreto dejó el testimonio de dos hermanas, las santas Marana y Cira (c. 450), que dejaron un mundo prometedor y se volvieron ermitañas. Esto fue en Siria, posiblemente en lo que es la actual ciudad de Alepo. Estas jóvenes decidieron abandonar sus comodidades y las expectativas de sus familias y prácticamente se aislaron viviendo en una especie de prisión en la que de dejaron una ventanita para recibir limosnas. Pese a su intencional aislamiento, la gente las buscaba para pedir consejo y oración. Aunque parece una leyenda, el obispo contó que estas mujeres reclusas hacían muchas penitencias y pasaron muchos años sin romper con este estilo de vida.

ৡ❖ର

Una opción por el silencio y la soledad radical parece muy difícil, porque estamos inundados de distracciones y entretenimiento. El aburrimiento parece una de las experiencias más temibles. Sin embargo, no hay santidad que no se sustente en la oración, y la oración requiere de un clima de silencio y soledad. No sabemos los procesos de santa Marana y santa Cira, pero santa Teresa describe en su autobiografía cómo el alma al principio sufre la soledad (V 4,8), luego la desea (V 6,4), después se acostumbra (V 11,9) y finalmente la goza y no la quiere abandonar (V 15,14). "Todo el tiempo me parece breve y que me falta para rezar, porque de estar sola, nunca me cansaría" (*CIC* 1,10).

¿Has puesto a prueba tu capacidad de estar en soledad?

Marzo

Santa Inés Cao Kuiying

Sé fiel hasta la muerte, y te daré la corona de la vida.
—Apocalipsis de Juan 2:10

Santa Inés Cao Kuiying (1826–1956) fue una joven mujer que tuvo que superar diversas pruebas en la vida. Nació en China, en la provincia de Guangxi, en el poblado de Xilixian. Como otras jóvenes de su edad, se casó con un hombre que se manifestó más y más violento: la sacó de su casa con humillaciones varias veces, le reprochaba su fe y la amenazaba si iba a la iglesia. Inés no abandonó nunca su confianza en Dios. Al contrario, sobrevivió haciendo labores domésticas y todavía encontraba tiempo para estudiar la doctrina cristiana. Su esposo se enfermó e Inés lo atendió hasta su muerte. Inés sufrió el desamparo también por parte de su familia política y encontró acogida con una buena católica. Allí conoció a san Agustín de Chapdelaine, a quien le llamó la atención el espíritu de servicio de aquella mujer. Le hizo preguntas sobre el catecismo y se quedó tan sorprendido de lo avanzada que estaba en el conocimiento de Dios y en la caridad, que le pidió de inmediato que catequizara la aldea de Guangxi. Así pasó Inés misionando hasta que fue detenida. Primero se le pidió que negara su fe públicamente, después la amenazaron, luego le aplicaron torturas colgándola en una jaula hasta que murió.

ℰ ❖ ℛ

En un mensaje a los catequistas, el Papa Francisco exhortó: "Donde hay verdadera vida en Cristo, hay apertura al otro, hay salida de sí mismo para ir al encuentro del otro en nombre de Cristo. Y ésta es la tarea del catequista: salir continuamente de sí por amor, para dar testimonio de Jesús" (Discurso del Santo Padre, 27 sep 2013). El corazón del catequista vive en movimiento: el encuentro con Jesús y el encuentro con el otro.

¿A quiénes llevas a Jesús?

Santa Ángela de la Cruz

*Busquen la paz con todos, y la santificación, sin la cual, nadie
puede ver a Dios.*
—Hebreos 12:14

Santa Ángela (1846–1932) nació en Sevilla en una familia numerosa donde se ganaba el sustento con sacrificios. Desde temprana edad se unió a la clase trabajadora en un taller de calzado. Buscó en varias comunidades religiosas su vocación, con un largo discernimiento de su llamado. Asistida por su director espiritual inició la Congregación de la Santa Cruz con otras tres amigas. Esta comunidad rentaba un espacio donde ofrecían día y noche servicio a los necesitados y enfermos. En otras partes del sur de España multiplicaron sus servicios de asistencia a enfermos, de atención a los pobres con diversas necesidades y a los huérfanos. Tanto su obra evangelizadora como el testimonio a través de sus fundaciones para ayuda a los más necesitados, han sido reconocidas en España y otras partes del mundo.

❧ ✥ ☙

Desde comienzos del cristianismo, la práctica de la caridad fue distintiva de quien busca la santidad, como consta en las enseñanzas de san Clemente Romano (*Carta a los Corintios*, 36): "El fuerte sea protector del débil; el rico dé al pobre y el pobre agradezca a Dios de remediar su necesidad, el sano sostenga al enfermo; el sabio manifieste su sabiduría no con palabras sino con buenas obras y el humilde no hable de sí sino deje que otros den testimonio".

¿Cómo puedes ayudar a los necesitados que están cerca de ti?

Santa Catalina de Drexel

Ya conocen la generosidad de nuestro Señor Jesucristo, que siendo rico, se hizo pobre por nosotros para enriquecernos con su pobreza.
—2 Corintios 8:9

Santa Catalina de Drexel (1858–1955) perteneció a una familia de banqueros de Filadelfia, Estados Unidos. A pesar de que podía gozar del estilo de vida de la gente acaudalada, Catalina fue educada en la conciencia de lo que cuestan las cosas y en el compartir con los más necesitados. Asistió a sus padres hasta que fallecieron y en 1888 tuvo una audiencia con el Papa León XIII. Impresionada por el llamado de la Iglesia a una respuesta social, y por sugerencia de su director espiritual, visitó Dakota del Norte y del Sur, así como Wyoming, con el propósito de apoyar la educación de los indios sioux. Sus hermanas también fundaron escuelas en Virginia para los pobres y los hermanos de procedencia africana. Catalina fundó la comunidad religiosa Hermanas del Santísimo Sacramento para atender a los indígenas de Santa Fe, Nuevo México. Por estas opciones, Catalina sufrió críticas e incomprensiones. Todavía no llegaba a los Estados Unidos la cultura de los derechos civiles y, sin embargo, su conciencia cristiana le permitió ver que los bienes materiales son para servir. Sus últimos veinte años los vivió como religiosa contemplativa y dejó a la Iglesia misiones, escuelas rurales, escuelas a los nativos americanos y la Universidad de San Xavier.

℘ ❖ ℃

En su mensaje sobre el racismo, los obispos de los Estados Unidos hacen un reconocimiento de cuánta segregación han sufrido los nativos americanos. La familia Drexel es un modelo del cambio de óptica que da el Evangelio, cuando miramos a quienes han padecido el racismo como víctimas de una injusticia y de un pecado social.

¿Haces algo frente a los rechazados por las diferencias en nuestra sociedad?

Beata Concepción Cabrera de Armida

Ya que tenemos en Jesús, el Hijo de Dios, un sumo sacerdote excelente que penetró en el cielo, mantengamos firme nuestra confesión de fe.
—Hebreos 4:14

Conocida como "Conchita" y famosa por su bondad y belleza, la beata Concepción (1862–1937) vivió en San Luis Potosí, México, en la época que el gobierno impulsó los ideales de la ilustración promoviendo la sociedad secular. Para promover el desarrollo, el gobierno quitó los bienes de la Iglesia y persiguió a sus líderes. Conchita vivió un catolicismo lleno de pasión por fortalecer la fe del pueblo. Casada con un hombre tan católico como ella, inculcó a sus hijos la pertenencia a la Iglesia. Sus dones llegaron más allá de la familia, fundó el Apostolado de la Cruz, como un camino para personas que querían santificar su vida diaria. Quedó viuda en 1901 y mientras sacaba a sus hijos adelante, inició las Obras de la Cruz, comenzando por la congregación contemplativa de las Hermanas de la Cruz, seguida por los Misioneros del Espíritu Santo y las Misioneras Guadalupanas. Otras obras son comunidades nacidas de su inspiración. Conchita, como laica, vivió una fecundidad especial, expresada en el esmero para dar seguimiento y cuidado a sus hijos, similar al celo con el que acompañó sus fundaciones.

❧✥☙

El Concilio Vaticano II veía llegar el tiempo en que las mujeres, llenas del Espíritu Santo, ayuden a que la humanidad no decaiga (*Mensaje a las mujeres*, 1965). La vida y las obras de Conchita Cabrera adelantan el papel de la mujer en la Iglesia. Siendo una laica, su participación en la vida de la Iglesia la llevó a desarrollar la vocación bautismal en su plenitud.

¿Apoyas en su vocación a las mujeres de tu comunidad?

San Teófilo de Cesarea

Despójense de la levadura vieja para ser una masa nueva, porque ustedes mismos son pan sin levadura, ya que nuestra víctima pascual, Cristo, ha sido inmolada.
—1 Corintios 5:7–8

El historiador san Eusebio, menciona a san Teófilo (c. 195) varias veces en sus escritos. Fue en el tiempo del emperador Cómodo cuando Teófilo hizo frente a un conflicto que dividía a la Iglesia: ¿cuándo se debe celebrar la Pascua? Esto era problemático, porque los primeros cristianos fueron judíos y las enseñanzas del Templo y las sinagogas estaban apegadas a celebrar el 14 de Nisán. Fue por esta razón que se inició la discusión: celebramos la Pascua de Moisés o la de Cristo. Los cristianos no niegan la Pascua judía, sino que la asocian a la Pasión, muerte y Resurrección del Señor. San Teófilo convoca al Concilio de Cesárea y logra un consenso: la Pascua de Cristo se celebrará en el plenilunio de primavera. Es por esto que la Pascua cristiana es movible.

✶

La Pascua de Jesús es el Paso de este mundo al Padre. Jesús quiso que la celebración eucarística fuera no en cualquier cena, sino en la Última Cena Pascual que él celebrara con sus amigos y así, anticipar la entrega de su Pasión y muerte. Pidió a sus discípulos que la celebraran en su memoria, hasta la consumación de los siglos. Ese paso de amor, sigue vigente. En la aclamación eucarística su pueblo afirma con fe: "Cada vez que comemos de este pan y bebemos de este cáliz, anunciamos tu muerte, Señor, hasta que vuelvas" (*Misal Romano, 4ª Edn*).

Mi participación en la Eucaristía, ¿representa para mi ese paso hacia el Señor?

San Olegario

Apacienten el rebaño de Dios que les ha sido confiado, cuidando de él, no a la fuerza, sino de buena gana, como Dios quiere; no por ambición del dinero, sino generosamente.

—1 Pedro 5:2

San Olegario (1059–1137) fue obispo de Tarragona, España. En su vida cruzó por varias comunidades. Primero, su familia lo envió a una escuela canónica. Olegario buscó más perfección y se pasó a los Canónigos Regulares de san Agustín, quienes pronto quisieron hacerlo abad. Se fue a Francia al Monasterio de San Rufo de Provenza, pero allí también lo eligieron superior. Poco después lo eligieron obispo de Barcelona. Huyó, pero lo encontraron y le pidieron que aceptara la asignación. Ya responsable de la diócesis, dio un gran impulso a la vida pastoral. Preparó con esmero sus predicaciones, visitó a los enfermos y desvalidos, se preocupó de la espiritualidad de sacerdotes y religiosos. Tuvo un encuentro con el Papa Gelasio II, quien lo envió a Tarragona. Participó en sínodos (Toulouse y Reims) y fue pieza importante del Concilio de Letrán y más tarde, apoyó al Papa Inocencio II en el Concilio de Claremont. San Olegario hizo viajes por el bien de la Iglesia, ayudó en las mediaciones entre diputas de los reyes y nobles y restauró la catedral de Tarragona. Pero su más importante tarea fue ayudar en la elevación de la piedad y la vida de fe del pueblo.

ɛʘ✤ʘɔ

Cuando se pertenece a la Iglesia se dan muestras de ello. Pueden cambiar las circunstancias, pero la vocación regalada por Dios busca dar fruto abundante. La misión de un obispo siempre tiene en el corazón la Palabra, la comunión, la celebración y la caridad.

Piensa en el obispo de tu arquidiócesis. ¿Cómo apoyas o puedes apoyar su vocación?

7 DE MARZO

Santas Felícitas y Perpetua

Alégrense más bien de compartir los sufrimientos de Cristo, y así, cuando se revele su gloria, ustedes también desbordarán de gozo y alegría.

—1 Pedro 4:13

Desde el tiempo de san Agustín se leían las actas que describían el martirio de las santas Felícitas y Perpetua (c. 203). El canon romano de la misa las menciona. Perpetua, una joven de noble linaje, fue capturada por el procónsul Hilarion junto con su esclava Felícitas que estaba embarazada. Ambas mujeres mantuvieron firme su confesión de ser cristianas. El relato dice que el parto se le adelantó a Felícitas y tuvo una niña que luego fue adoptada por la comunidad. Felícitas se unió al grupo que salía a luchar al circo y murió con su ama. Todos vieron como una señal del Señor que ambas entregaran su vida juntas.

San Pedro Crisólogo afirmó: "Los mártires nacen al morir, su fin es su principio; al matarlos se les dio vida y ahora, brillan en el cielo cuando todos habían pensado que eran suprimidos de la tierra" (*Sermón 108*).

¿Hasta dónde te llevaría tu convicción de pertenecer a Cristo?

San Juan de Dios

*Sabemos que Dios dispone todas las cosas para el bien de los que le aman, de
los llamados según su designio.*
—Romanos 8:28

San Juan de Dios (1495–1550) nació en Portugal y desde su infancia trabajó
en Castilla. Se unió al ejército español y participó en varias batallas contra los
franceses, después los turcos y también fue a África. En el ambiente militar
se alejó de la Ley de Dios. La gracia de Dios tocó su vida a través de una
predicación del beato Juan de Ávila, que llevó a Juan a un radical
arrepentimiento de sus pecados. Según la historia, de penitencia debía
mostrarse al mundo como enloquecido por Cristo, y san Juan de Dios tomó
literalmente esta idea, al grado que lo encerraron en un manicomio en
Granada. En aquel sitio, Juan se dio cuenta qué tristes eran las condiciones
de vida en ese lugar y qué terribles eran los tratos que se le daban a los
enfermos mentales: estaban encadenados, aislados y pasaban hambre y grandes
tormentos. Decidió que, si salía de allí, dedicaría su vida a dar un trato humano
a estos enfermos, y así lo hizo. Comenzó a trabajar en un hospital de cuarenta
y dos camas y él mismo atendía a los enfermos, comenzó a recibir ayudas y
compañeros. Nacieron así los Hermanos de San Juan de Dios.

ൠ ✤ ൠ

La atención humana a los enfermos mentales en la historia de la humanidad
es bastante reciente. Damos gracias a Dios por este "adelanto" profético de
san Juan de Dios, que vio en la conducta hacia las personas con enfermedades
mentales una oportunidad para poner en práctica el Evangelio. Aún hoy, los
enfermos mentales están en la periferia.

*¿Apoyas algún esfuerzo pastoral por acompañar los que padecen enfermedades
mentales?*

Santa Francisca Romana

No se acomoden a este mundo, al contrario, transfórmense interiormente, con una mentalidad nueva, para discernir la voluntad de Dios, lo que es bueno, aceptable y perfecto.
—Romanos 12:2

Santa Francisca Romana (1384–1440) vivió en "el gran cisma de Occidente", cuando los líderes de la Iglesia, buscando el poder y el control material y espiritual, desataron luchas internas. Francisca deseaba ser religiosa, pero su familia convino un matrimonio con un hombre bueno, dedicado a defender al papa. Ese matrimonio duró 40 años. El esposo de Francisca fue herido en la defensa del papa y les confiscaron sus bienes. Francisca y su cuñada utilizaron todo tiempo libre en la oración y la caridad. Francisca tuvo claro que una mujer casada tiene como primer apostolado la atención a su esposo y a su familia. Francisca y su cuñada vendieron sus joyas para ayudar a las pobres víctimas de las guerras. A esa carencia se le sumó la peste negra, epidemia en la que Francisca perdió a dos de sus hijos. Francisca fundó la tercera Orden de las Benedictinas del Monte de los Olivos. En las representaciones más conocidas la han dibujado con un Ángel de la Guarda, porque ella creyó en ese acompañamiento y le encomendaba todos sus caminos y dificultades.

❦

El Papa san Juan Pablo II afirmó que la fe de santa Francisca fue la que inspiró diversas formas de alivio para los necesitados en Roma y le dio el título de *Advocata Urbis.* Desde los primeros cristianos, la práctica de la caridad, cuando se hace sin parcialidad, es una señal de que Dios utiliza a esa persona para su obra. "Cuán grande y admirable cosa es la caridad y cómo no es posible describir su perfección. ¿Quién será capaz de estar en ella, sino aquellos a quienes Dios mismo hiciere dignos?" (San Clemente, *Carta a los Corintios*, 50).

¿Qué acción podemos tomar cuando vemos a la Iglesia en crisis?

Beatos mártires ingleses

Nosotros no pereceremos por echarnos atrás, sino que salvaremos nuestra vida por la fe.
—Hebreos 10:39

Cuando la religión de los gobernantes se imponía a sus súbditos, surgían muchos problemas. En Inglaterra se vivió con el rey Enrique VIII la ruptura con el catolicismo y el viraje del rey hacia la Iglesia protestante a la cual se afilió. La reina María, aunque fue católica, no logró mantener el catolicismo ya que numerosos funcionarios siguieron al rey y continuó con la reina Isabel. Quedaron católicos que no se sometieron al mandato del rey y siguieron fieles al papa. En 1569 se vivió una persecución. Guillermo Cecil emitió un plazo de cuarenta días para que los sacerdotes abandonaran el país y tendrían que solicitar entrada con juramento a la reina. A los que no aceptaron se les acusó de traidores y fueron condenados a pena de muerte. De esta persecución resultaron 316 muertos, 79 laicos y 237 sacerdotes.

℘ ❖ ℆

En 1987, en la homilía de beatificación de 85 de estos mártires (s. XVI), el Papa san Juan Pablo II señaló que estos mártires consciente y voluntariamente abrazaron la muerte, dando un testimonio para Inglaterra, Escocia y Gales. Entre los datos que comentó había eruditos y artesanos, ancianos y jóvenes, mujeres y hombres. Los laicos fueron condenados por proteger o esconder a los sacerdotes. Los sacerdotes porque se negaban a dejar sin los sacramentos al pueblo de Dios. Laicos y sacerdotes subieron juntos al patíbulo.

¿Identificas la persecución que los creyentes católicos enfrentan actualmente?

11 DE MARZO

Santa Áurea

Ayúdense mutuamente a llevar las cargas, y así cumplirán la ley de Cristo.
—Gálatas 6:2

Santa Áurea (1043–1070) le hace honor a su nombre, que viene del sol y del oro. Áurea fue una niña cuyos padres la dirigieron al bien, a la generosidad con los pobres y al deseo de estar unida a Dios. En los tiempos de Áurea había una idea heroica, y los modelos de santidad se dirigían a realizar hazañas extraordinarias para manifestar su deseo de acercarse más y más a Dios. Áurea se hizo leyenda por los versos que le dedicó el poeta Gonzalo de Berceo. Se sabe que entró a un monasterio y allí se hizo encerrar, cerca del altar de la misa, en una minúscula celda desde la que se comunicaba por un pequeño ventanillo. Ahí paso pruebas y dificultades en una austeridad radical y en una soledad interrumpida solo por la oración. En ese reclusorio voluntario se enfermó, dedicando sus sufrimientos a cuantos le pedían sus oraciones y consejo. Allí entregó su vida y en toda la región de La Rioja fue testigo de las bendiciones concedidas por su intercesión.

☙ ✤ ❧

San Hilario en sus reflexiones sobre la Trinidad afirmaba que es propio de la luz iluminar cualquier parte donde se encuentre, y así lo pensaba de quien había encontrado a Dios. El silencio, la soledad, el desprendimiento son un aceite que alimenta la lámpara. Aunque esa persona esté en tinieblas físicas o materiales, desde su unión con Dios emana luz, y quienes la necesitan la buscarán, del mismo modo que los pecadores buscaban la palabra y el consuelo de santa Áurea.

¿Tu oración se alimenta de la soledad con Dios?

Beata Ángela Salawa

*¿Acaso no escogió Dios a los pobres de este mundo para hacerlos ricos en la fe
y herederos del reino que prometió a los que lo aman?*
—Santiago 2:5

La beata Ángela Salawa (1881–1922) fue una mujer sencilla. A los dieciséis años se fue a la ciudad de Cracovia a trabajar en el servicio doméstico para ayudar a su familia. A través de la Asociación Católica de Santa Zita, conoció a otras mujeres que se ganaban la vida igual que ella. Ángela sabía por propia experiencia los muchos peligros de aquel trabajo donde eran inducidas a pecar o recibían tratos severos o acusaciones por robo. Las animó con perseverancia a mantener su espiritualidad en un trabajo donde se sufría mucho pero donde se podría ganar la santidad. Les inculcaba gran amor a la Virgen María, las invitaba a recibir la Eucaristía y a meditar el *Vía Crucis*. Cuando murió la buena patrona que le había permitido reunir a otras trabajadoras en su casa, comenzó a padecer una penosa enfermedad y en esta fragilidad conoció la espiritualidad de san Francisco de Asís. Sintió el llamado a consagrarse como laica franciscana, segura de que su vida la identificaba más con un Cristo pobre y humilde. Los últimos años de su vida, entre la enfermedad y su pobreza, entregó su alma con el respeto de admiración de quienes la trataron.

℘ ❖ ℃

El Papa Juan Pablo II nos animó a ver en la beata Ángela un modelo de servicio. Toda la Iglesia tiene un ejemplo de santificación a través del trabajo. En la misma ceremonia se elevaron a los altares la reina Eduviges y Ángela. ¡La reina y la sirvienta! El Papa retomó el mensaje de *Lumen Gentium* (36) para animar a todos los cristianos a ponernos en la óptica del Evangelio de que "[servir] a Cristo [. . .] equivale a reinar".

¿Qué servicios humildes ves en la óptica del Reino?

Santa Eufrasia

Lo que es a mí, Dios me libre de gloriarme, si no es en la cruz de nuestro Señor Jesucristo, por el cual, el mundo está crucificado para mí, y yo para el mundo.
—Gálatas 6:14

Madre e hija se llamaron *Eufrasia*, que significa "dar alegría". Eran la familia de un rico senador del emperador Teodosio I, en Alejandría. Murió el senador y el emperador pensó desposarlas. La madre se mudó a un monasterio en Egipto para quitarse de pretendientes e hizo vida monástica junto con su hija. Fue sorprendente que la niña mostrara gran entendimiento y gozo de todas las costumbres del convento. Años después, la mamá falleció tras encontrar paz en su vida de retiro. Santa Eufrasia (380–410), la hija, ya era novicia; creció y se volvió una religiosa reflexiva. El nuevo emperador la llamó para desposarla con uno de sus senadores, pero Eufrasia suplicó su libertad para seguir a Cristo. Renunció a todos sus bienes, los cuales se repartieron entre los pobres, y les devolvió la libertad a sus esclavos. Después, Eufrasia pasó periodos de oscuridad y tentaciones; se concentraba en hacer las tareas más humildes y salía victoriosa. Se esforzó por convivir con las personas difíciles para practicar un amor como el de Cristo. Murió a los treinta años. Su nombre se menciona en varios documentos antiguos, y se le encomiendan la lucha contra las tentaciones y los conflictos en las relaciones humanas.

☙ ❖ ❧

Estar en un convento no significa que ya se vive la caridad o la pobreza. Se hacen promesas, pero cada persona se hace, ella misma, pobre, humilde, caritativa. Este es el camino que recorre santa Eufrasia y que nos motiva a aprovechar cada persona que encontramos en nuestra vida para hacer realidad lo que prometemos.

¿Son tus relaciones humanas una práctica constante de la caridad?

Santa Matilde

Busquen el amor y aspiren también a los dones espirituales.
—1 Corintios 14:1

Es muy possible que muchos cristianos deseen gobernantes santos. Dios ha dado a su pueblo excelentes ejemplos, como santa Matilde (895–968). Esta reina alemana, esposa del rey Enrique I, fue formada en monasterios y manifestó virtudes y expresiones de caridad hacia los empobrecidos de su reino, pero también conoció la cruz. El rey murió después de diecisiete años y la reina vivió una fuerte tensión entre sus hijos por heredar el gobierno. Matilde deseaba que su hijo primogénito, Enrique, siguiera a su padre, pero la corte eligió a Otto, el segundo. Ya hecho rey, su hijo escuchó críticas de que Matilde malgastaba los bienes del reino en las iglesias y conventos que fundaba, y por ello fue expulsada. Matilde renunció a la herencia del rey y se retiró a una de sus propiedades, experimentó la crítica y se apegó a Dios. Tiempo después sus dos hijos padecieron derrotas y perdieron sus bienes, reconocieron el valor de su madre y Matilde les perdonó. Siguió entregada a su vida espiritual y a sus obras de ayuda y murió querida por todos los súbditos.

☙ ✤ ❧

San Juan Crisóstomo señalaba que los seguidores de Cristo se caracterizan por estar contentos y se glorían y alegran de su pobreza más que los reyes en su diadema (*Homilía sobre san Mateo*, 38). Las pruebas que pasó santa Matilde nos señalan esta verdad.

¿Te ha alegrado la experiencia de pobreza alguna vez?

Santa Luisa de Marillac

Que la única deuda que tengan con los demás sea la del amor mutuo. Porque el que ama al prójimo ya cumplió toda la ley.
—Romanos 13:8

Santa Luisa (1591–1660) nació en Francia, cuando se experimentaban los beneficios del catolicismo renovado: nuevas congregaciones y más espiritualidad en el clero y en los laicos. Luisa era huérfana de madre y su padre le dio la mejor formación tanto en letras y ciencia como en religión. Muy joven, se casó con Antonio Le Gras, secretario de la reina María de Medici. Luisa quedó viuda y se consagró a Dios guiada por san Vicente de Paul, en un servicio radical a los empobrecidos por medio de las "Cofradías de la Caridad". De atender a los empobrecidos a domicilio, Luisa fue pasando por varias causas: atención a las jóvenes, cuidado de los huérfanos de París, trabajos para las mujeres abandonadas y atención a los enfermos mentales. Luisa presentó ante el arzobispo de París la petición para fundar las Hermanas de la Caridad. Sus últimos años estuvieron centrados en el acompañamiento de las hermanas que, hasta el presente, han mantenido en diferentes países y momentos difíciles de la historia el servicio y la entrega que Luisa les dejó como ejemplo.

৪০ ❖ ୧୫

San Gregorio Nacianceno animaba a practicar la misericordia siempre con alegría, porque la caridad se vuelve pronta y diligente. Eso nos dará una recompensa doble. En cambio, cuando se hace de manera forzada o de mala gana, pierde su belleza y no es grato (*Sobre el amor a los pobres*, 14).

¿Cuentas la caridad entre tus razones para estar alegre?

San José Gabriel Brochero

Sean perfectos, como es perfecto el Padre de ustedes que está en el cielo.
—Mateo 5:48

San José Gabriel (1840–1914) nació en Santa Rosa del Río, Córdoba, Argentina, y creció entre las sierras, con los buenos ejemplos de sus padres católicos y la motivación de salvar a las almas. Cursó la carrera sacerdotal y lo ordenaron dándole tareas de formación que él combinó con obras de misericordia. Montando una mula se hizo famoso de pueblo en pueblo. Cuando llegó la epidemia del cólera a Argentina, el padre Gabriel fue incansable en visitar a los enfermos, en dar una atención personal, aunque el riesgo de contagio era grande. Después, fue destinado a Sierra Grande. Eran caminos difíciles, pero él se mostraba compasivo ante la miseria y ardía en anhelo de anunciar el Evangelio a aquellas ovejas sin pastor. A pesar de la pobreza de las sierras, animó a sus comunidades a construir iglesias, escuelas y caminos, él mismo dando el ejemplo como primer albañil. Llevó los Ejercicios Espirituales a numerosos católicos y mediante esa experiencia profunda, se inició una transformación para elevar la vida de fe y la moral de su pueblo. Al final de sus años se contagió de lepra y perdió la vista y el oído.

ഇ ❖ ൫

El Papa Francisco llamó al cura Brochero "pionero de las periferias físicas y existenciales" en su canonización. Cuando un cura imita a Jesús como lo hizo el padre José Gabriel, se hacen realidad las palabras de la Plegaria Eucarística IV que resumen lo esencial de Jesús: "Anunció la salvación a los pobres, la liberación a los oprimidos y a los afligidos, el consuelo".

¿Has sentido el llamado de Jesús a cruzar las periferias de tu ambiente?

17 DE MARZO

San Patricio

Cualquiera que haga la voluntad de mi Padre del cielo, ése es mi hermano, mi hermana y mi madre.
—Mateo 12:50

San Patricio (385–461) nos remonta a las islas verdes del norte de Europa. Aunque nació en Inglaterra y fue criado como católico, la historia cuenta que unos piratas lo raptaron y lo llevaron a Irlanda. Patricio fue sometido como esclavo y en esa humillación, dirigió su plegaria a Dios prometiendo que se convertiría en el evangelizador de los celtas. Escapó milagrosamente y se reunió de nuevo con su familia. Determinado a formarse, se fue a Francia y pasó años en el monasterio. El obispo Germano de Auxerris lo ordenó y lo envió como obispo misionero. Patricio ya conocía la lengua y las costumbres de los celtas y se fue determinado a iniciar comunidades monásticas. Decía que su arma era caminar sin armas. Patricio hizo penitencia y con ardor oraba por las almas de aquellos a quienes predicaba, enfrentó muchos enemigos, tanto de los druidas y de los adoradores de la naturaleza, como de los cristianos celosos de su apostolado. Evangelizaba con sencillez, permitía que vivieran un proceso y que el Evangelio fuera abrazado convenciéndolos del bien y del amor. Se cuenta que cuando Patricio encendió por primera vez el cirio pascual, los paganos se echaron encima para apagarlo, pero nadie pudo hacerlo. Entonces todos huyeron espantados gritando: "El fuego que ha encendido Patricio, nunca se apagará".

ഇ ✦ ര

Hasta el presente recordamos a san Patricio por su gran sentido de familia. Tuvo gran fe en la Trinidad, una certeza de la común-unión de las divinas personas. Tomó de la Eucaristía el convencimiento de la comunión con el Cuerpo y la Sangre de Cristo y la común-unión de los hermanos y hermanas que constituyen la Iglesia.

¿Tu fe te dirige a una común-unión?

San Cirilo de Jerusalén

Yo soy el camino, la verdad y la vida: nadie va al Padre si no es por mí.
—Juan 14:6

San Cirilo de Jerusalén (315–386) nació en un momento difícil de la historia de la Iglesia, en el tiempo de las discusiones sobre la Divinidad de Cristo. No tenemos referencia sobre sus estudios, pero se conservan algunos de sus escritos y sus enseñanzas. Por su estilo de escribir tan cultivado se ve que conocía las Escrituras y gozaba de buena formación. Hay leyendas que narran que él construyó un templo en medio de Jerusalén cuando estaba la ciudad destruida, para rescatar el sitio donde fue la Última Cena y que allí dio sus famosas catequesis sobre los sacramentos. Cirilo fue nombrado obispo de Jerusalén y este cargo fue sumamente difícil por los conflictos con los arrianos. Sus enemigos lo acusaban falsamente culpándolo de no acceder a la verdad y tuvo que abandonar varias veces Jerusalén. De sus treinta y ocho años como obispo, dieciséis los pasó en destierro. A pesar de todas las intrigas, Cirilo fue un obispo dialogante, que buscaba la paz y que tuvo clara su misión unificadora. En el Concilio de Constantinopla se reconocieron sus valores. La Iglesia lo ha considerado uno de sus mejores teólogos y lo ha nombrado Doctor de la Iglesia.

෴ ❖ ෴

Los sacramentos como signos de vida, no dirigen al creyente a una dimensión vertical con Dios o a una intimidad consigo mismo. Los sacramentos nos dirigen también a los hermanos, a fortalecer las relaciones de amor y perdón, de paz y concordia. Los sentimientos de amistad y participación, sobre todo con los más débiles, nos dan una dimensión horizontal que igualmente nos lleva a Dios.

Los sacramentos en tu vida, ¿te encaminan hacia Dios y hacia tus hermanos?

San José

El justo vivirá por la fe.
—Romanos 1:17

Aunque los Evangelios comentan poco sobre san José (se piensa que murió alrededor del año 18), vale la pena reflexionar sobre esas pocas frases, porque son suficientes para el buen entendedor. "José era un hombre justo. . ." (Mt 1:18). Afirmar que un hombre era "justo", significa que guardaba la alianza de Dios en su corazón, que vivía en el camino del Señor cumpliendo cada uno de sus mandamientos. También el Evangelio nos dice que recibía mensajes en sus sueños (Mt 1:20). José analizó qué hacer con su compromiso matrimonial, al darse cuenta de que María esperaba un hijo; qué hacer con el Niño cuando estaba en peligro por la envidia de Herodes y qué hacer con el destino de su familia, cuando había que salir en medio de la noche hacia un lugar desconocido (Mt 1:24 y Mt 2:14). San José hizo estos discernimientos para proteger a su esposa del señalamiento público, para cuidar y proteger a su familia, como lo hacen los buenos papás y los hombres justos.

৯০ ❖ ৫৪

Qué íntegro debió ser san José para ser el custodio de Jesús y María con el fin de que se cumplieran los planes de Dios. Mucha gente piensa que san José es un santo que "consigue cosas". Santa Teresa sugería que, si en la tierra Jesús le obedeció, cuánto más ahora que es glorificado, favorecerá las causas que le encomendamos. Pero su recomendación es pedirle a san José que nos enseñe a orar, porque él vivió en constante comunicación con María y Jesús. No se trata de orar para que Dios cumpla nuestros deseos, sino orar para poder cumplir nosotros la voluntad de Dios. En esto san José sí que es el gran intercesor.

¿Está tu oración motivada por lo que tú quieres o es una búsqueda de lo que quiere Dios?

Beato Marcel Callo

Permanezcan en mí, como yo permanezco en ustedes.
—Juan 15:4

El beato Marcel (1921–1945) fue un trabajador francés que murió en un campo de concentración nazi, posiblemente de inanición e infecciones. Los testigos de sus últimos días afirmaron que estaba tan débil que ya no fue llevado a los trabajos forzados. Se quedaba con otros enfermos y, a veces, despertaba para encontrar que junto a él solo había cadáveres. Marcel llegó allí por su fe. Con apenas veintitrés años, tenía ya un largo camino cristiano recorrido. Desde niño había sido *boy scout*, le gustaba organizar tropas. Siendo adolescente formó parte de la Cruzada de la Eucaristía, invitó a sus compañeros a mantenerse fieles en recibir el Cuerpo de Cristo para sostener los compromisos de la vida. Trabajó en una imprenta y formó parte de la Juventud Obrera Católica (JOC), donde forjó su carácter, fortaleció su oración y sus compromisos a la fe. Organizaba la Cuaresma como un tiempo estricto para que numerosos jóvenes alejados de Cristo se acercaran de nuevo a él en la Pascua. Desde 1940 cuando Francia fue ocupada por tropas alemanas, los trenes transportaban numerosos refugiados. Marcel los ayudó hasta que la Gestapo lo identificó como "demasiado católico" y lo envió a Turinga, y luego a Gotha. Después fue enviado a Mauthausen, en Austria, donde recibió latigazos hasta que las fuerzas lo abandonaron.

ഇ ❖ ഌ

En una de las últimas cartas que recibió la madre de Marcel Callo, él escribió: "Afortunadamente, cuento con un amigo que nunca me abandona y es quien me consuela. Con él supero los peores momentos. Cuánto agradezco a Cristo haberme traído aquí" (*Carta*, 19 mar 1945). Todos tenemos experiencias difíciles, pero no todos experimentamos que Jesús es amigo fiel.

¿Has experimentado el consuelo que solo Cristo puede dar?

San Nicolás de Fueli

Ofrezcan oraciones por las autoridades, para que podamos vivir tranquilos y serenos con toda piedad y dignidad.
—1 Timoteo 2:2

Reconocido por católicos y protestantes, san Nicolás de Fueli (1417–1487) es considerado además el patrono de Suiza. Nicolás fue un campesino que apenas sabía leer y escribir. Se convirtió en un líder político, económico y espiritual. Hijo de terratenientes en la comuna de Sachslen, participó desde muy joven en la defensa de la más antigua confederación suiza y alcanzó el grado de capitán. Con su esposa, hicieron prósperas sus tierras. Como político llegó a ser concejal y juez. Estuvo a punto de ser gobernador cuando tuvo una visión que le hizo ver cómo su vida estaba entretenida en asuntos mundanos. Pidió consentimiento a su esposa y a sus diez hijos y al recibirlo, asumió una vida de ermitaño, recogido en los bosques, dedicando su tiempo a la contemplación y a la alabanza. Se le veía con su rosario, siempre orante. Así vivió diecinueve años y venían personas de toda Europa a hacerle consultas. Recibió varias revelaciones y fue sorprendente su don de consejo y discernimiento. La unidad de los cantones en Suiza y la pacificación de sus comunidades se deben al hermano Nicolás por su acierto y guía. Es un modelo de participación política inspirada en la vida cristiana y también es patrono de las comunidades rurales.

ɛᴑ❖ᴑɔ

La Enseñanza Social Católica (389) ve la importancia de que los buenos católicos participen de la actividad política en favor del bien común, de la defensa de la dignidad de la persona humana y de los valores cristianos. En su ausencia se producen desigualdades e injusticias.

¿Ejerces tu responsabilidad cristiana, participando en la vida política, de acuerdo con las enseñanzas de la Iglesia?

San Nicolás Owen

*Felices cuando los hombres los odien, los excluyan, los insulten y desprecien su
nombre a causa del Hijo del Hombre.*
—Lucas 6:22

Apodado "el pequeño Juan", la vida de san Nicolás Owen (1550–1606) estuvo al servicio de padres jesuitas en los tiempos de persecución católica en Inglaterra. Nicolás fue un hombre de baja estatura, muy hábil en la construcción y la carpintería, con un ingenio especial para construir escondites, ya fuera en las bibliotecas, los sótanos, o en los rellanos de las escaleras. Tenía el don para hacer un "agujero para sacerdotes" y durante dieciocho años ayudó a ocultar a los sacerdotes perseguidos por las prohibiciones gubernamentales. Sigilosamente los llevaba por las noches a administrar sacramentos a los católicos fieles y luego los devolvía a sus escondites sin esperar más recompensa que la satisfacción de haber ayudado a un pastor. Se sentía feliz a pesar de los desvelos y riesgos en guiarlos hacia su ministerio. Fue traicionado por un compañero y le aplicaron terribles torturas sin que lograran que delatara a los padres. Una familia sobornó a los carceleros y le permitieron escapar y, una vez recuperado de sus heridas, continuó ayudando. Los padres jesuitas lo incluyeron en la comunidad como hermano coadjutor y con mayor entrega hizo su labor. Pero ya le estaban siguiendo la pista, y cuando lo detuvieron, recibió tormentos aun más crueles hasta su muerte.

∞ ❖ ∞

Actualmente, nuestra manera de ayudar a los pastores es a través de los ministerios. Ya sea proclamando la Palabra, visitando a los enfermos, dando catequesis. Hacemos pastoral, es decir, ayudamos a la tarea del pastor. Sin embargo, estos servicios todavía no nos han puesto en un riesgo mayor. La fe siempre nos compromete y nos determina.

¿Ayudamos a los sacerdotes a llegar a aquellos que los necesitan?

San Toribio de Mogrovejo

Esfuérzate por merecer la aprobación de Dios, como obrero intachable que
enseña debidamente el mensaje de la verdad.
—2 Timoteo 2:15

San Toribio (1538–1606) es uno de los modelos pastorales más entrañables para la Iglesia de América Latina. Nació en España y cursó brillantes estudios de leyes, con gran compromiso cristiano. El rey Felipe II lo propuso como obispo a la región de Perú y en un discernimiento intenso recibió las órdenes sagradas y se embarcó hacia Lima, centro político y espiritual de una vasta región que se extendía cinco mil kilómetros de extremo a extremo. Estos territorios estaban sumergidos en una tensión constante entre los abusos de poder, la codicia, la indisciplina de muchos clérigos y el avance de la enorme tarea de evangelizar a los pueblos tan diversos. Toribio comprendió que el espíritu del Concilio de Trento todavía no llegaba y se dio a la tarea de restaurar la disciplina eclesiástica y promover las reformas. Impulsó obras de caridad y desarrolló hospitales, escuelas, caminos, puentes y el primer seminario conciliar. Estudió diversas lenguas indígenas para comunicarse con sus comunidades y convocó trece sínodos y tres concilios para sostener la unidad de su pueblo. Murió a los 68 años, después de haber repartido sus objetos personales a los pobres. La labor misionera por sus comunidades sigue siendo un modelo para la evangelización de la Iglesia.

☙ ❖ ❧

¿Por qué hay pastores que en el sentido literal se desviven por sus diócesis como san Toribio? San Agustín refería a cada pastor la triple pregunta de Jesús a Pedro: "'¿Me amas?' Y respondió: 'Te amo'. Quería fortalecer el amor para reforzar así la unidad. De ese modo, él que es el Único, apacienta a través de muchos y los que son muchos apacientan formando parte del que es único" (*Sermón a los pastores*, 46).

¿Valoras el trabajo pastoral de los que visitan sus comunidades y sostienen
su esperanza?

San Óscar Arnulfo Romero

Yo te convierto hoy en ciudad fortificada, en columna de hierro, en muralla de bronce, frente a todo el país [...] lucharán contra ti, pero no te vencerán, porque yo estoy contigo para librarte.
—Jeremías 1:18–19

Cuando san Óscar Romero (1917–1980) fue nombrado pastor de El Salvador, el país atravesaba extrema represión interna, gran empobrecimiento y la rebeldía del pueblo. La personalidad de este obispo era de timidez, concentrado en la vida piadosa y el estudio. Fue un hombre noble, con gran sinceridad en su servicio. De persona en persona, Romero visualizó el dolor de su pueblo y el abuso por la violencia. Los asesinatos de sacerdotes, catequistas y líderes del pueblo le dieron valor para no guardar silencio ante la impunidad. Levantó su voz, como los profetas, para manifestar a los empobrecidos su solidaridad y acompañamiento. Esto le trajo enemistades, se le juzgó al servicio de una ideología y no del Evangelio. El arzobispo Romero mantuvo una profunda oración y vio claro que si él tomaba la palabra, podría salvar vidas. Fue asesinado mientras celebraba la misa el 24 de marzo de 1980. Su sangre se unió a la Sangre de Cristo como un testimonio del precio por la defensa de los derechos divinos y humanos.

⁊〽❖℞

La Enseñanza Social Católica (132) nos dice: la justicia que hay en una sociedad se refleja en el respeto a la dignidad humana de cada persona. Si se trata de lograr el orden social, ese orden no se impone con violencia o con métodos contrarios al respeto. Tratar a los demás como a mi mismo, cuidando de su vida y los medios para ganarla dignamente.

¿Has reaccionado ante una falta de respeto a los derechos humanos?

San Dimas

Yo no quiero la muerte de nadie, oráculo del Señor. ¡Conviértanse y vivirán!
—Ezequiel 18:32

Los Evangelios de Mateo y Lucas narran en la crucifixión del Señor la presencia de dos ladrones como parte del cumplimiento de las escrituras: "Fue contado entre los malhechores". Aunque el relato es breve, la descripción del escenario es amplia e intensa: Jesús estaba entre la gritería de los que contemplaban su ejecución como espectáculo, retándole a bajar de la cruz, con burlas a su dignidad como el Hijo de Dios. "Uno de los malhechores crucificados lo insultaba, diciendo: '¿No eres tú el Mesías? Sálvate a ti y a nosotros'. Pero el otro lo reprendió diciendo: '¿No tienes temor de Dios, tú, que sufres la misma pena? Lo nuestro es justo, porque recibimos la paga de nuestros delitos; pero él, en cambio, no ha cometido ningún crimen'. Y añadió: 'Jesús, cuando llegues a tu reino acuérdate de mí'. Jesús le dijo: 'En verdad te digo: hoy estarás conmigo en el paraíso' (Lc 23:39–43)".

ᔥ ❖ ᔧ

Este hombre, a quien la Tradición llama san Dimas (c. 33), porque no aparece su nombre en las Escrituras, negocia con Jesús como un obrero de la viña de la última hora. No nos dice si lo hizo con verdadero arrepentimiento o con suficiente fe, pero a juzgar por la respuesta de Jesús, fue suficiente. Su respuesta es la que todos soñamos que Jesús repita en el final de nuestras vidas.

¿Animas a la conversión a quienes se han alejado de Dios?

San Ludgero

Con celo incansable y fervor de espíritu sirvan al Señor.
—Romanos 12:11

En la Edad Media todavía no se definía Europa como la conocemos ahora. El emperador Carlomagno era rey de Francia y avanzaba en todas direcciones ganando pueblos y territorios para extender su reino. Carlomagno usó la fuerza y el sometimiento para obligar a los pueblos dominados a convertirse al cristianismo. Estaba seguro de que la educación cristiana unificaría a su pueblo y le haría más fácil su gobierno. Por eso impulsó escuelas, libros, copias de la Biblia y movilizó una gran cantidad de maestros y monjes. Lo que es ahora Alemania eran aún varios pueblos que vivían adorando las fuerzas de la naturaleza. Después de someterlos, Carlomagno ordenaba matar a quien se negara a recibir el Bautismo y a quien no guardara la Cuaresma. Fue entonces cuando el emperador buscó a Ludgerio (745–795) en Montecasino, le ofreció cargos de obispo en diversas ciudades. Pero Ludgerio no aceptó cargos. Lo que sí aceptó fue ser misionero, junto con Gregorio y Alcuino. Con sabiduría hizo ver al emperador que el cristianismo contrario a sus principios de libertad y amor, perdía su esencia. Ludgerio fundó un gran monasterio y a su alrededor comenzó a construirse la ciudad de Münster (Monasterio), que finalmente fue su sede episcopal. Ludgerio fundó parroquias, animó la edificación de templos y escuelas, y fue considerado el gran alentador de la Evangelización de Alemania.

❀❖❀

En el *Catecismo de la Iglesia Católica* (150) se describe la fe como una adhesión personal del hombre a Dios, como una aceptación libre a la verdad que Dios nos ha revelado. San Ludgerio tuvo que amar mucho a Dios para hacer frente a una autoridad imperial como la de Carlomagno y ayudar también al monarca a entender la esencia de la tarea de la evangelización.

¿Experimentas tú la fe desde la libertad?

San Ruperto de Salzburgo

Ustedes son la sal de la tierra...
—Mateo 5:13

San Ruperto (660–710) fue hijo de nobles (los Rupertinos). Con una vida centrada en la fe desde muy joven, fue estudioso, y con anhelo de misionar profesó la regla de san Benito, la cual guardó con gran virtud, por lo que muy pronto le hicieron obispo de Worms. Ruperto se dio a la evangelización con gran paciencia, pidió permiso a los príncipes y con sus compañeros misionó Bavaria y las regiones del sur de Alemania bañadas por el río Danubio. La tarea difícil no era en sí evangelizar la comunidad de la ciudad, sino las de los muchos bosques y lugares apartados donde la gente mantenía una mezcla de creencias y supersticiones. Algunos nobles aceptaron la fe, pero el avance del cristianismo también le trajo enemigos, quienes se organizaron y lo sacaron de Worms. Entonces Ruperto peregrinó a Tierra Santa. Después se estableció con sus compañeros misioneros en la ciudad de Juvavum (Salsburgo) y recibió permisos para reconstruirla. En sus alrededores encontró yacimientos de sal. Inició edificios y obras, y con las minas de sal le dio una fuente de trabajo a muchos pobladores. A la ciudad la llamaron Salzburgo ("castillo de sal" en alemán), y por eso se pintó a Ruperto con un barril de sal, significando tanto la sal del Evangelio como la que se minó.

೪೦❖ଓ

La verdadera evangelización siempre eleva el espíritu humano. Se une a las causas y valores que permiten avanzar integralmente a los seres humanos. Cuanto más se ayuda a la superación de situaciones del trabajo, de la salud, de la educación, tanto más eficiente es el impacto del Evangelio en una cultura.

¿Te preocupas por las necesidades humanas de una comunidad buscando cómo remediarlas?

Beata Juana María de Maille

Yo soy humilde y pobre, ¡Oh Dios, ven pronto a mí!
—Salmos 70:6

La beata Juana María (1331–1414) vivió durante un tiempo de luchas por la invasión de los ingleses y en las confusiones del reinado de Carlos VI. Su vida estuvo marcada por la espiritualidad franciscana. Perteneció a la Tercera Orden, meditó las enseñanzas de san Francisco, se desprendió de lo material, pero mantuvo su castillo de Le Roche en Francia. Su tutor la desposa con Roberto de Silly, y el joven matrimonio compartió el gusto por los ideales franciscanos: ambos esposos hicieron votos de castidad y se entregaron a aliviar los padecimientos de los enfermos de la peste negra. Su esposo fue capturado por los ingleses y para rescatarlo, Juana sacrificó toda su fortuna. Roberto murió tiempo después y la familia Silly la expulsó, dejándola en total desamparo. Entonces Juana probó su espíritu franciscano y pidió al obispo de Tours que le permitiera servir en el hospicio de los enfermos. Lamentablemente las críticas no la dejaron y por su salud quebrantada buscó la paz de la vida contemplativa. Fue muy buscada por sus consejos y por su fama de mística que oraba por los bosques y ermitas. Murió dando gracias de haber encontrado la alegría en la familia franciscana.

☙ ❖ ❧

Cuando somos niños la sencillez es el método de todas las lecciones que se aprenden con éxito. Después nos vamos haciendo más complicados. Son los grandes santos quienes nos regresan a esa experiencia fundamental de recuperar el poder de lo simple, lo libre, lo liviano. Dejamos de temer la pobreza, el abandono, el desamor humano, cuando el amor de Dios se manifiesta en nuestro corazón.

¿Puedes ejercitar un desprendimiento que te llevará a la simplicidad?

San Armogasto de Cartago y compañeros, mártires

Pongámonos en las manos de Dios y no en manos de los hombres, porque su misericordia es como su grandeza.
—Eclesiástico 2:18

Los santos Armogasto, Félix y Saturio (c. 455), son algunos de los cristianos que testimoniaron la fe en tiempos de la herejía conocida como el arrianismo. Su fe fue probada para orillarlos a negar la divinidad de Cristo. Esto ocurre en tiempo de Ganserico y su hijo Teodorico, cuando entraban los vándalos al norte de África y comenzaban a sembrar el miedo dando castigos y torturas que sirvieran de escarmiento. Los arrianos sugirieron a los torturadores de Armogasto que no lo martirizan, que buscaran otro tormento sin degollarlo porque sus compañeros verían en ello la santidad, por lo que fue atado con fuertes cuerdas de cáñamo. Cuando ya se sentía sin fuerza, Armogasto pidió a Félix que lo enterrara entre las raíces de un frondoso roble. Saturio también recibió la promesa de la libertad si renegaba de la fe, al grado que hasta su esposa le pidió que aceptara, pero él dejó un gran testimonio porque pidió a su esposa que lo amara de verdad ya que él no tenía miedo de la pérdida aparente de la muerte. En castigo, lo despojaron de todo y fue obligado a vivir en castidad y mendicidad, siempre castigado y llevado a la cárcel hasta que murió.

❧ ✥ ☙

Creemos en Jesús, la Palabra encarnada, como el rostro de Dios visible para nosotros. Si Jesús fuera un hombre más, Dios seguiría distante. Jesús nos revela su cercanía, su misericordia, su amor real. Y es de esto que estos mártires son testigos. Jesús, el Hijo de Dios venido al mundo por nuestra salvación, es y sigue siendo la Buena Nueva.

¿Creo en Jesús por las fórmulas que he repetido o porque él mismo se hace presente para mí?

San Raúl de Senlis

Celébrense tus maravillas en los cielos, Señor, y tu fidelidad en la asamblea de los santos.
—Salmos 89:5

Algunos relatos sobre san Raúl (s. II), obispo de Arlés y discípulo de san Dionisio en París, se remontan a comienzos de la evangelización de la región Galia, cuando lo consagraron. Después pasó a Chaton y luego a Senlis, donde realizó una vigorosa evangelización, convirtiendo a los paganos. Levantó dos grandes iglesias: una en honor de Santa María y otra de san Pedro y san Pablo. También evangelizó la región de Valois y Creil. De él se contaban muchos milagros de curaciones y de cosas curiosas. Por ejemplo, en una ocasión predicó cerca de unos pantanos y el ruido de las ranas no dejaba oír, entonces él les pidió a las ranas que callaran y le obedecieron. Por la fama de sus curaciones, sus reliquias fueron muy veneradas. Varias veces las robaron. Lo más importante es que por muchos siglos, en esas regiones de Francia, la fe quedó muy arraigada y ganó numerosos hijos para la Iglesia.

❧ ✦ ☙

Evangelii Gaudium retoma el texto del Apocalipsis que Jesús está a la puerta y llama, invitándonos a imaginarlo de manera diferente. No es afuera, sino desde dentro de los creyentes que Jesús llama, queriendo ser anunciado para manifestarse fuera. La evangelización es un movimiento de adentro hacia afuera. No anunciamos la Buena Nueva como la publicidad oída externamente. Evangelizamos cuando el mensaje es escuchado desde nuestro corazón y lo vamos dejando de lugar en lugar.

¿Has escuchado a Jesús que quiere salir al mundo desde tu corazón?

San Benjamín de Ergol

Dios ama sólo a quien convive con la Sabiduría.
—Sabiduría 7:28

Durante el siglo V en Persia bajo el reinado de Veranes V, hubo una persecución contra los cristianos por más de veinte años. La historia cuenta que un grupo de cristianos quemó un templo dedicado al fuego. San Benjamín (c. 424) no participó de esas acciones, sin embargo, tomaron prisioneros a miembros del clero y a algunos laicos, dándoles castigos por igual. El diácono Benjamín era un predicador muy querido por las comunidades, constante en el servicio y en la práctica de la caridad. Encontró muchos que abogaran por él, incluso desde Bizancio, por lo que le dieron libertad condicional, prohibiéndole la predicación y los demás ministerios. Pero el diácono no resistió esa imposición: consolaba a los perseguidos, daba sus enseñanzas y mantuvo las celebraciones seguro de que había recibido muchos talentos y debía entregarlos al pueblo de Dios. Nuevamente fue detenido y torturado con grandes padecimientos, como cañas afiladas en sus uñas, atravesado por una espada con picos y finalmente decapitado. Hasta el presente, san Benjamín es patrono de los evangelizadores.

৪০ ❖ ৫৪

Estamos llamados a llevar el Evangelio, a compartirlo y no quedárnoslo para nosotros mismos. Es como un resorte que nos dispara hacia todos los ambientes sociales, hacia todas las culturas. Ser fieles al espíritu del Evangelio nos llevaría a correr todos los riesgos con la certeza de san Pablo: "Ay de mí, si no evangelizo".

Si alguien te prohibiera evangelizar, ¿guardarías silencio?

Abril

San Hugo de Grenoble

Toda bondad, justicia y verdad es fruto de la luz.
—Efesios 5:9

San Hugo de Grenoble (1053–1132) fue canónico y le pidieron ser obispo sin que todavía fuera ordenado sacerdote. Su vida recta y religiosa se debió a la buena formación que su madre le procuró en Valence, Francia. Aunque su humildad no le permitía aceptar la ordenación episcopal, aceptó en obediencia al Papa Gregorio VII. Asumió la diócesis de Grenoble, donde encontró numerosos problemas con un clero disipado, mal administrado y de fe relajada. Afanosamente trató de hacer visitas, llamó a la renovación y sintió que todo era en vano. Decepcionado, se integró a una comunidad de monjes benedictinos, pero el Papa le pidió que regresara a su sede y cumpliera su deber episcopal. Un día lo visitó el monje Bruno con seis compañeros y estos le pidieron terreno para un monasterio de ermitaños. Así comenzó la Cartuja, y cada vez que el obispo Hugo podía, se retiraba para hallar paz en el monasterio de Bruno. Finalmente, Hugo vio los frutos de sus trabajos: la vida espiritual de su comunidad se hizo sentir, el clero se renovó, se recuperó la administración y entregó su alma, concluyendo una difícil labor.

෨ ✤ ൭

Evangelii Gaudiun (24) nos invita a ver los frutos de la evangelización no solamente como fase de un proceso que por sí mismo se desarrolla, sino que necesita del trabajo paciente y activo de la comunidad. Es don de Dios dar fruto y el Evangelio es fecundo, pero vemos en san Hugo la constancia fundada en la oración para no desfallecer.

¿Nuestras comunidades se sienten desafiadas a dar frutos? ¿Dónde debes tú fructificar la semilla del Evangelio?

San Francisco de Paula

Porque el amor de Cristo nos apremia...
—2 Corintios 5:14

San Francisco de Paula (1416–1507) fue un niño muy deseado, consagrado desde pequeño al conocimiento de Dios por parte de sus padres. Muy pronto manifestó su deseo de ser ermitaño y a sus catorce años, tomando a san Francisco por modelo, se estableció en una cueva en los alrededores de Paula, su lugar natal. Llevaba una vida de constante oración y por su ejemplo de entrega a Dios otros se sumaron a imitarlo, llamándose Ermitaños de San Francisco. La gente les apodó "los mínimos". Francisco de Paula predicó por todas partes el poder y valor de la humildad. Convocó a los ermitaños que lo siguieron a hacer un permanente voto de Cuaresma, para vivir en una austeridad sostenida.

୨୦ ❖ ୧ଓ

Nos han enseñado a ver la Cuaresma como un periodo penoso y largo cuyos días contamos esperando que pasen pronto. Pero la Cuaresma es un tiempo para afinar nuestro espíritu que dirige nuestra práctica de desprendimiento, ayuno y austeridad, motivados por la luz del Evangelio que nos permite relativizar el confort para no quedarnos en él. Para evangelizar hay que romper las burbujas de confort, salir de la instalación de nuestro ego, para cruzar a un servicio genuino.

Haz un inventario de la zona de confort que temes perder. ¿Puedes imaginar que más allá de todo ese confort está Cristo?

San Ricardo Wyche

A ti clamo, Señor, te digo: Tú eres mi refugio, mi lote en la tierra de los vivos.
—Salmos 142:5

San Ricardo (1197–1252) perseveró en sus estudios entre experiencias de pobreza y sacrificios. Oxford, Bolonia, París, instituciones donde él supo de fríos, hambres y trabajos al combinar su supervivencia y su deseo de aprender. Después de su carrera de Leyes recibió cargos en el gobierno y le hicieron canciller en Oxford y después ejerció como maestro en Orleans, donde decidió hacerse sacerdote. El obispo de Canterbury lo nombra obispo de Chichester. Eran tiempos de tensión entre Inglaterra y Francia. El rey de Inglaterra desconocía el nombramiento porque lo interpretó venido del bando contrario, y no le permitió a Ricardo entrar en su propia sede. Aunque el clero gozaba de posición y beneficios, a Ricardo le tocó una suerte contraria porque tuvo que andar como un obispo errante. Lejos de enojarse, Ricardo se acercó a los pobres, se unió a la mesa de pescadores y campesinos y conoció la realidad de su pueblo. Así, vio los abusos del poder, el nepotismo, y con determinación se lanzó a reformar su clero, con un mensaje firme apuntando al Evangelio. Años más tarde, murió en Dove, hospedado en una casa para sacerdotes pobres retirados. El pueblo reconoció la grandeza de este pastor.

☙ ❖ ❧

Dios nos regala una enorme gracia cuando nos pone cerca de los pobres. Pero esto no es fácil ni de creer ni de aceptar. Solo su luz nos hace sentir y saber que los pobres nos evangelizan y comenzamos a aprender de ellos.

Y tú, ¿de cuántos pobres eres amigo? ¿Qué te han enseñado los pobres?

San Isidoro

Ojalá estén firmes mis caminos para cumplir tus órdenes.
—Salmos 119:5

San Isidoro (566–636) quedó huérfano y creció bajo la tutela de su hermano, el obispo Leandro, quien le inculcó el amor al estudio religioso y a la piedad. La caída del Imperio romano, las invasiones de los pueblos bárbaros y rupturas internas en la Iglesia sacudían a los creyentes. Isidoro entró a un monasterio y rescató las reglas para devolverles su espíritu, dando igualdad a los monjes sin que hubiera esclavos y libres. Rescató también todos los escritos romanos que pudo. Experto en latín y griego, hizo una gran obra que resumió el conocimiento y se conservó por siglos. Se estableció en Sevilla para ayudar a su hermano y, cuando este murió, nombraron a Isidoro obispo. Por sus conocimientos, animó la unidad de la doctrina y de la convivencia en sus comunidades, impulsó la liturgia, hizo una obra con las etimologías, estableció una división del conocimiento por materias y temas. Su rica herencia en la fe y la cultura favorecieron la resistencia de España al islamismo.

ℂ❖℁

En diferentes tiempos la Iglesia ha pasado vicisitudes y ha renacido de sus cenizas por santos que articularon la fe y la cultura, como Isidoro. Desde el Concilio Vaticano II se nos pide a los creyentes hacer un esfuerzo por llevar el Evangelio a todas las culturas de nuestros diversos ambientes. Hay creyentes que se cierran a dialogar con la cultura, que satanizan las prácticas o costumbres de las culturas ajenas donde hay también escondidas "Semillas del Verbo".

¿Qué valores y elementos positivos identificas en tu cultura? ¿Qué puedes llevar del Evangelio a tu cultura?

San Vicente Ferrer

La instrucción del Señor es clara: da luz a los ojos...
—Salmos 19:9

Originario de Valencia, España, con una niñez envuelta en la fe, san Vicente Ferrer (1350–1419) entró con los dominicos. Muy joven fue maestro de Filosofía y ya ordenado se especializó como escritor, predicador y guía espiritual. Hacia 1378 entraron en lucha dos papas, y Vicente sufría por este escándalo en nuestra Iglesia. Apoyó al Papa Clemente y a su sucesor Benedicto XIII, y ambos lo tuvieron como consejero. En un retiro experimentó el llamado de Jesús para salir a predicar y obedeció. Tomó plazas y pueblos invitando a la conversión y explicando el Evangelio. Era de agradable presencia, elocuente y con su voz y su mirada, buscaba lo profundo de las almas. Después de sus sermones se necesitaban varios sacerdotes para confesar. Terminaba en un lugar y pedía a la gente que lo acompañara al siguiente poblado para animar a otros. Por veinte años se experimentó una recuperación de la vida moral por donde él misionaba y se lograron muchas conversiones. En un tiempo de corrupción, divisiones y conflictos, la Iglesia tuvo la dicha de recibir la salud por la palabra sanadora de san Vicente.

଼୦ ✤ ୯ର

Nuestro pueblo busca siempre quién le devuelva a las Escrituras el poder para calar hondo en nuestras vidas. San Vicente nos ilustra los componentes de la buena predicación: la palabra debe ser orada, estudiada y aplicada a la vida de las comunidades. Este es nuestro desafío: ser constantes en el estudio, en la oración y en conocer nuestra realidad para aplicarla.

¿Comulgas también el mensaje de las Escrituras?

Beata Pierina Morosini

Felices los limpios de corazón, porque ellos verán a Dios.
—Mateo 5:8

La historia de la beata Pierina Morosini (1931–1957) podría ser una de tantas historias de feminicidio o de mala suerte. Sin embargo, esta joven murió al escoger valores fundados en su fe. Nació en una familia humilde y devota. Fue la hermana mayor que ayudó en casa con los hermanos y en su parroquia fue catequista activa. A sus quince años se inició como obrera en una fábrica de algodón y participó en la Acción Católica. Diariamente recorría su camino hacia el trabajo entre bosquecillos y prados; en el trayecto aprovechaba para rezar y alabar a Dios. En el trabajo la buscaron otros jóvenes pidiendo su consejo y ella los guió hacia los Ejercicios Espirituales. En un accidente de trabajo fue hospitalizada y conoció al padre Molgini, quien la dirigió hacia la espiritualidad franciscana. Participó de una peregrinación a Roma por la canonización de santa María Goretti, y bajo su ejemplo profesó votos de pobreza, castidad y obediencia en la Orden Franciscana Seglar. Pierina deseaba irse a una congregación de las Hermanas Pobres, pero su familia la retuvo argumentando que necesitaban de su aportación. Un día, de regreso del trabajo, fue víctima de un intento de asalto sexual y murió en defensa de su castidad.

❧ ✤ ☙

En nuestras sociedades se suman las noticias sobre feminicidios. Muchas mujeres inmigran de sus lugares huyendo de las culturas del asalto y buscan comunidades con leyes que las protejan mejor. Pensamos que no tenemos que ver en esto, que son crímenes sucios que nunca cometeríamos, pero al participar del inmediatismo para satisfacer impulsos, de una visión de la mujer como un objeto, permitimos que la agresión sexual se fomente y hasta contribuímos a ella.

¿Qué podemos hacer para que nuestras sociedades recuperen una visión de respeto hacia la sexualidad?

San Juan Bautista de la Salle

El Señor es bueno para los que esperan en él y lo buscan.
—Lamentaciones 3:25

San Juan Bautista de la Salle (1651–1719) nació en Reims, Francia y recibió una excelente educación. Juan anhelaba ser sacerdote, pero al morir sus padres salió del seminario para cuidar de sus hermanos y administrar el patrimonio. Al morir el canónigo, se pidió a Juan Bautista que cuidara de una escuela de niños encomendada a unas religiosas. Un año más tarde Juan Bautista inauguró su primera escuela para niños de bajos recursos. En su propia casa recibió a los maestros y preparaba candidatos para educar con esmero a la niñez y juventud. Esta acogida le trajo problemas y críticas. Entonces decidió invitar a los maestros a formar una comunidad que después fue la Congregación de los Hermanos de las Escuelas Católicas. Estas escuelas se extendieron por Champagne, París y Rouen, entre otros lugares. Su cariño por la niñez y la juventud lo llevaron a intuir un amplio sistema educativo. Fue el primero en fundar las Escuelas Normales para la formación de los educadores. Juan Bautista de la Salle conoció la prueba cuando los sindicatos y los jansenistas lo acusaron y lograron su destitución. Murió sin reconocimiento de su obra.

೫∻ఴ

Juan Bautista de la Salle basó su sistema de enseñanza en un método sencillo: ver al estudiante como un todo. No formarlo solo para destrezas técnicas o solo como un pensador. Siglos después, el Concilio Vaticano II definió que la verdadera educación es la que busca la dignidad de la persona humana, acorde a los fines trazados por Dios.

¿Has hecho alguna acción buena que no ha sido reconocida? Imagina si no se te reconociera una obra que te ha llevado toda la vida.

Santa Julia de Billiart

¡Qué inapreciable es tu misericordia, oh Dios!
—Salmos 36:8

San Julia de Billiart (1751–1816) nació en Francia y en su familia experimentó la fe. Sorprendió a todos los adultos por lo rápido que aprendió el catecismo y su entusiasmo para compartirlo, entregada a todos los servicios que su parroquia necesitaba. Su familia tuvo problemas económicos y Julia trabajó duro en los campos durante su juventud para mantener su vida espiritual y sus ministerios. No se sabe exactamente qué crisis la dejó paralítica, pero aún en silla de ruedas o en su cama, enseñó la fe con alegría. Eran tiempos en que la Revolución francesa había alejado masas enteras de la religión. Algunas mujeres se impresionaron por la espiritualidad de Julia y probaron formar una asociación. Francoise Bin de Bourdon se unió a ella y juntas iniciaron el Instituto de Hermanas de Nuestra Señora. Julia recuperó milagrosamente su salud en un día del Sagrado Corazón y dedicó todas sus energías a la formación de la fe. Fueron recibiendo el apoyo de sacerdotes y obispos hasta formar escuelas que ofrecieron una reconocida formación espiritual y humana en Francia y Bélgica.

☙ ❖ ❧

El Papa Francisco dijo a un grupo de niños que hacían su Primera Comunión en Rumania (6 may 2019): "La Primera Comunión es una fiesta en la que celebramos que Jesús quiso quedarse siempre a nuestro lado y nunca se separa de nosotros [. . .] Jesús está vivo y está hoy con nosotros. Por eso hoy lo podemos encontrar en la Eucaristía. No lo vemos con estos ojos, pero lo vemos con los ojos de la fe".

¿Estamos valorando en las comunidades el poder y el significado de la preparación para la Primera Comunión de nuestra infancia?

Santa Magdalena Canossa

Sepan discernir lo que agrada a Dios.
—Efesios 5:10

Santa Magdalena Canossa (1774–1835) es una de esas almas que exploró varios caminos para realizar su vocación. Su familia aristocrática de Verona le ofreció una vida llena de facilidades para conocer la virtud y la fe, pero también conoció de padecimientos y problemas. Murió su padre y su madre los abandonó. A sus diecisiete años se decidió por la vida de clausura y entró dos veces al Carmelo. Pero se dio cuenta que estar en el encierro no le permitía hacer algo directo por los pobres y regresó a su familia. Su única tía murió dejando un hijo pequeño y le pidió a Magdalena que administrara sus bienes y adoptara al niño, lo que ella aceptó. Magdalena atendió los asuntos del patrimonio familiar y a la vez se sintió impactada por la pobreza material y espiritual que vio en los barrios de Verona. No tuvo paz al saber que su vida no se conformaría con solo limosnas y oraciones y comenzó a buscar jóvenes que tuvieran deseo de servicio y piedad. A sus treinta y cinco años abandonó el palacio y fundó las Hermanas de la Caridad. Posteriormente fundó los Hermanos y una rama seglar, que multiplicaron el servicio a los más necesitados, el apoyo a la vida parroquial y el compromiso de evangelizar.

☙ ❖ ❧

La voluntad de Dios no es transparente, y es por eso que la búsqueda se vuelve un valor presente en muchos santos. Encontrar lo que Dios quiere de nosotros requiere de mucha sinceridad, no tanto del contento de nuestra satisfacción, sino de la satisfacción que nace del Espíritu de servir donde más necesidades hay.

¿Estás en búsqueda de lo que Dios quiere para ti?

Beatos mártires colombianos de San Juan de Dios

Antes de la fiesta de la Pascua, sabiendo Jesús que llegaba la hora de pasar de este mundo al Padre, habiendo amado a los suyos que estaban en el mundo, los amó hasta el extremo.

—Juan 13:1

España vivió un periodo difícil hacia 1934, cuando sus habitantes se dividieron en dos tendencias que se opusieron hasta volverse extremas y degeneraron en una lucha que hoy conocemos como la Guerra Civil Española. De ser un país arraigado en el catolicismo y la monarquía, surgieron formas diferentes que tomaron ideas del comunismo para iniciar otra sociedad. De 1936 a 1939 la Iglesia católica perdió templos, sacerdotes y religiosos, y allí estaban siete jóvenes colombianos (c. 1936) que pasaban en España un tiempo de aprendizaje clínico y de formación espiritual sirviendo en los hospitales para enfermos mentales fundados por san Juan de Dios. Los soldados tomaron prisioneros a los jóvenes para hacer del hospital un sitio de cuartel. El cónsul de Colombia los solicitó y en Barcelona los mataron. El mismo gobierno colombiano documentó la tremenda forma en que fueron tratados cuando hizo el reconocimiento legal de los cadáveres.

ॐ ❖ ॐ

Seguir a Jesús significa poner la cruz en el centro de la vida, no como un suplicio probable que nos puede salir al paso, sino como una consecuencia de ser leales a su enseñanza. La cruz es una nueva forma de contemplar la esperanza, porque la vemos como la imitación del amor extremo que Jesús vino a vivir hacia la humanidad.

¿Temes que la cruz aparezca en la realidad de tu vida? Y, cuando vives experiencias con sabor a la cruz, ¿te queda amargura y resentimiento, o estrenas una esperanza que no sabías que existía?

San Estanislao de Cracovia

El Señor es el baluarte de mi vida: ¿de quién me asustaré?
—Salmos 27:1

Nacido en Polonia en una familia católica, san Estanislao (1030–1079) terminó sus estudios y se fue a París. Fue ordenado sacerdote y más tarde recibió la asignación de obispo. Cracovia era una enorme diócesis llena de necesidades, y Estanislao tenía listas de fieles con carencias y dolencias a quienes se esforzaba en manifestar su apoyo y solidaridad. Con gran pasión tomó la predicación animando a las almas a acercarse más a Cristo. El rey Boleslao II al principio lo escuchaba con simpatía, pero este cometió algunas crueldades e injusticias y Estanislao lo reprendió con un sincero sentido cristiano. Después, el rey tomó abiertamente a una mujer casada por concubina y Estanislao lo amonestó. Esto desagradó al rey al grado que envió a matar a Estanislao, pero sus asecinos no lo lograban. Los soldados le aseguraban que cuando querían atacar al obispo lo veían rodeado de luz. Molesto, el rey con sus propias armas lo asesinó mientras celebraba la misa. Muchos han visto una semejanza entre san Juan Bautista y san Estanislao.

℘ ❖ ℭ

El conflicto entre cumplir la Ley de Dios o contentar a la autoridad de este mundo lo han enfrentado muchos santos como Estanislao. Arístides de Atenas estaba seguro de que el cristiano que lleva grabadas en su corazón las leyes de Dios pone su esperanza en el mundo futuro, dispuestos a dar sus vidas por Cristo, pues han hallado el camino de la verdad, por eso juzgan justamente (*Apología*, 15).

¿Por qué son tan pocos los que enfrentan a una autoridad en este mundo cuando no se obra según los mandamientos? ¿Sientes que tu amistad con Cristo te lleva al camino de la Verdad?

San José Moscati

Felices los misericordiosos, porque serán tratados con misericordia.
—Mateo 5:9

San José Moscati (1880–1927) fue un médico, investigador y maestro universitario. Desde joven experimentó un llamado a mitigar los dolores del cuerpo y del alma, especialmente de los desahuciados. Desarrolló su vida profesional en Nápoles, en un tiempo de pobreza extrema. Vivió la explosión del Vesuvio y con solidaridad por sus enfermos desalojó el hospital y los puso a salvo. También vivió la epidemia del cólera que dejó tantos muertos. En la Primera Guerra Mundial atendió a los heridos. Como director de un hospital en Nápoles cuando José Moscati se ganó la fama de "médico de los pobres" porque buscaba a los enfermos en los barrios más temidos de la ciudad. Familias desesperadas fueron testigos de su generosidad porque no cobraba por sus servicios; él pagaba la medicina o los alimentos, sobre todo para los niños. A los que se sentían desgraciados o hundidos por la suerte los animaba a recobrar la esperanza y les hablaba del poder de Dios que no abandona nunca.

ɛʘ ✤ ϾꙖ

Moscati es un ejemplo de cómo la vida profesional vivida de acuerdo a los valores del Evangelio es un camino de santidad. Desarrolló más de treinta trabajos científicos y pudo hacerse famoso como escritor y docente. Sin embargo, sus ocupaciones y cargos no le impedían seguir una vida de oración y su comunión diaria. En nuestras sociedades, el ministerio de la salud es uno de los campos donde más necesitamos la presencia del Evangelio; si la medicina se ejerce desde las polizas de corporaciones puede volverse un negocio, una ciencia sin humanismo.

¿Te preocupan las dificultades de quienes no tienen acceso a atención médica?

Santa Margarita Metola

Nos gloriamos en nuestras tribulaciones; porque sabemos que la tribulación produce paciencia, de la paciencia sale la fe firme, y de la fe firme brota la esperanza.
—Romanos 5:3–4

¿Puede llegar a ser santa una persona con discapacidades? La respuesta la demuestra santa Margarita de Metola (1287–1320), una niña italiana que nació ciega, con deformidades en una pierna y la espalda. Sufrió el abandono de sus padres, por lo que sus primeros años fue acogida por diferentes familias piadosas. Se sabe que ya mayor la llevaron a un monasterio y las dominicas la aceptaron como Hermana de la Tercera Orden. En el monasterio, Margarita impresionó a todas porque tenía un espíritu de alegría y alabanza constantes. Todo lo veía como venido de la mano de Dios y estaba segura de que Dios no se equivocaba en nada de lo que permitía y que su voluntad siempre se cumplía. A pesar de su condición, guardaba los ayunos y penitencias, aconsejaba con humildad a quienes acudían a ella y sobre todo vivía entregada a su vida de oración. Quienes la trataban, estaban seguros de que "otra visión" interior animaba la actitud amorosa de aquella mujer a quien estuvo negada la visión física.

ɕʘ ❖ ʠɕ

La Iglesia fomenta la labor pastoral para personas con discapacidades porque ellos son parte de nuestra familia y como bautizados viven un especial encuentro con Cristo. Los valores de numerosas personas con diversidad funcional nos sorprenden y se convierten en lección y desafío para todos. Ellos son discípulos misioneros con una profunda experiencia del amor de Dios.

¿Se integra en tu comunidad a las personas con discapacidades? ¿Te involucras en alguna acción pastoral con ellos?

Santa Liduvina de Shiedam

Siempre y todas partes, llevamos en nuestro cuerpo los sufrimientos de la muerte de Jesús, para que también en nuestro cuerpo se manifieste la vida de Jesús.
—2 Corintios 4:10

¿Es posible que una quinceañera avance en bajada hacia la santidad? Así les pareció a los contemporáneos de santa Liduvina (1380–1433), una jovencita holandesa que una vez patinaba con sus compañeros, cayó y se fracturó una costilla. Esta herida abrió la puerta a infecciones, gangrena y tumores. La secuencia dramática de males llevó a muchos a pensar que era obra del demonio, un juicio que aumentó el sufrimiento de la joven. Las enfermedades se hicieron crónicas, en vez de sanar, fue de complicación en complicación, hasta el cáncer y la peste negra. La visitaron líderes y predicadores, pero se enmudecieron ante tanto dolor. Al comienzo, Liduvina pasó oscuridad espiritual, se sentía olvidada por Dios y pensó estar condenada porque no podía orar. Comenzó a meditar la Pasión de Cristo, poco a poco cesaron sus angustias y su ánimo se volvió pacífico. Un día, después de comulgar, experimentó que su sufrimiento sí tenía una razón: acompañar la Pasión de Cristo y colaborar en la salvación de las almas. Llegó a un estado de aceptación que muchos identificaron como un verdadero milagro. La sala donde yacía fue tan visitada, como si la enferma postrada se volviera la sanadora de los enfermos del alma.

❧ ✥ ☙

San Agustín pensaba que hay enfermedades cuyo padecimiento equivale a un martirio. Encontrar personas a quienes el sufrimiento no les ha apartado de Dios es una gracia. Cuando una sociedad nos hace creer que es inútil ofrecer nuestros sufrimientos, rompemos un hilo que conecta al misterio de la salvación.

Cuando padeces una enfermedad, ¿hacia dónde diriges la flecha del dolor?

San Damián de Molokai

Nadie tiene amor más grande que el que da la vida por sus amigos.
—Juan 15:13

Cuando entró a la comunidad de los Misioneros de los Sagrados Corazones en Lovaina, Josef de Veuster (1840–1889) cambió el nombre que su familia le dio en Bélgica, por el de Damián. Celebró su primera misa en Honolulú y sus primeros nueve años estuvo misionando entre los más pobres de las islas de Hawái. Allí se vino una emergencia sanitaria y algunas epidemias se salieron de control, entre ellas la lepra. El rey Kamehameha separó a los leprosos para imponer control y, para erradicar tanto mal, los confinaron a la isla Molokai, pero sin suficientes recursos médicos, clínicos o incluso alimentarios. El obispo Maigret no se atrevía a pedir a ningún sacerdote que aceptara el cuidado pastoral de aquellas comunidades, pero el padre Damián, siguiendo un llamado interior, se ofreció. Cuando el obispo lo presentó, dijo: "Él será un padre para ustedes, pues ya los ama. . .". El padre Damián se dispuso a construir con todos la parroquia de Santa Filomena. Organizó jornadas comunitarias para mejorar las viviendas y hacer productivas las pequeñas granjas. La reina le dio una medalla de distinción, pero nunca se supo que el padre Damián se la pusiera. Entregado a sus tareas, se dio cuenta que ya tenía la enfermedad y decidió trabajar en el mejoramiento de su comunidad, en implementar los coros para la liturgia, la música, el deporte, la danza y el teatro hasta que entregó su vida a los cuarenta y nueve años.

ള♦ⓒ

Gandhi expresó gran aprecio por el padre Damián. Le parecía que nuestras sociedades tenían tanto engaño y que el padre Damián era de esas pocas personas a quien se puede considerar un héroe digno de admiración y estudio. La coherencia entre el Evangelio y la vida siempre impresiona.

Cuándo admiras a alguien, ¿tomas en cuenta cuánto practica la fe que profesa?

San Benito José Labre

No tenemos aquí ciudad permanente, sino que buscamos la futura.
—Hebreos 13:14

Quizá la apariencia de san Benito José (1740–1783) hiciera pensar actualmente que se trataba de un "sin hogar", pero al conocer su persona se caía en cuenta que era un hombre de Dios. Benito pasó su vida peregrinando de santuario en santuario, visitando iglesias y, mientras transitaba sus largos caminos, evangelizaba. Si alguien le daba limosnas, las repartía entre otros más pobres y acompañaba su pequeña ofrenda con un consejo espiritual. Nació en Amettes, Francia, intentó varias veces entrar a monasterios, pero no tenía capacidad de estudios largos y su memoria no le ayudaba. Le gustaba dar un mensaje sencillo de esperanza y ayudar en alguna tarea a los que encontraba trabajando. Se conformaba con un poco de comida para su sustento y así visitó los más importantes santuarios de Europa. Su pobreza, su paz interior, su alegría y su devoción parecían dar luz a aquel hombre errante.

❧ ❖ ☙

Cuando miramos los éxodos de inmigrantes pensamos que son otros los que padecen la movilidad. Pero en realidad todos somos peregrinos. Se nos olvida que estamos en la vida de paso y aunque permanezcamos largo tiempo en un domicilio, o en un trabajo, nuestra vida es pasar. Lo que hemos acumulado es inútil, lo que consideramos nuestra conquista resultará absurdo cuando lo tengamos que dejar. Por eso el ejercicio de desprendernos a lo largo del camino tiene que ver con la santidad.

¿Por qué nos cuesta tanto compartir y nos aferramos a acumular?

Santa Kateri Tekakwitha

Lo invisible de Dios, su poder eterno y su divinidad, se hacen reconocibles a la razón, desde la creación del mundo por medio de sus obras.
—Romanos 1:20

Santa Kateri (1680–1680) nació en Auriesville, Nueva York, de nombre Tekawhitha. En el siglo XVII los misioneros jesuitas Isaac Jogues y Jean de Lalande ya habían sufrido el martirio en manos de los nativos. La madre de Kateri ya era cristiana cuando fue raptada por los iroqueses y casada con un jefe mohawk pagano. Muy pequeña, Kateri perdió a su familia por la viruela. Ella sobrevivió, pero quedó con cicatrices y problemas de visión. En su juventud fue bautizada como Kateri por los misioneros jesuitas franceses. Kateri pronto sufrió por su fe grandes abusos y rechazos por parte de los suyos. La persecución fue tal que huyó de su pueblo, caminando muchas millas por el bosque hasta llegar a Sault Ste. Louis, un pueblo cristiano cerca de Montreal. En 1679, ella hizo un voto de castidad, atendía la capilla y oraba por los bosques, hacía penitencia en favor de su pueblo y adoraba la Eucaristía. Conocida como "el lirio de los mohawks", Kateri murió a la edad de veinticuatro años en Caughnawaga. Sus últimas palabras se dice que fueron: "¡Jesús, te amo!" Kateri es muy venerada en Canadá y los Estados Unidos.

৪০ ❖ ርጺ

Santa Kateri es una de las patronas de la Ecología. Actualmente muchos jóvenes viven preocupados por los daños que padece la creación. Kateri es un ejemplo de cómo encontrar en la creación el orden del amor y por eso, cuidar de ella. *Laudato Si* (77) nos dice: "El amor de Dios es el móvil fundamental de todo lo creado. Cada criatura es objeto de la ternura del Padre que le da un lugar en el mundo".

¿Valoras la creación de Dios? ¿Te comprometes a protergerla cuidando de ella de alguna forma?

San Francisco Solano

Nuestro Señor derramó abundantemente su gracia sobre mí y me dio la fe y el amor de Cristo Jesús.
—1 Timoteo 1:14

San Francisco Solano (1549–1610) fue un sacerdote nacido en Montilla, Córdoba, España, que tiene una de las rutas misioneras más extraordinarias. Desde muy joven se inclinó por atender a los enfermos y por la peste tuvo oportunidad de acompañar a tantos que le dio gran fama. Junto con ocho compañeros salió a misionar hacia Sudamérica, pero el viaje tuvo accidentes y naufragios en Perú. Atravesó los Andes, pasando por Cuzco y Bolivia, y entró por Salta hasta llegar a las llanuras de Tucumán. Estableció misiones en las Pampas y desde allí fue al Chaco paraguayo y a Uruguay. En sus últimos años, sus superiores le pidieron volver a Perú, y aunque ya estaba enfermo, realizó una increíble jornada misionera. Salió a los talleres, a los mercados, incluso a los ensayos de teatro, llamando a las almas a Cristo. Allí terminó sus días extenuado, sosteniendo una pobreza radical.

❧ ✣ ☙

Hay corredores de mucho aguante y otros de más velocidad, pero menos distancia. En la tarea misionera hacen mucha falta atletas como Francisco Solano, que no tomaban los minutos, las horas, ni los días para sí mismos, sino que su vida entera estaba dedicada a evangelizar. Podríamos calificar de maratón la inmensa obra de Francisco, basándonos en distancias, países, pueblos, culturas y lenguas. Es evidente que un trabajo misionero de esa naturaleza viene de la ausencia total del egoísmo y de una verdadera comunicación con Dios.

¿Puedes entregarte al servicio sin ver el reloj, sin hacer cuentas de lo que entregas?

San Elfego de Winchester

Vuélvete a mí y ten piedad, que estoy solo y afligido.
—Salmos 25:16

San Elfego (c. 1012) es un santo recordado en Inglaterra, incluso su valor es reconocido por protestantes. Se sabe de él que desde joven estuvo inclinado hacia la vida monástica, amante de la vida retirada y de la observancia monacal, y que fue abad del Monasterio de Bath. Su superior san Dustano, lo obligó a aceptar el obispado de Winchester cuando apenas tenía treinta años. Organizó tan estupendamente su diócesis al punto que no había pordioseros porque se practicó bien la caridad. Lo nombraron arzobispo de Canterbury, cuando se desató por parte de los daneses una invasión. Sitiaron la ciudad y los amigos del arzobispo lo animaban a fugarse y ponerse a salvo, pero Elfego se negó. Protestó a los daneses por la injusta violencia, recibió a consecuencia una golpiza y lo hicieron prisionero. Sobrevino una epidemia en la cárcel, donde muchos morían. Como el arzobispo era muy querido, pidieron una suma de rescate para devolverlo, pero Elfego se opuso. Era injusto que en la pobreza de la región sacrificaran más a su pueblo, entonces lo decapitaron.

ഔ✜ౠ

Evamngelii Gaudiun (84) nos advierte que los males de nuestro mundo no son excusas para decaer en nuestra tarea misionera. Cuando vienen oscuridades inesperadas en nuestro servicio, debemos recordar que el Espíritu Santo convierte la tiniebla en luz y el agua en vino. Las adversidades que podemos experimentar, no significan la ruina de la Iglesia ni son el fin del mundo. Es tiempo de recuperar el sentido de san Pablo: "Donde más sobreabundó el pecado, más sobreabunda la gracia" (Rm 5:20).

¿Te han sobrevenido adversidades inesperadas en tu misión? ¿Cómo las has superado?

20 DE ABRIL

San Atanasio de Antioquía

*Cristo se ofreció una vez para quitar los pecados de todos y aparecerá por
segunda vez, ya no relación con el pecado, sino para salvar a los
que lo esperan.*
—Hebreos 9:28

San Atanasio de Antioquía (c. 609) fue un obispo que aparece en escritos
relacionados con otros pastores y que escribió en respuesta a un tiempo en que
aun había divisiones sobre la persona de Cristo. A él le tocan las discusiones
de los que persistían en que Cristo, como Dios, no pudo sufrir la Pasión y
la muerte, y que su sufrimiento fue un milagro especial. Justiano emitió un
edicto pidiendo que todos sus súbditos aceptaran esto y Anastasio se opuso y
convocó un concilio en respuesta. Las polémicas y divisiones llegaron al ámbito
político. En el año 571, Justiniano II retiró a Anastasio de su sede y puso
al monje Gregorio en su lugar. Anastasio obedeció y tuvo una gran amistad
con Gregorio, quien después fue papa y lo llamamos Gregorio el Grande.
Desde Roma, el Papa devolvió a Anastasio a su sede episcopal. En el año 609
hubo una revuelta entre judíos y cristianos, Anastasio se pronunció contra los
judíos, señalando enérgicamente la injusticia. Ellos lo tomaron también y fue
torturado hasta morir.

❧ ✤ ☙

Históricamente, la cruz fue consecuencia de las opciones de Jesús: su
predicación y sus acciones, que escandalizaron a quienes se juzgaron mejores;
el miedo de sus amigos; la codicia de Judas; la superficialidad de la gente que
no supo discernir; el aprovechamiento político de los gobernantes. . . en esa
encrucijada, su amor supo decir: "Aquí estoy para hacer tu voluntad".

*¿Cuáles son tus sentimientos frente a la pasión y muerte de Cristo? ¿Te provoca
dudas o aumenta tu convicción acerca de quién es él?*

San Anselmo de Canterbury

En esto consiste la vida eterna: en conocerte a ti, el único Dios verdadero, y a tu enviado, Jesús el Mesías.
—Juan 17:3

San Anselmo (1033–1109) creció en uno de los paisajes más hermosos del norte de Italia, entre montañas y lagos experimentó siempre el amor de un Dios que nos invita a seguirlo. Dedicó su juventud a un serio estudio de la Filosofía y de la Teología, y luego se mudó a Francia, a un monasterio benedictino, donde era superior el famoso Lanfranc. A la muerte de Lanfranc, Anselmo fue superior de este monasterio por quince años, y su fama como pensador, maestro y guía espiritual fue grande. Enseñó a orar a muchos. Puso todo su afecto en la vida espiritual y toda la claridad de su mente en reflexionar en una fe que nos permite comprender el sentido de la vida. Fue nombrado arzobispo de Canterbury en un tiempo tenso de negociaciones políticas. Lo desterraron dos veces y pasó en el exilio la mayor parte de su tiempo como obispo. Cuando volvió, lo recibieron con gran alegría. Se le recuerda como el hombre más bueno de su tiempo, no guardaba rencor y todos eran dignos de su amistad y cuidado.

 ❧ ✦ ☙

San Anselmo escribió: "No pretendo Señor penetrar tu profundidad [. . .] No busco comprender para creer, sino que creo para llegar a comprender" (*Proslogion*, 1). *Evangelii Gaudium* (242) nos anima a buscar el diálogo entre la razón y la fe para evangelizar: "La fe no tiene miedo a la razón; al contrario, la busca y confía en ella, porque la luz de la razón y de la fe, provienen ambas de Dios".

¿Cuáles son las preguntas difíciles que tu fe le ha dirigido a Dios?

San Leónidas de Alejandría

Nosotros, rodeados de una nube densa de testigo, desprendámonos de cualquier carga que nos acorrala.
—Hebreos 12:1

Según Eusebio de Cesárea, san Leónidas (c. 202) fue un pensador y filósofo, el padre de Orígenes, uno de los grandes pensadores cristianos en tiempo de Séptimo Severo, perseguidor de la fe. Al convertirse reflexionó sobre la belleza de nuestra doctrina y fue gran maestro de catecúmenos. Le impresionaba el Misterio de la Santísima Trinidad, y Orígenes contaba que cuando él era pequeño, su padre besaba su pecho y le decía que estaba habitado por el Creador. Orígenes era un joven cuando su padre fue detenido y le escribió la famosa carta de exhortación al martirio, en la cual lo anima a dar testimonio, a no dejar la oportunidad de alcanzar el cielo y le pide que confíe en la Providencia, que esta no abandonaría a su familia una vez que sus propiedades fueran expropiadas. Y así fue. Leónidas fue decapitado y su familia fue protegida por la comunidad.

ℰ❖ℛ

Los primeros cristianos tenían confianza en Dios, así como en sus comunidades. Sabían que si les incautaban sus bienes, contaban con la caridad y la hospitalidad de sus comunidades. Las relaciones humanas eran transformadas en un ejercicio constante de imitar a Cristo; unos veían por las necesidades de los otros. Entre los inmigrantes, sorprende encontrar formas extremas de hospitalidad, como recibir a alguna familia que está de paso, solventar algunas de sus necesidades más urgentes de medicina o transporte, hasta acoger a los hijos de padres deportados.

¿Promueves una hospitalidad que le devuelva seguridad a los más frágiles de tu comunidad?

San Jorge

Vístanse con la armadura de Dios para poder resistir los engaños del Diablo.
—Efesios 6:11

San Jorge (c. 280–303) fue un oficial romano en tiempos de Diocleciano, valiente y con grado de centurión. Recibió órdenes de perseguir a los cristianos y se negó. Enojado, el emperador ordenó que lo torturaran, sin embargo Jorge perdió el temor, resistió y sus heridas se sanaron. Circulaba la leyenda de que Dios mismo curaba por las noches las heridas. Lo apodaron "el gran mártir" y "Jorge el de las mil muertes". La leyenda narra múltiples batallas de este valiente soldado, que aseguran que era capaz de enfrentarse hasta con fieras y dragones. En las imágenes de diversos países se le representa luchando contra un dragón. En esa imagen, los pueblos identificaron la lucha constante del creyente, no solo contra los enemigos exteriores, sino contra el enemigo interior del propio ego, que nos lleva a perder la fe. San Jorge es patrono de varias ciudades de Europa.

℘ ❖ ℘

En la visión cristiana, la imagen de un campo de batalla ha ayudado a comprender que nuestro interior es tentado, como Jesús mismo experimentó de diversos modos las propuestas que lo desviaban de su meta mesiánica. La intuición de los pueblos ha puesto a san Jorge como un patrono de esas luchas con enemigos que parecen invencibles o simplemente que exceden nuestras fuerzas. No estamos solos.

¿Conoces tus dragones interiores? ¿Has experimentado en Dios una fuerza para defenderte?

San Fidel Sigmaringa

Padre, quiero que a los que me confiaste, estén conmigo, donde yo estoy, para que contemplen mi gloria
—Juan 17:24

San Fidel (1578–1622), cuyo nombre original era Marcos Roy, fue el hijo de un famoso alcalde de Sigmaringa, al sur de Alemania. Estudioso y decidido a hacer una sólida carrera en Derecho Civil y Eclesiástico, fue a universidades en cuatro países para doctorarse y se decepcionó de la corrupción en el ambiente legal. Buscó con los frailes capuchinos una coherencia y le dieron el nombre de Fidel. Repartió su fortuna entre estudiantes pobres y entró de lleno al servicio como un pobre más. Fue en un tiempo oscurecido por las luchas entre protestantes y católicos. El lago de Constanza fue el escenario de su acción con la predicación y la caridad. La moral estaba abandonada y dondequiera se cuestionaba la fe católica. Había muchos prejuicios y vino una epidemia de tifus. El hermano Fidel dedicó sus energías al cuidado de estos enfermos, dando gran testimonio. Fue transladado a Suiza a continuar su acción misionera en un difícil ambiente calvinista. En Seewis se organizó una conspiración contra él y al acabar de predicar fue asesinado.

❧ ✿ ❧

Los cristianos estamos llamados a manifestar los frutos del Espíritu cuando evangelizamos. La paz y el diálogo son parte de esos frutos, y no pueden verse solo como ausencia de violencia, sino como una construcción del orden querido por Dios. En ese orden, Dios se manifiesta en la justicia y la caridad (*Evangelii Gaudium*, 219).

¿Por qué es tan fácil romper la paz y toma tanto construirla?

25 DE ABRIL

San Marcos Evangelista

Por tanto, que todo el pueblo de Israel reconozca que a este Jesús crucificado por ustedes, Dios lo ha nombrado Señor y Mesías.

—Hechos de los Apóstoles 2:36

San Marcos (c. 15–68) es mencionado en el libro de los Hechos de los Apóstoles y su símbolo es el león. Él nos ha regalado el Evangelio más antiguo. Marcos posiblemente fue traductor y secretario del apóstol san Pedro, quien lo llamó "mi hijo Marcos" (1 Pe 5:3). La Tradición los consideró cercanos. En los Hechos de los Apóstoles (13), Marcos aparece como un misionero muy activo al lado de los apóstoles Pablo y Bernabé quienes lo llevaron como compañero en la evangelización de Chipre, y sabemos que hubo algunas tensiones entre ellos. Ya Pablo, desde el cautiverio (Col 4:10), pidió que se le diera una buena acogida. Finalmente, Pablo le encargó a Timoteo recoger a Marcos (2 Tim 4:11). La Tradición dice que Marcos evangelizó Antioquía y sus restos fueron llevados a Venecia donde reposan en la Catedral de San Marcos.

Los católicos escuchamos el Evangelio de san Marcos durante todos los domingos del tiempo ordinario del ciclo B del misal romano. Como piezas de un mosaico, los relatos concisos y directos sobre Jesús, el Hijo del Hombre, el Siervo que se entrega, nos abren al misterio de esa Buena Nueva que fue anunciada e hizo crecer un conflicto en los grupos de poder. Este Jesús, que generó confrontación, nos propone con menos discursos el mensaje de su Padre y quiere que lo sigamos a construir ese Reino.

¿Cuántos acercamientos has tenido al relato de san Marcos? ¿Tu vida ha hallado algo especial en él?

San Pedro Betancourt

El Hijo del Hombre no tiene dónde recostar su cabeza.
—Lucas 9:58

El nacimiento del Hijo de Dios en Belén inspiró a san Pedro Betancourt (1626–1667) a la pobreza y al servicio incondicionales que acompañaron la evangelización de los más pobres en Centroamérica. Pedro nació en las Islas Canarias, en una familia de agricultores que le sembró la fe. Desde joven decidió ser misionero y partió hacia Guatemala en pleno auge de la colonia. Llegó en medio de temblores, cuando muchos pobres quedaron sin vivienda y conoció el constante empobrecimiento de quienes pierden lo poco que les queda. Allí hizo sus votos como terciario franciscano y se centró en cuerpo y alma en buscar a los más abandonados, que parecía se multiplicaban. Había indios de todas las lenguas mayas enfermos, hambrientos, agotados; al igual que los esclavos negros. El hermano Pedro inició la comunidad de los Bethlamitas, formada por hombres que desearan servir encarnados en las más pobres realidades, imitando al Hijo de Dios, quien quiso tomar nuestra naturaleza caída y elevarla. Fundó escuelas y hospitales, casas de acogida y convalecencia, organizó la atención a las cárceles y a los jóvenes descarriados. A todo esto, le llamó Belén.

හ✧ଓ

Los hispanos gozamos cada Navidad al recrear Belén. Allí encontramos las pistas que el ángel dio a los pastores: un niño, envuelto en pañales y recostado en un pesebre. Belén no puede quedarse en poesía o nostalgia. "En el Hermano está la constante prolongación de la Encarnación" (*Evangelii Gaudium*, 141). Belén debe ser un resorte que nos dirija siempre a la encarnación del Evangelio, allí donde Dios elige estar: entre los más pobres.

La opción del Hijo de Dios por la pobreza, ¿te dirige a algún sitio de tu comunidad en particular?

Santa Zita de Lucca

Yo te alabo Padre, porque ocultando estas cosas a los sabios y entendidos, se
las diste a conocer a la gente sencilla.
—Lucas 10:21

Santa Zita (1218–1278) es patrona de las trabajadoras domésticas y de los panaderos. Desde los doce años tuvo que ir a servir a la mansión de los Fatinelli, con el propósito de ayudar a su familia. En la gran finca había otros sirvientes que se reían de su buena fe, de su piedad y su preocupación por ayudar a los demás. El patrón era un hombre muy temperamental, exigente y malhumorado. Todos huían de sus humillaciones, pero Zita no le temía, y aunque gritara, lo sobrellevaba con paciencia. Algunos criados decidieron indisponerla con él y levantaron el rumor de que robaba cosas. Zita siempre confío en que Dios saldría a su defensa y así fue. La leyenda cuenta que en una ocasión Zita llevaba pan para los pobres en su delantal y salió sorpresivamente el patrón y le pidió ver lo que llevaba. Al mostrarle el contenido de su delantal, solo había flores. Hay muchas anécdotas de cómo se las arreglaba para hacer todo tipo de obra buena por los abandonados, los ancianos o los huérfanos.

෨✧ଔ

El anuncio del Evangelio no se realiza solo por grandes predicaciones o enseñanzas. *Evangelii Gaudium* (127) nos habla del poder que tiene el anuncio de uno a uno: "Ser discípulo es tener la disposición permanente de llevar a otros el amor de Jesús y esto se produce espontáneamente, en cualquier lugar: en la calle, en la plaza, en el trabajo, en el camino. . .". Zita no llevó fórmulas: el contenido de su evangelización estaba lleno de innumerables gestos y signos que solo se inspiraban en Jesús.

En tu vida cotidiana, ¿qué riesgos corres para hablar de Jesús de uno a uno?

San Hugo el Grande

Dichosos los que habitan en tu casa alabándote siempre.
—Salmos 84:4

A san Hugo el Grande (1024–1109) también se le conoce como Hugo de Cluny. En la Edad Media, en Francia, se consolidó la comunidad de Cluny, que pronto creció y tuvo gran fama. Esta conoció las altas y las bajas, aumentó sus propiedades y también se filtró la codicia y el poder entre algunos de la comunidad. Hugo llegó muy joven a esta Orden, con excelente formación y sentido de la autenticidad. A los veinticinco años fue elegido abad y comenzó una renovación profunda. La reforma que logró devolvió credibilidad a su comunidad, y Cluny contó con diez mil monjes en los sesenta años que Hugo lo dirigió. Nueve papas se acercaron a pedir consejo a Hugo, además de numerosos príncipes y nobles, por lo que se identifica a Hugo como un líder de influencia para la paz. Tiempo después, el protestantismo destruyó muchas de sus abadías.

❧ ✣ ☙

Todos enfrentamos la decisión de hacer prioridades en nuestra respuesta al Evangelio. *Evangelii Gaudium* nos avisa que a veces vemos las utopías con entusiasmo, pero sentimos los límites como obstáculos para alcanzar esas metas. Se experimenta contradicción entre iniciar procesos o poseer espacios. El gran Hugo nos enseña que los espacios físicos pueden perderse, o pueden lograrse poco a poco, en cambio, iniciar tiempos de conversión es tejer eslabones de una cadena que transforma. Se trata entonces de privilegiar acciones que generan nuevo dinamismo, quizá otras personas las desarrollarán o llevarán a su realización final.

¿En tu comunidad has formado parte de un proceso continuo o solo hay eventos?

María de la Encarnación Guyart

Los ojos de todos te están aguardando: tú les das la comida a su tiempo.
—Salmos 145:15

Santa María de la Encarnación (1599–1672) nació en Tours, Francia y desde joven sintió el deseo de una vida espiritual más profunda. La casaron muy joven y al año quedó viuda con un bebé y con deudas. Trabajó duramente para sacar adelante a su familia y emprendió algunos negocios alternando estos trabajos con su vida espiritual. Dios le regaló una experiencia de profunda conversión y le manifestó con especial luz el misterio de la Encarnación. Cristo le inspiró un total servicio a los más necesitados. Dejó a su hijo a cargo de su hermano y se fue con las Ursulinas. Después la enviaron a Quebec, donde fundó un colegio. En Canadá su obra fue un gran apoyo para los misioneros. Aprendió muy rápido las lenguas de los indígenas y redactó un catecismo y gramáticas en iroqués y hurón. También escribió sobre sus experiencias para animar a la vida de oración. Ella fue un gran ejemplo de la unión entre la mística y la intensa actividad misionera. Muchos la califican como la gran mística del Nuevo Mundo.

ဢ ❖ ᏟᎧ

Cuando se comprende más del misterio de la Encarnación se reconoce que Dios ama a los pobres de manera preferencial. Esto nos lo han resaltado diversos documentos eclesiales. "El mismo se hizo pobre" (2 Cor 8:9). Esta sí fue la verdadera opción de Cristo. Para quienes somos parte de la Iglesia, amar a los pobres, trabajar con ellos y por ellos, no es asunto ni ideológico ni social, es sencillamente reconocer que estamos llamados a reproducir los sentimientos de Cristo.

¿Los pobres son para ti amigos y compañeros?

San Pío V, Papa

La cosecha es abundante, pero los trabajadores son pocos. Rueguen al dueño
de los campos que envié trabajadores para su cosecha.
—Lucas 10:1

Miguel Ghislieri (1504–1572) salió elegido papa en un cónclave difícil en 1566, tres años después del Concilio de Trento. Muchos problemas sacudían a la Iglesia: las consecuencias de la extensión del protestantismo, el clero relajado, las guerras, la proximidad de los turcos, entre otros. A aquel anciano le correspondía la inmensa tarea de echar a andar la Contrarreforma. Con el nombre de Pío V, el anciano era todavía firme y erguido, recorría distancias a pie en Roma, su mirada era rápida y profunda, identificaba a los pobres y no los dejaba ir con las manos vacías. Fue un papa que se opuso a que los servidores de la Iglesia se entregaran a la buena vida. Su buena formación como dominico lo dirigió con firmeza en la aplicación de medidas para corregir y, a la vez, en reformar para terminar con la ignorancia y el fanatismo. El Papa Pío V fue firme en mantener exigencias morales, pastorales y políticas que le devolvieran credibilidad a la Iglesia; muchos consideran que su pontificado fue un regreso al Evangelio.

෨ ✤ ೞ

Es común escuchar a los sastres decir que prefieren hacer una prenda nueva que arreglar otra que tiene errores. En la Iglesia, numerosos líderes reciben problemas o dificultades que ellos no causaron. La tarea de reparar daños, de enderezar caminos equivocados, de restaurar la vida pastoral, es una de las más difíciles, pero gracias a hombres y mujeres como el Papa san Pío V, la Iglesia rejuvenece su rostro.

El buen trabajo de algún sacerdote o líder, ¿te ha devuelto al pensamiento que la
Iglesia es digna de ser amada?

Mayo

1 DE MAYO

San Peregrino Laziosi

No reprendas al malvado, pues te aborrecerá; reprende al prudente, y te querrá; instruye al sabio y será más sabio [. . .]

—Proverbios 9:8–9

Si hemos visto parroquianos enojados con la autoridad eclesiástica, estamos frente a una imagen de san Peregrino (1265–1345), un rebelde que tomó parte activa en la protesta cuando el Papa Martín IV mandó cerrar por desobedencia algunas iglesias en Forlí. El Papa envió a Felipe Benicio para dialogar y calmar los ánimos y fue recibido entre insultos y golpes. El mismo Peregrino le dio una bofetada, por lo visto se arrepintió, fue a disculparse y Felipe lo trató con actitud fraternal. Peregrino recibió en sueños un mensaje de Nuestra Señora que lo mandaba ir a Siena, al convento de los Siervos de María. Peregrino obedeció y allí se encontró con Felipe que lo recibió como a un hermano. Peregrino entró a esa comunidad religiosa con un espíritu optimista y deseoso de vivir el Evangelio. Se entregó con esmero a una vida de servicio y comenzó a tener padecimientos de salud. Enfermó de cáncer en un pie al grado que el médico anunció que se lo amputaría. Peregrino hizo oración y milagrosamente sanó.

Ante la manifestación de rebeldía, es común poner señales de alerta. Si se llega a la violencia, lo que sigue en nuestras sociedades es represión o castigo. Pero entre los santos, también se sigue la ley del trigo y la cizaña, no hay que arrancar tiernas las rebeldías. Hay que ser pacientes y esperar las segundas o terceras respuestas. Por eso tenemos en la Tradición de la Iglesia bastantes rebeldes que terminaron como santos.

Cuando encuentras rebeldes, ¿puedes distinguir cuáles son buenos para el Reino?

San Atanasio

El Señor regirá el orbe con justicia y los pueblos con lealtad.
—Salmos 96:13

Si nos impresionan las protestas que reportan los noticieros de manifestantes con puños levantados y los ejércitos reprimiéndolos, esto fue más o menos el escenario pastoral de san Atanasio (295–373). Entre bandos y conflictos, él fue un gran pacificador. Pero esa agitación que afrontó Atanasio se debió a las persecuciones de Maximiliano, producto de las divisiones internas en la Iglesia provocadas por Arrio, quien negaba la divinidad de Cristo. Atanasio era diácono cuando se celebró el Concilio de Nicea y también el secretario del obispo Alejandro, principal exponente de la divinidad de Cristo. Atanasio padeció cinco destierros, se calcula que más de quince años estuvo lejos de su sede. Pese a las traiciones, amenazas y persecuciones, nunca desesperó de la fe ni abandonó a su comunidad. Atanasio aprovechó los destierros para viajar a Egipto y hacer oración con los monjes, y también para visitar a sus amigos. En el último destierro tenía ya setenta años y no tenía fuerzas para viajar. Todo su pueblo reclamó por su presencia y hasta su ancianidad llegó a Alejandría como el pastor que era y gobernó su gran diócesis hasta su muerte.

ഇᴥ✢ᴥଓ

Las crisis nos permiten desarrollar nuevas actitudes para afrontar la adversidad. La crisis nos impulsa a buscar más a Dios para renovar las energías del alma. Los santos nos enseñan a dejar en manos de Dios las angustias de nuestra vida y él nos regala a cambio, la paz interior.

Identifica alguna de las crisis que has pasado cuyo resultado sea tu crecimiento interior. Ofrece las crisis que están por venir y pide al Espíritu Santo la resistencia de los santos.

Santos Felipe y Santiago, Apóstoles

Ustedes son el Cuerpo de Cristo, y cada uno en particular, miembros de ese cuerpo. Dios ha querido que en la Iglesia haya en primer lugar apóstoles.
—1 Corintios 12:27–28

San Felipe (s. I) fue discípulo de Juan el Bautista, y cuando escuchó la invitación "Sígueme", no vaciló (Jn 1:43). Fue y convenció a su amigo Natanael que hiciera lo mismo. Felipe hizo a Jesús preguntas ingenuas, como en la multiplicación de los panes, (Jn 6:5,6) le pregunta cómo alimentar a la multitud. En la Ultima Cena Jesús le reprocha a él y a todos: "Hace tanto tiempo que estoy con ustedes ¿y todavía no me conocen?" (Jn 14:9). De Santiago, llamado el Menor, sabemos que fue del grupo de los doce, se le consideraba primo del Señor y después de Pentecostés aparece junto a Pedro. Santiago permanece junto a Pedro y alrededor de ellos se sostiene una comunidad. Pablo en una de sus cartas lo llama "la columna". La Tradición nos dice que se quedó a la cabeza de la comunidad de Jerusalén. Santiago encarna la confrontación entre el judaísmo y el cristianismo. Los Hechos dicen que cuando se discute la aceptación de los paganos, Santiago vota por su aceptación y que no se les impongan las cargas del judaísmo. Sabemos que el sanedrín citó a Santiago a juicio, lo condenaron a muerte y murió lapidado.

❧ ✦ ☙

Del apóstol Santiago conservamos una carta breve que contiene principios y temas de la vida cristiana, enfatizando aspectos sociales. Allí afirma que la fe sin obras está muerta, la fe verdadera se manifiesta en obras de justicia. Menciona también el tema del trabajo como un asunto de justicia y pide a los patrones pagar salarios a sus trabajadores.

¿Los temas de estos apóstoles te han llevado a una fe convertida en acciones?

San Gotardo de Hildesheim

También ustedes, como piedras vivas, participan en la construcción de un templo espiritual y forman un sacerdocio santo, que ofrece sacrificios espirituales, aceptables a Dios, por medio de Jesucristo.
—1 Pedro 2:5

San Gotardo (960–1038) creció en monasterios porque su padre trabajó en ellos. Mirando a los monjes, Gotardo deseó el conocimiento que había en los monasterios, y así fue estudiando Humanidades y Teología. Trabajó con el arzobispo de Salzburgo y estuvo como un monje viajero observando y aprendiendo. El rey Enrique II de Baviera decidió transformar un edificio en monasterio benedictino y Gotardo entró allí y, cuando fue elegido abad, introdujo una sólida espiritualidad y lo reformó. Fue muy activo en restaurar espiritual y materialmente la Iglesia. Tuvo un entusiasmo particular para animar obras nuevas, se le adjudican unas treinta capillas, pero su obra mayor fue la Catedral de San Miguel, que terminó en 1022. Fue nombrado obispo de Hildessheim y logró la construcción de escuelas, hospitales, asilos para los pobres y una gran casa de viajeros, que daba hospedaje a peregrinos. La capacidad constructora en piedra de este santo fue paralela a su construcción pastoral.

෨ ❖ ඏ

Conocemos el refrán que dice: "una casa no equivale a tener un hogar". Tener un templo no significa que tenemos una comunidad que hace vivo el Cuerpo de Cristo. Cuando hay una Iglesia nueva se consagra a semejanza de los bautizados: se unge con aceite, recibe incienso, se le reviste y se ilumina con velas. El espacio sagrado se santifica para que, a su vez, ayude a la santificación de la comunidad que alberga.

¿Has colaborado en el proceso de construcción material de una nueva iglesia? ¿Te sientes parte de la construcción espiritual en tu comunidad?

San Hilario de Arlés

Yo espero al Señor, lo espero anhelante, yo aguardo su palabra.
—Salmos 130:5

San Hilario de Arlés (401–449) creció en una noble familia de los pueblos al norte de Francia, que era entonces Galia. Realizó sus estudios como un joven de grandes expectativas, cuando su primo Honorato, obispo en Arlés, le pidió ayuda debido a una enfermedad. Hilario acudió y tuvo en Honorato una lección de Evangelio que cambió su vida. Fundó una ermita en Lérins, donde se retiraba a la oración y fue dejando sus títulos, riquezas y, sobre todo, sus deseos de éxito. En su lecho de muerte, Honorato le pidió que pastoreara a su pueblo y toda la gente rodeó a Hilario suplicándole que fuera su obispo, a lo que accedió a su pesar. Ya como pastor le tocaron pruebas y dificultades con otros líderes pastorales, al grado que el Papa León recibió falsas quejas y lo amonestó. Pero todo esto fue aclarado. Hilario siguió enseñando con su elocuencia a su pueblo, con su ejemplo de amor a los pobres y de gran caridad mantuvo la unidad de su Diócesis hasta su muerte.

❧ ✥ ☙

Cuando la Iglesia nombra "santo" a una persona, analiza si la persona se ha inclinado por la virtud más allá de lo que comúnmente se ve. Le llama "virtud heroica" a la práctica de conductas según el Evangelio por motivos sobrenaturales. Dar sus bienes a los pobres, pastorear al pueblo de Dios sin propósitos de poder, afrontar mentiras y calumnias sin perder la alegría por servir, son algunos de los ejemplos donde se manifiesta un alto grado de virtud.

¿Reaccionas solamente por lo que dicta tu naturaleza? ¿Puedes trabajar las reacciones de tu conducta motivadote interiormente a seguir el Evangelio? ¿Haces una decisión y eliges cómo reaccionar ante una dificultad?

Santo Domingo Savio

Yo soy el pan de la vida: el que viene a mí no pasará hambre, el que crea en mí no pasará nunca sed.
—Juan 6:35

Santo Domingo Savio (1842–1857) fue el hijo de un mecánico italiano, que solicitó a san Juan Bosco que le diera un lugar en una de sus escuelas. Un niño atento a la gracia, monaguillo, que con tierna intuición adoraba la Eucaristía. De adolescente, Domingo tuvo liderazgo para iniciar un grupito de jóvenes que se acercaban a la Inmaculada y se comprometían en la caridad. También fue un gran pacificador de peleas y riñas del barrio. Siempre ayudando a otros a aplicar la recta conciencia. Nadie hubiera imaginado que estaba creciendo la tuberculosis como una prueba a su temprana virtud. Domingo tuvo que dejar este mundo cuando apenas cursaba el octavo grado y en esos quince años se nutrió del Pan Celestial y parecía seguro hacia dónde iba. Los testigos de aquellos momentos de su partida vieron llorar a su querido maestro san Juan Bosco y se despidieron con un "hasta pronto".

❧ ❖ ☙

Cuando Domingo fue aceptado por Juan Bosco, es famosa la frase del adolescente a su maestro: "Usted será el sastre, yo seré el paño [. . .] juntos, haremos un traje de santidad". Esta expresión encierra lo que en la Iglesia llamamos "docilidad a la gracia". Cuando abrazamos nuestro "yo" como fuente de toda inspiración, difícilmente respondemos a la llamada de Dios. La apertura, la disposición libre, son indispensables y ambas proceden de la humildad. Dios trabaja a los dóciles, aunque a los ojos humanos haya poco tiempo, como ocurrió con este adolescente.

En tu camino espiritual, ¿te dejas guiar en tus búsquedas? ¿Acoges consejos, consideras sugerencias, pides dirección?

Beata Rosa Venerini

Recurran al Señor y a su poder, busquen siempre su rostro.
—Salmos 105:4

La beata Rosa Venerini (1656–1728) creció en una hermosa familia católica y acomodada de Viterbo, Italia. En su tiempo solo había dos opciones para las mujeres: o matrimonio o monasterio. Rosa dudaba y se decidió a entrar con las Dominicas de Santa Catalina, pero estuvo poco tiempo porque sus familiares murieron seguidos. A sus veintisiete años, mientras administraba la hacienda familiar, observó diversos aspectos de la vida de las mujeres; sintió compasión por la ignorancia, la desigualdad y los peligros a que vivían expuestas. Solicitó permiso para iniciar la Escuela Femenina de Italia, con el deseo de elevar la dignidad de aquellas niñas y jovencitas. Su iniciativa fue criticada por unos y promovida por otros. La solicitaron en diez ciudades más y llegó con dificultades a Roma, provocando siempre críticas e incomprensiones. Hasta que el Papa Clemente conoció su escuela y comprobó su valor recomendando que era necesario reproducir aquellas escuelas en Italia. La vida de Rosa se complicó entre las fundaciones. Murió agotada pero llena de satisfacciones, dejando a Italia cuarenta escuelas para mujeres, continuadas por las maestras Venerini.

❧ ✤ ☙

Sentir compasión y solidaridad por las mujeres fue algo muy propio de Jesús, y los Evangelios lo prueban. Pero han sido pocos los proyectos en la historia para elevar a las mujeres de las desventajas educativas, económicas o sociales. San Juan Pablo II, en su carta a la mujer, da gracias a la mujer que trabaja en todos los ámbitos de la vida social, porque la mujer siempre tiene una aportación a una cultura que concilia la razón y el sentimiento con apertura al misterio.

¿Manifiestas solidaridad a las mujeres? ¿Haces algo por las mujeres en desventaja?

Beata María Droste Zu Vischering

Crea en mí, oh Dios, un corazón puro, renueva en mi interior un espíritu firme.
—Salmos 50:12

La beata María Droste (1863–1899) vivió en Alemania a finales del siglo XIX, cuando se perseguía a obispos y sacerdotes. A sus quince años escuchó en una homilía: "No podemos darle a Jesús más que un corazón sincero y de entrega total". Estas palabras las meditó y la llevaron al amor de Cristo, como ese centro de amor que consuela cualquier sufrimiento. A los veintitrés años se volvió mentora de jóvenes abandonadas o que trabajaban en la prostitución y a los veinticinco entró a las Hermanas del Buen Pastor. La enviaron a Portugal donde vivió muchas dificultades por la pobreza, y con grandes trabajos rescató el centro de caridad. Siempre estuvo segura de que Jesús era el centro del amor que sana y reconforta. Ella misma padeció enfermedades y se valía de una camilla portátil donde la transportaban y así iba hablando del amor de Dios y dejando ánimo donde iba. Fue así como escribió la letanía de treinta y tres invocaciones, en los treinta y tres años de su vida. Esa constante plegaria al Corazón del Buen Pastor tenía el poder de la gota de agua, que esculpe cualquier roca, la suaviza y la embellece.

ဆာ ❖ ೲ

En las culturas indígenas de mesoamérica, "corazón" era algo esencial. Al saludar se preguntaba: "¿Cómo está tu corazón?". Con esta llave se abría el espacio interior para mostrar lo que nosotros llamamos "uno mismo". El interés por conocer el corazón de Cristo es un camino seguro que nos conduce a la experiencia de misericordia y amor que todos los con corazón roto anhelamos.

Un amante se reclina en el corazón del que ama, una mujer embarazada se estremece cuando escucha el latido del corazón que alberga. Y tú, ¿te has acercado al Corazón del Pastor? ¿Escuchas su latido?

San Gregorio Ostiense

Uno es el cuerpo, uno el Espíritu, como una es la esperanza a que han sido
llamados, un solo Señor, una sola fe, un solo bautismo.
—Efesios 4:4–5

San Gregorio Ostiense (c. 1044) fue un abad a quien el Papa Juan XVIII hizo obispo de Ostia y quien durante diez años fue también bibliotecario de Roma y responsable de diversas relaciones entre la Iglesia y el Estado. Después el Papa lo envió a Burgos, Pamplona, en el norte de España, donde deslindó algunas diócesis en medio de malestares e inconvenientes por todas partes. Precisamente, él fue enviado a esa tarea por su fama de buen mediador entre reyes y obispos. Siempre con un tacto pastoral entabló diálogos para conciliar las partes inconformes. Es admirable que más allá de la política, haya tenido una visión de la verdadera unidad que es la esencia del Cuerpo de Cristo.

℘ ❖ ℜ

Actualmente hay profesiones en la vida pública que ayudan a solucionar conflictos. En algunos ambientes empresariales se les llama "mediadores". La Iglesia ha tenido siempre personas espirituales con el don de reconciliar. Este don es identificado como un regalo que da el Espíritu Santo para revitalizar a la Iglesia. San Pablo siempre que habla de los dones, señala que son destinados para la unidad de la Iglesia.

¿Eres activo cuando se trata de devolver la unidad en las comunidades? ¿Cuáles son
para ti las características de un buen mediador en los ambientes pastorales?

Beato Iván Merz

Soy un extraño para mis hermanos, un extranjero para los hijos de mi madre porque me devora el celo por tu templo y las afrentas con que afrentan caen sobre mí.
—Salmos 69:9–10

El beato Iván Merz (1896–1928) nace en el seno de una familia acomodada y liberal en la Bosnia ocupada, donde coincidían diversas etnias y diferentes fes. Sus padres lo envían a la academia militar, pero él desiste y comienza estudios de magisterio. En 1914, se desata la Primera Guerra Mundial, e Iván tiene que servir en el frente de Italia, donde pasa tristes experiencias que le llevan a valorar más la fe. Allí se da cuenta cuán dura era la vida sin la Eucaristía y cómo la guerra dejaba al ser humano convertido en una fiera. Continuó sus estudios en Viena y París, y trabajó como maestro en Zagreb. Allí se entregó al cuidado de la juventud, llevándoles la Acción Católica. Murió en Croacia para sorpresa de todos a los treinta y dos años.

❧✥☙

El drama de la guerra ha sido un escenario para que grandes hombres hagan opción por la santidad. Los campos de muerte y la devastación son un verdadero "descender a los infiernos", donde el ser humano se convierte en un extraño para sus semejantes. Dios regala la gracia de anhelar nuevas opciones de vida, y en esa situación extrema se han levantado los hombres para dedicar las energías a trabajar por la dignidad de sus semejantes.

¿Alguna vez te ha dado temor la pérdida del sentido como prójimos de los demás? ¿Cómo podemos comprometernos por una paz duradera?

San Mayolo

*Ustedes, manténganse firmes y no desfallezcan, que sus obras
tendrán recompensa.*
—2 Crónicas 15:7

El tiempo de san Mayolo (906–994) fue trágico por las diversas guerras entre
las fronteras de Francia. Su propia familia noble lo perdió todo y Mayolo supo
de incendios, desplazamientos humanos y sometimientos. Estudió en Lyon, lo
ordenaron sacerdote y fue tan notable la calidad de su persona que lo proponen
de obispo siendo aún joven. Sin embargo, él se va al Monasterio Cluny, donde
conoce excelentes monjes que lo forman y le dan responsabilidades. El rey
Otón I lo tuvo por consejero y Mayolo fue enérgico en hacerle ver sus errores.
Cuando este desterró a su madre, Mayolo fue a reprocharle su falta al cuarto
mandamiento y el rey se arrepintió. Otón pidió a Roma que hicieran papa a
Mayolo, pero él no quiso ese puesto, se mantuvo en su monasterio como abad
y recibió muchas vocaciones. Se retiró cuando se sintió mayor y se fue a servir a
un pequeño convento. Murió a los ochenta y cuatro años; se cuenta que todavía
trabajaba con sus manos y seguía las exigencias de la vida conventual.

⋙ ❖ ⋘

En la vida de la Iglesia hay momentos decisivos con seres humanos decisivos.
Muchos creyentes se quedan varados en alguna orilla de la Iglesia y transcurren
su vida apenas moviéndose, mientras que hay otros capaces de avanzar, incluso
contracorriente y marcar con sus determinaciones otra dirección. Así son los
grandes reformadores, que no se contentan con seguir un libro de oraciones o
ajustarse a un horario, sino que su vida de oración reanima en ellos el potencial
suficiente para redefinir su propósito.

*¿Por qué crees que muchos católicos se quedan a la entrada de la Iglesia, se instalan
en terrenos neutrales, se conforman con lo tibio o lo cómodo?*

Santos Nereo y Aquileo

Sácianos por la mañana de tu amor, y toda nuestra vida será alegría y júbilo.
—Salmos 90:14

En 1874, en las excavaciones conocidas como cementerio de Domitila, se encontraron las inscripciones que el Papa san Dámaso puso en la sepultura de estos santos. Ya era muy antiguo el culto a estos mártires, Nereo y Aquileo (s. I). Estos hombres eran soldados, hacían el oficio de verdugos. El testimonio de los mártires los transformó al grado de abandonar sus armas, renunciar a la milicia y confesar la fe. Esto fue castigado con su propio martirio.

❧ ✦ ☙

Un texto del siglo II nos informa de los cristianos de esa época: "Los cristianos se casan, como todos, engendran hijos; pero no los abandonan. Ponen mesa común, pero no lecho, están en la carne, pero no viven según la carne. Pasan el tiempo en la tierra, pero tienen su ciudadanía en el cielo. Obedecen a las leyes establecidas, pero con su vida, sobrepasan las leyes. . ." (*Carta a Diogoneto*, 5).

¿Qué impresión damos los actuales cristianos con nuestro modo de vivir?
¿Alentamos a los demás a avanzar hacia la cruz?

San Pedro Regalado

Desde el seno materno me apoyaba en ti, desde las entrañas de mi madre, me sostenías. ¡A ti la alabanza continua!
—Salmos 71:6

San Pedro Regalado (1390–1456) nació hijo de familia hidalga en tierras de Castilla. A los catorce años conoció a Pedro Villacreces, un franciscano de la Orden de Frailes Menores que tenía la misión de reformar la orden franciscana. Los tiempos habían sido difíciles con la lucha de los papas, las pestes, la pobreza y el espíritu de los monasterios había decaído. Con mucho entusiasmo cursó sus estudios sacerdotales y se comprometió en la misión, renovando el espíritu de pobreza, de caridad y cuidado hacia los más pobres. El cura anciano y el joven marcharon juntos; uno aprovechando toda oportunidad para formar, el otro tomando cada lección a fondo y haciendo de cada tarea una oportunidad de santidad, ya fuera en la sacristía, en la cocina o al repartir bienes a los pobres. Cuando Pedro Villacreces fue a otras comunidades a impulsar la renovación de la Orden, no dudó en dejar al joven Pedro de maestro de novicios, y a partir de allí, este tomó toda responsabilidad como reformador. Fue firme en no permitir que se aceptara dinero por ninguna celebración o sacramento, en que se repartiera lo cosechado en el convento y en que no se acumularan limosnas.

✣

Una de las grandes devoluciones que hacen los santos a la Iglesia, es retomar a la pobreza evangélica. Una pobreza que no está en "parecer" pobres, sino en la experiencia real de vivir cobijados en la providencia y en poner a disposición del pueblo los dones y gracias que de Cristo se han recibido. Esta pobreza se encuentra en obediencia a la gratuidad que Cristo pidió a sus discípulos.

¿Encuentras la pobreza en la obediencia a la voluntad de Dios? ¿Te atrae encontrar una Iglesia humilde que aporte esta pobreza de espíritu?

San Matías, Apóstol

No me eligieron ustedes a mí, yo los elegí a ustedes, y los destiné para que vayan y den fruto, un fruto que permanezca; así, lo que pidan al Padre en mí nombre, él se lo concederá.

—Juan 15:16

Sabemos que después de la muerte de Judas los apóstoles sienten la inspiración de mantener el grupo de los Doce, tan representativo por haber sido elegidos por el mismo Jesús, y haciendo oración solemne echan suerte entre José Barsabás y san Matías (s. I). Los apóstoles proponen condiciones al candidato y Matías sale en la suerte. Recorrió con Jesús su camino desde el comienzo y conoció al Señor desde su Bautismo en el Río Jordán hasta su ascensión al cielo. Matías aceptó ser parte ese grupo colegiado que llamamos los "apóstoles". Sabemos que participó del desafío misionero y la tradición cuenta que partió hacia Etiopía y allá fue martirizado.

శు❖ℛ

Es claro que los apóstoles tienen el firme propósito de ser fieles a lo que Jesús instituyó. Elegir al grupo representativo de las tribus de Israel sigue siendo una de nuestras tareas y cada vez que recibimos a un obispo, es otro de estos Doce. Buscar a los representantes de los apóstoles es el ejercicio de la Iglesia, que actúa como las manos de Jesús. "El camino del Reino de los cielos es la obediencia a la voluntad de Dios" (San Hilario de Poitiers, *Tratado del misterios*, 37).

¿Valoras las elecciones que hace nuestra Iglesia con la fe apostólica? ¿Mantienes en tus oraciones a la membresía de ese colegio apostólico que lleva las responsabilidades de la Iglesia universal?

San Isidro Labrador

Hermanos, tengan paciencia hasta que vuelva el Señor. Fíjense en el labrador: cómo aguarda con paciencia hasta recibir la lluvia temprana y tardía, con la esperanza del fruto valioso de la tierra.
—Santiago 5:7

San Isidro (1070–1130) fue un hombre que trabajó en los campos de sol a sol, vivió y murió en pobreza, amó la Eucaristía y encontró en su duro trabajo un vehículo para orar. Su patrón fue el conde Vergara, hombre orgulloso. Bajo su mandato, Isidro labró los surcos en el suelo pedregoso de las afueras de Madrid, desarrollando su paciencia. Su fe le ayudó a no dejarse llevar del resentimiento. Los letrados lo consideraron ignorante, pero él poseía una apacible bondad para compartir su meditación constante y sus consejos. Disfrutó lo hermoso de la vida como si él fuera el patrón. Su pobreza nunca le estorbó para mirar la vida alegremente y es posible que por eso sus propios compañeros iniciaran leyendas de que los ángeles araban las parcelas para que él terminara sus oraciones.

൹ ❖ ൽ

San Isidro representa a los campesinos que reconocen la obra de Dios en todo el proceso de la siembra hasta la cosecha y que aplican a su vida la siembra de Dios. Campesinos que aman la tierra y aman la vida. La relación con la tierra se ha entendido desde la expectativa de sacar provecho material del suelo y los mares. Esto ha creado una serie de problemas con dramáticas consecuencias. *Laudato Si* cambia la perspectiva y nos sugiere ver a la tierra como un pobre más, como un ser de la creación del que se ha abusado constantemente y se debe cuidar.

¿Conoces personas que codician la tierra, pero no la aman? ¿Sientes amor por la tierra? La humildad y la pobreza de la tierra, ¿te invitan a tomar acciones para devolverle su dignidad?

San Juan Nepomuceno

Eliminen la mentira, y díganse la verdad unos a otros, ya que todos somos miembros del mismo cuerpo.
—Efesios 4:25

San Juan Nepomuceno (1350–1393) fue hijo de un juez en tierras de Bohemia. A los veinte años entró al seminario en Praga y con sus conocimientos tanto en la Teología como en el Derecho fue el vicario del arzobispo. Más allá de la cancillería, se dedicó a la gente olvidada por el poder civil. El rey Wenceslao era famoso por reinar sobre una cultura de abuso del poder; nobles importantes cometían abusos y esto generaba también violencia. El arzobispo excomulgó al rey, y este desató una persecución contra el clero, particularmente sobre Juan Nepomuceno. Juan fue detenido y el mismo rey lo torturó. Moribundo, atado como un bulto, fue arrojado por el puente de Praga al río Moldavia. Para justificarse, el rey argumentó que tuvo que matarlo porque administraba mal las limosnas de la reina. Pero todos sabían la verdad: que murió luchando por la justicia y que protegió al arzobispo y a los demás sacerdotes.

❧ ✥ ☙

Uno de los escritos más antiguos de las primeras comunidades cristianas señala: "Todo profeta que predica la verdad, si no cumple lo que enseña, es un falso profeta" (*Didaché* 11:1–12). La justicia y la verdad son amenazadas de diversas maneras, y cuando aplicamos a la vida y a sus circunstancias las verdades de nuestra fe, entramos a un terreno de lucha. Solo el Espíritu Santo nos permite mantenernos fieles a la verdad.

¿La fe dirige tu vida a hacer opciones por la justicia? ¿Has arriesgado algo de ti cuando has encontrado alguna injusticia?

Santa Julia Salzano

¡Qué magníficas son tus obras Señor, qué insondables tus pensamientos! El ignorante no lo entiende, ni el necio lo comprende.
—Salmos 92:5–6

Santa Julia Salzano (1846–1929) dedicó su vida a la instrucción de la niñez en la fe. Una catequista de vocación de principio a fin. Una mujer segura de que la catequesis es la pieza esencial que hace realidad el envío de Jesús: "Vayan y hagan discípulos míos a todas las naciones". En los pueblos del área de Nápoles, incansablemente formó catequistas y organizó diversos niveles y grupos. Estaba segura de que un catequista no descansa, y si es necesario enseñar la fe a deshoras que el catequista lo hace porque no puede dejar perder un solo alma. También estaba convencida de la necesidad de una sólida formación para el buen catequista, que siempre está dispuesto a comprender mejor el mensaje y las acciones de su Maestro. Por eso, el catequista es como Marta y María, trabajando incansablemente y pasando tiempo sentado a los pies del maestro.

❧ ✤ ☙

La catequesis es el proceso de iniciación cristiana, un proceso que marca la vida tomada desde la infancia con el propósito de que se extienda a todas las etapas posteriores y a todas las áreas. El despertar a la fe es muy valioso, porque en él se plantan las semillas del Reino. Cuando los catequistas transmiten a Jesús como una experiencia viva, la catequesis forma el cimiento para la edificación de la Iglesia.

¿Valoramos la tarea de los catequistas como una tarea esencial para la Iglesia?

San Juan I, Papa

Yo en mi destierro
muestro su poder y grandeza
a un pueblo pecador:
Conviértanse, pecadores,
obren rectamente en su presencia.
Quizá los querrá
y los tratará con compasión.
—Tobías 13:8

El Papa san Juan I (c. 526) nació en Italia en la región Toscana en tiempos del rey Teodorico. Este rey era arriano y, aunque creía en Jesús según la versión de Arrio, manifestaba tolerancia a los católicos. Pero hubo un problema entre el senado de Roma y el gobierno de Constantinopla. El emperador Justino I mandó una enérgica medida contra los arrianos de Oriente. Los arrianos pidieron la ayuda a Teodorico. Entonces el rey cambió su actitud amistosa y al saber que el Papa Juan I y el emperador de Constantinopla eran amigos, encarceló al Papa en el año 526. Se sabe que el Papa murió víctima de los malos tratos.

෨ ❖ ଓ

La unidad de la Iglesia ha sido amenazada de diversas maneras, tanto afectando la convivencia, la doctrina y la autoridad, como la organización. Valorar la Iglesia como el Cuerpo de Cristo nos pone a los que la componemos más allá de relaciones públicas o políticas. Los mártires de nuestra Iglesia no fueron víctimas de un partido o de un gobernante, fueron testigos de que la fe es el cimiento de la unidad.

Cuando atraviesas una situación de conflicto de intereses, ¿tus opciones están hechas desde tu fe o desde las conveniencias políticas?

Beato Juan Luis Loir

No me rechaces ahora en la vejez, no me abandones, cuando decaen mis fuerzas, porque mis enemigos hablan de mí, quienes me espían dictaminan: Dios lo ha abandonado.
—Salmos 71:9–11

El beato Juan Luis Loir (1720–1794) nació en Francia y su padre trabajó en la Tesorería en tiempos en los que se gestaban cambios políticos. Muy joven entró a la Orden de los Hermanos Capuchinos Menores, donde se formó con esmero y pronto ejerció la labor sacerdotal. Su amabilidad y diligencia con todos le atrajo muchas simpatías. Cuando le propusieron cargos en la Orden, nunca los aceptó y argumentaba que se hizo fraile para obedecer, no para mandar. Dedicó mucho tiempo de su vida a confesar y dirigir almas. A consecuencia de las ideas de la Revolución francesa llevadas al extremo, se desató una persecución y él se refugió en casa de sus hermanas; tenía casi ochenta años. Como no se presentó al juramento, los llevaron a una playa para ponerlos en barcos-prisión hacia la deportación. Pero él nunca salió, un año después lo encontraron muerto arrodillado.

ॐ ❖ ॐ

Cuando las personas se hacen mayores es normal que sus fuerzas se vayan acabando y viene el difícil tiempo de cosechar lo que sembraron. Muchos abuelos reciben gratitud de sus hijos, cariño de sus nietos, recuerdos de sus amigos. . . pero es muy triste que un anciano llegue a un final en impotencia, desamparo y abandono. El beato Juan Luis supo vivir este amargo final en clave de santidad.

¿Identificas a personas mayores que viven una verdadera vida cristiana? ¿Puedes hacer algo por una persona mayor que le aligere el peso de la vida?

San Bernardino de Siena

Dios lo exaltó y le concedió un nombre superior a todo nombre, para que, ante el nombre de Jesús, toda rodilla se doble, en el cielo, la tierra y el abismo.
—Filipenses 2:9

San Bernardino de Siena (1380–1440) fue hijo de nobles y huérfano. Sus tías le transmitieron con cariño sus devociones en la ciudad de Siena. Se asoció en su juventud a la Hermandad de Devotos de la Virgen cuando se desató la peste, que en 1400 cobró tantas vidas. Casi todos huyeron, pero Bernardino se quedó a cuidar de los enfermos y casi murió. Recuperado, se determinó a ser franciscano de observancia estricta. Decidió que antes de anunciar el Evangelio debía empaparse de él. Pasó diez años en estudio, meditación y soledad, y entonces comenzó su periodo misionero, llevando las insignias del Santo Nombre de Jesús. En un ambiente donde los ricos abusaban, Bernardino predicó a ricos y pobres, llamando a la conversión a todos. Se determinó a fundar un Monte de Piedad para los pobres, para librar a los pobres de los usureros. Fundó hospitales y orfanatos. Fue criticado y calumniado al grado que la curia romana le suspendió permisos para predicar un tiempo. Siempre obedeció y el Papa Martín V lo investigó y se comprobó su inocencia. Le ofrecieron ser obispo en tres diócesis, pero él se negó y siguió llevando en alto el Santo Nombre de Jesús.

ಬಂ ❖ ೞ

El Papa Pío II escribió sobre cómo, a su muerte, los ricos se repartieron las reliquias de Bernardino, sin dejar nada a sus amados pobres. Pero unas mujeres encontraron el burrito que Bernardino montaba, lo trasquilaron e hicieron sus propias reliquias llenas de gratitud y amor por aquel buen santo que les devolvió el Evangelio.

¿Qué pasaría si todos los que anunciamos el Evangelio pasáramos primero un largo tiempo estudiando y orando el mensaje?

San Cristóbal Magallanes

Si cumplen mis mandamientos, permanecerán en mi amor; lo mismo que yo
he cumplido los mandamientos de mi Padre y permanezco en su amor.
—Juan 15:10

San Cristóbal Magallanes (1869–1927) fue el hijo de una familia piadosa de campesinos mexicanos que tomó muy en serio su vocación sacerdotal. Fue párroco en su tierra natal de Totaltiche, Jalisco. Extendía su trabajo misionero más allá de su pueblo y llegaba hasta los indios huicholes. En su parroquia tuvo varias obras apostólicas, promovió las devociones de un pueblo rico en piedad popular y trabajó las vocaciones. Cuando se estalló la persecución contra la Iglesia católica, el padre Cristóbal ofreció su parroquia para que continuara las tareas el seminario, que había sido clausurado. Allí se daban las clases, escondidos entre graneros y granjitas locales, y los seminaristas siguieron adelante. Cuando el padre fue descubierto, lo fusilaron con su compañero, el padre Agustín Caloca. En sus últimos momentos animó a su compañero a soportar el martirio, pensando lo breve que sería a cambio de una eternidad.

⬡ ✦ ⬡

Diversos documentos de la Iglesia nos piden valorar la religiosidad del pueblo. Cuando los pueblos guardan tradiciones y crean expresiones culturales para expresar su fe y devoción, debemos identificar un valor. La religiosidad del pueblo también debe ser nutrida con la formación y debe ser acompañada pastoralmente.

¿Qué ejemplos de religiosidad popular hay en tu comunidad? ¿Te interesa que
nuestras tradiciones hispanas se mantengan vivas?

Santa Rita de Casia

Encomienden a Dios sus preocupaciones, que él se ocupará de ustedes.
—1 Pedro 5:7

Podríamos decir que santa Rita (1380–1457) conoció todos los estados de la vida y en cada uno de ellos encontró un desafío. Siendo niña en su pueblo de Casia vivió centrada en la piedad y el trabajo. Quiso ser religiosa y sus padres se opusieron rotundamente y buscaron un hombre para casarla. Rita obedeció, se casó y a los pocos días su esposo, Pablo, la insultaba con violencia creciente. Rita vivió aquella situación como un desafío, tratando de ser pacífica. Nunca reprochó a sus padres y rezaba para que aquella naturaleza violenta se calmara. Se cuenta que después de dieciocho años se cumplieron las peticiones porque Pablo pidió perdón y cambió. Pero al poco tiempo lo mataron. El asesino de su esposo pidió clemencia para no ser ejecutado y Rita no pidió su muerte. Sin embargo, los hijos de Rita sí reaccionaron con el temperamento de su padre. Rita oró intensamente para que sus hijos no ejercieran la venganza y los dos murieron. Totalmente sola, pidió a las religiosas agustinas que la admitieran y tras muchos ruegos la aceptaron. Pasó sus últimos años en total pobreza, con disposición para atender enfermos y cualquier obra buena. Su caridad fue conocida por muchos y nunca se resistió a hacer cuanto favor se le insinuara.

❧ ❖ ☙

San Juan Crisóstomo afirmó: "Cualquier buen cristiano es levadura en cuanto se mezcla en cualquier ambiente, aunque estén escondidos sus trabajos o deberes, no desaparecen, transforman por su propia calidad toda la masa" (*Homilía 46*).

¿Has sentido condicionados tus deseos de ser mejor en ambientes difíciles? ¿Tus dificultades te impiden lograr tus metas?

San Juan Bautista Rossi

Reciban el Espíritu Santo. A quienes les perdonen los pecados les quedarán perdonados; a quienes se los retengan, les quedarán retenidos.
—Juan 20:22–23

San Juan Bautista Rossi (1698–1764) nació en Génova, Italia, y fue a Roma muy joven a estudiar con un tío sacerdote. Entró al colegio de los jesuitas y terminó sus estudios de Teología con los dominicos. Cuando fue sacerdote, buscaba maneras de ser mejor y se entregó a duras penitencias que lo llevaron a perder la salud. Entonces entendió que el mejor camino era el servicio, sobre todo de los más necesitados. En un albergue, servía a los más pobres y les daba enseñanzas. Una de las solicitudes constantes de los feligreses era pedirle confesión. Lo caracterizó una gran capacidad para escuchar en el confesonario y aprovechaba en cada oportunidad para dar luces y animar una por una a las almas a mantenerse fieles a Dios. Podía pasar horas enteras atendiendo a personas de toda edad y tipo en el confesonario. El Papa le pidió que confesara en las prisiones y hospitales y así lo hizo.

ഇറ✣ඏ

Llamamos "Sacramento de la Confesión", a la declaración o manifestación de nuestros pecados ante un sacerdote, porque reconocemos la misericordia de Dios que siempre perdona al pecador arrepentido y porque alabamos su santidad (*CIC*, 1424). El Bautismo quitó el pecado de origen, pero nuestra inclinación al mal produce rupturas de nuestra alianza con Dios. La confesión es una expresión de nuestro constante deseo de conversión. San Ambrosio escribe acerca de las dos conversiones en *Epistulae extra collectionem traditae (12)* "en la Iglesia, existen el agua y las lágrimas: el agua del Bautismo y las lágrimas de la Penitencia".

¿Confiesas tus pecados como una firme expresión de tu propósito de conversión?

Santa Afra de Briesca

Si uno es cristiano, es una criatura nueva. Lo antiguo pasó, ha llegado lo nuevo. Y todo es obra de Dios, que nos reconcilió con él por medio de Cristo y nos encomendó el ministerio de la reconciliación.
—2 Corintios 5:17–18

Santa Afra (s. II) fue esposa de un noble itálico de Brescia. Acompañaba a su esposo al anfiteatro para ver espectáculos que incluían ejecuciones de cristianos. Estaba anunciada la ejecución de Faustino y Giovita quienes se pusieron en oración y detuvieron a unos toros embravecidos que venían sobre ellos. Los animales se detuvieron ante aquellos devotos en oración, respetándolos. Al ver este acontecimiento extraordinario, muchos se convirtieron y entre ellos estuvo Afra. Las autoridades se enteraron de su Bautismo, fue denunciada y la noticia de su conversión llegó hasta el emperador Adriano, quien la mandó decapitar junto con Faustino y Giovita.

℘ ✜ ℭ

El *Catecismo* nos enseña que la conversión es don de Dios. Es una gracia que queramos cambiar, que deseemos aceptar a Cristo y recibir la salvación que nos regala (*CIC*, 1432). Es preciso que Dios nos regale un corazón nuevo porque solo Dios nos da la gracia para comenzar de nuevo. Son muchos los hombres y mujeres que siguen experimentando cómo Dios los mueve de donde se encuentran, en las adicciones, los hospitales, las distracciones. Se puede volver a comenzar.

¿Crees en el poder de la conversión? ¿Identificas en tu vida oportunidades de la gracia para recomenzar en algo?

San Beda

Si el Señor no construye la casa, en vano se cansan los albañiles, si el Señor no cuida la ciudad, en vano se cansa la guardia.

—Salmos 127:1

El cristianismo se extendió siguiendo la geografía del Imperio romano, que era muy grande. Inglaterra quedó entre las tierras más lejanas, y se sabe que entre los trabajos de propagación fue el benedictino Agustín quien logró conversiones sinceras. Cien años después, san Beda (672–735) continuó esta obra mostrando dones extraordinarios para avanzar en los estudios, y fue un excelente maestro y escritor. Aunque no se mudó del Monasterio de Jarrow, formó un impresionante equipo de misioneros calificados, que además de elevar la fe de Inglaterra enviaron misioneros a Holanda, Alemania y otras partes del norte de Europa. Beda se afanó por recoger materiales que estudió a conciencia. Escribió la Historia Eclesiástica de Inglaterra, y recopiló biografías de los santos de su país para que alentaran a las nuevas vocaciones. Mantuvo constate correspondencia con los monjes y sacerdotes alentándoles su fervor y que no abandonaran el estudio o la confesión. Les recomendaba a los superiores que no se hicieran dependientes de los ricos, ni aceptaran demasiados regalos. Sintiéndose ya muy enfermo, pidió que lo llevaran y acomodaran en el pasillo para ver el Santísimo Sacramento. Glorificando a Dios, allí murió.

☙ ❖ ❧

En la Iglesia, se llama "venerable" a una persona cuya obra merece reconocimiento por haber sido realizada con seriedad, esmero y para el bien de la comunidad. San Beda es identificado como un puente entre los Santos Padres (Patrística) y la siguiente generación de pensadores como san Anselmo y santo Tomas (de Escolástica). Ya muy anciano, tradujo al inglés el Evangelio de san Juan.

¿Experimentas gratitud por nuestros ancestros en la fe? ¿Te interesa transmitir la fe a las nuevas generaciones de acuerdo a sus culturas?

San Felipe Neri

Quien recibe a este niño en mi nombre, a mí me recibe, y quien me recibe a mí
recibe al que me envió.
—Lucas 9:48

San Felipe Neri (1515–1595) gozó de buena formación en Florencia. Un tío comerciante le recomendó que se hiciera contador para llevar sus negocios, y Felipe lo hizo. Para sorpresa de todos, dio su dinero a los pobres y se fue a Roma de peregrinación. Visitó los lugares santos y se sintió deseoso de espiritualidad. Felipe fue bendecido con un ánimo alegre. En aquel tiempo había muchos niños huérfanos en las calles de Roma, algunos se enfermaban y quedaban al desamparo. Felipe comenzó a atenderlos, contándoles historias y canciones. Reunió un grupo de laicos llamados Siervos de la Trinidad, y con su ayuda, acogían a los peregrinos y atendían a los niños. Lo motivaron para que se hiciera sacerdote, cursó los estudios y, ya consagrado, multiplicó sus apostolados. Organizó la religiosidad del pueblo, confesaba y compartía con otros sabios sus anhelos de fortalecer la Iglesia. Dios lo inspiró a fundar "el Oratorio", una asociación de grupos que asiduamente combinaban la alabanza, la oración y las enseñanzas de la Iglesia. Aunque fue envidiado y calumniado, jamás dejo de desatender a los jóvenes. Su famosa frase, "prefiero que me quiten el tiempo, me molesten [. . .] a que pequen". Felipe Neri murió a los ochenta años y se le considera un instrumento en la renovación de Roma.

☙ ❖ ❧

San Basilio afirmaba: "Siempre estarás gozoso y contento, si en todos los momento diriges a Dios tu vida, y si la esperanza del premio suaviza y alivia las penalidades de este mundo" (*Homilía sobre la alegría*, 25).

¿Sonríes con facilidad ante la vida? ¿Haces examen de conciencia con regularidad?
¿Tu alegría depende de cosas del mundo o se dirige más allá?

San Agustín de Inglaterra

Dichoso el que tú eliges e invitas a morar en tus atrios. Que nos saciemos de los bienes de tu casa, de los dones sagrados de tu templo.
—Salmos 65:4

Ya desde el siglo II el catolicismo llegó a Inglaterra, cuando todavía era parte del Imperio Romano. Después vinieron grandes misioneros, como san Patricio (c. 604), que llevaron el catolicismo a Irlanda y Escocia. Sin embargo, en Inglaterra no podía asentarse la fe por las constantes invasiones de pueblos paganos. El Papa Gregorio VII envió al monje Agustín desde Roma. En el año 597, desembarcó en Inglaterra sabiendo que llegaban a una tierra poco hospitalaria. El Papa recomendó que no destruyera santuarios paganos, que evangelizaran con paciencia y respeto, que purificaran las prácticas o símbolos para poner en su lugar las verdades de nuestra fe. El rey Etelberto de Kent recibió bien a los frailes y valoró su formación. Tiempo después abrazó la fe y facilitó la evangelización de la isla. Agustín puso la sede del arzobispado en Canterbury. Gracias a su entrega, los frailes benedictinos desarrollaron una labor misionera, fundaron monasterios masculinos y femeninos, y después de siete años de intensa labor, Agustín murió en Canterbury.

~~~ ❖ ~~~

Evangelii Gaudium (130) afirma que el Espíritu Santo enriquece a la Iglesia evangelizadora con diversos carismas y que estos dones no son un patrimonio cerrado, sino que son verdaderos dones que parten del centro mismo de Cristo y se encauzan para el bien del pueblo. Mientras más auténticos son los carismas, más contribuyen a la unidad de la comunidad eclesial.

¿Respetamos las culturas de otros cuando evangelizamos? ¿Sabemos identificar valores semejantes al Evangelio en los modos de ser de las nuevas generaciones?

San Guillermo de Aquitania

Tu poder no está en el número ni tu imperio en los guerreros; eres Dios de los humildes, [...] defensor de los desanimados, salvador de los desesperados.
—Judit 9:11

En tiempo del emperador Carlomagno, Francia tuvo el rol político más notable en Europa. San Guillermo (c. 812) organizó con el pueblo un ejército para detener el avance de los invasores, los árabes, que avanzaban desde el sur. Pidió el apoyo a príncipes y caballeros vecinos, pero no lo apoyaron porque pensaron su derrota era segura. Guillermo confiaba en Dios y con mucha oración pidió a su ejército que se preparara y confiara en el auxilio divino. Y logró retirar las tropas. Ayudó también en España y apoyó a los católicos a recuperar Barcelona. Cuando regresó a Francia, Carlomagno lo quiso premiar para que reconstruyera su ducado y aumentara sus propiedades. Pero Guillermo expresó su deseo de retirarse: "Ya me puse la armadura para defender a mi patria, ahora quiero la armadura de Dios", y se volvió un fraile sencillo y humilde.

❧ ✢ ☙

La Enseñanza Social Católica (390) nos explica que la convivencia civil y política no surgen solo de cumplir mandatos y obedecer leyes, sino que hace falta construir una amistad civil. Con solo exigir derechos y cargar obligaciones no se da la armonía. Hace falta un respeto profundo, un campo de ayuda y de desinterés, un desapego de los bienes materiales y capacidad de donación, una disponibilidad interior para ver con sinceridad las necesidades de los demás y quererlas solventar.

¿Encuentras amistad en el ambiente político de nuestras comunidades? ¿Cómo fomentas la amistad en tu ambiente?

San Maximino de Treveres

Como el Padre me amó, así yo los he amado: permanezcan en mi amor.
—Juan 15:9

No se puede explicar a san Maximino (s. IV) sin Agricio, su mentor. Agricio era obispo en Tréveris y acogió con entusiasmo al aprendiz, compartiéndole cuanto sabía y estimulándolo para descubrir la gracia a Dios. El emperador Constantino impulsaba la fe, pero se había levantado el arrianismo como un movimiento con numerosos seguidores, todos tratando de influir en el emperador para que negara la divinidad de Cristo. Maximino fue ordenado y tiempo después, Agricio murió en el 332. El pueblo pidió a Maximino que le sucediera cuando el emperador se puso del lado de los arrianos y quitó al obispo Atanasio y al obispo Pablo de Antioquía. Maximino los recibió en Tréveris, tratándolos como hermanos queridos en la fe. Con ellos completó sus reflexiones y experimentó un gran crecimiento. A la muerte del emperador acudió al Concilio de Milán, donde se trató de pacificar el conflicto y se mantuvo firme en defender la Cristología. Maximino influyó para que los grandes obispos fueran reinstalados en sus sedes apostólicas y lo logró.

೫೦ ❖ ೦೪

San Maximino cumplió el mandamiento de amistad verdadera dando cobijo a sus amigos en tiempo de desgracia. Los buenos amigos abren su corazón y comparten con los amigos que son sacudidos por las crisis del destino. Cuando estamos desterrados, lejos de lo nuestro, ofrecemos una amistad más genuina que enriquece la espiritualidad, compartimos nuestra experiencia de Dios y a nosotros mismos tal cual somos.

¿Tu espiritualidad se inicia en experiencias de amistad? ¿Tienes amigos que están en desventajas ante la vida? ¿Compartes tu experiencia de fe en tus relaciones de amistad?

Santa Juana de Arco

Los que recuerden esta hazaña de Dios, jamás perderán la confianza que tú inspiras. Que el Señor te engrandezca siempre y te dé prosperidad, porque no dudaste en exponer tu vida ante la humillación de nuestra raza.
—Judit 13:19–20

Entre Francia e Inglaterra se entretejió una larga lucha conocida como Guerra de los Cien Años. El príncipe Carlos no lograba estabilizar a Francia, acumuló derrotas y, a punto de perder, le hablaron de una doncella que "oía voces". Era santa Juana de Arco (1412–1431), hija de campesinos, una cristiana ejemplar. Juana, por el bien de su patria, quiso ayudar al príncipe. Le pusieron pruebas, pero ella confió en Dios y acertó con sus estrategias en la batalla de Orleans. Entonces la doncella fue delante de las tropas con su estandarte. Los soldados recuperaron la confianza y ganaron las ciudades. Pero Juana despertó sospechas: las voces que oía, su vestuario de guerra, su liderazgo en un ejército; fue juzgada y condenada. La entregaron a los ingleses que la torturaron, hasta quemarla viva. Tiempo después se revisó el juicio y el Papa pidió que se le reconociera como a una gran mujer llena de valor y de virtud.

✠ ❖ ✠

En la exhortación *Christus Vivit* (124–126) se anima a la juventud a avanzar hacia la experiencia de un Jesús vivo que significa triunfador de la muerte. Cuando se ve a Jesús como un santo, un inocente al que mataron, un vencedor lleno de vitalidad sobrenatural, entonces los jóvenes se pueden lanzar a grandes empresas. Juana de Arco sostuvo algo que nos parece increíble por su fe en un Salvador vivo que la acompañaba.

¿Cristo resucitado te ha inspirado valor para algo?

Beato Nicolás Barré

A nosotros, la angustia presente, que es liviana y pasajera, nos prepara una gloria perpetua que supera toda medida, ya que tenemos la mirada puesta en lo invisible, no en lo visible.

—2 Corintios 4:17

El beato Nicolás Barré (1621–1686) nace en Francia. Estudioso y con grandes deseos de seguir a Cristo, entra en la Tercera Orden de San Francisco de Paula (Los Mínimos). Es enviado a Rouen y comprueba cómo las peores víctimas de la miseria son los niños. Le duele ver niños abandonados por las calles, expuestos a todo tipo de abusos, particularmente los que trabajaban. Meditaba en su oración cuando surgió una iniciativa cívica de recoger a los niños sin hogar en el Hospital General. Esto fue más triste, pues los mezclaron con enfermos mentales y enfermos crónicos. Entonces el padre Barré inicia un grupo de mujeres voluntarias que se llevan a las niñas a casas de acogida, procurando mejor vida y la enseñanza del catecismo. Surgieron las Escuelas Caritativas del Niño Jesús, que fueron solicitadas en diversas partes. Los miembros de esta asociación no esperaban salario ni prestaciones. Se enseñaban unas a otras. El padre Barré tuvo amistad con san Juan Bautista de la Salle, lo orientó y estuvo feliz cuando supo que los hermanos de las escuelas cristianas tenían casas de formación para maestros y que Juan Bautista resistía críticas y persecuciones por la formación cristiana de la niñez y juventud de Francia.

∞ ❖ ∞

Evangelii Gaudium encierra el propósito de la evangelización en lo que llama: "cuidar la fragilidad". Esto significa que nuestra mirada está atenta a las nuevas formas de pobreza y fragilidad donde identificamos a Cristo sufriente. El Evangelio nos invita a no hacernos los distraídos.

¿Te preguntas constantemente dónde y cómo está tu hermano?

Junio

San Justino

Sé en quién he puesto mi confianza.
—2 Timoteo 1:12

¿Te imaginas a un valeroso cristiano, con su túnica de filósofo, abriendo un diálogo para pedir justicia a los cristianos y exigir el derecho de que se conozca su modo de ser y de pensar antes de ser condenados? San Justino (100–165) fue uno de los testigos más valorados del cristianismo de los primeros siglos. Nació en Flavia, en el ambiente del paganismo romano. Fue estudioso de la Filosofía, buscador de la verdad. Pasaba por una etapa de desencanto cuando le sobrecogió el heroísmo de los mártires y comenzó su conversión. Con una catequesis reflexiva se acercó al conocimiento de Cristo. Se dio cuenta de que el alma humana siempre quiere la verdad y experimentó una enorme alegría de conocer al Señor. En tiempo de Marco Aurelio, Justino llegó a Roma y comenzó una escuela de Filosofía cristiana, lo cual chocó con las escuelas de los cínicos, quienes lo acusaron, y fue martirizado. Se conservan dos obras llamadas *Apologías*, en defensa de los cristianos.

ೞ❖ೞ

San Justino relata los ritos de iniciación cristiana en un escrito al emperador. Explica que el Bautismo es una entrada: antes de recibirlo, se instruye, se ora y se ayuna. Es un nacimiento que parte de nuestra libre y consciente elección. Porque deseamos que nos perdonen nuestros pecados entramos al agua y se invoca el nombre de Dios, y a ese baño se le llama "iluminación", porque aceptar la Salvación es conocer la verdad. Por eso debemos mostrarnos como personas de recta conducta en medio de los demás hombres. . . (*Apología I*, 61).

¿Conservas radiante la luz de tu Bautismo? ¿Mantienes tu conducta como un foco de examen y atención?

Santos Marcelino y Pedro

A nosotros, la angustia presente, que es liviana y pasajera, nos prepara una gloria perpetua que supera toda medida.
—2 Corintios 4:17

Los santos Marcelino y Pedro (c. 304) son mencionados en la Oración Eucarística más antigua. El Papa Dámaso confirmó su martirio en tiempos de Dioclesiano por la confesión que hizo el mismo verdugo, arrepentido de lo que había hecho. Marcelino era sacerdote y Pedro tenía el ministerio de Exorcista. Fueron decapitados en un bosque cerca de Roma. Dos piadosas mujeres, Lucila y Firminia, rescataron sus cadáveres y los llevaron a las catacumbas de san Tiburcio.

❧❖☙

Una de las novedades que aportó la Iglesia primitiva en medio del gran Imperio romano fue el poder de hacer comunidad. Fue la reunión frecuente para orar juntos, para compartir y celebrar la cena del Señor, la que fortaleció esas comunidades. Rebasaron el poder de otros grupos que se reunían a compartir pasatiempos, políticas o negocios. La comunidad cristiana nace humilde, pero alimentada. Con la Palabra y la Eucaristía experimenta el poder de resistir la tribulación y de padecer la persecución.

¿Perteneces a algún grupo en la Iglesia? ¿Es un grupo que tiene "cosas en común" o es un grupo donde se crece como cristiano?

San Carlos Lwanga y mártires de Uganda

Yo soy la vid y ustedes los sarmientos: quien permanece en mí y yo en él dará mucho fruto; porque separados de mí, no pueden hacer nada.
—Juan 15:5

Los misioneros del padre Lavigere fueron los primeros en llegar a Uganda y el rey Mtesa, en 1879, les permitió comenzar la evangelización. Después siguió el rey Mwanga quien rechazaba el cristianismo. Los asistentes del rey habían pasado el proceso de catecumenado cuando este dio la orden que debían participar en orgías. Como se negaron, el rey comenzó a golpearlos. José Mkasa, oficial y mentor de los monaguillos, se opuso al rey y eso les dio valor a los jóvenes para negarse. Entonces el rey lo mandó decapitar. San Carlos Lwanga (c. 1886) suplió al oficial y también era cristiano que protegió a los jóvenes. Después de decapitar a otro grupo, el rey se decidió por un rito propio que fue quemarlos vivos. Algunos de esos jóvenes eran hijos de soldados y sus padres les rogaban negar su confesión. Pero ellos insistieron: "Somos cristianos y permaneceremos cristianos".

ॐ ✤ ॐ

En el trascurso de un siglo hemos visto pasar a África de ser un continente misionado a ser una tierra misionera. Numerosas comunidades reciben ya sacerdotes y religiosos africanos que se incorporan a los diversos ministerios en la Iglesia. Esta presencia de la catolicidad africana es el cumplimiento de la parábola de la vid. Sacerdotes, religiosas y obispos africanos por todo el mundo son también la realización de lo que Jesús prometió, que las podas trasplantadas de esta Vid Verdadera, se multipliquen en el mundo.

¿Conoces sacerdotes africanos que sirven a la Iglesia? ¿Valoras la fe vivida y expresada por las diversas culturas africanas?

San Felipe Smaldone

La piedra que rechazaron los albañiles, es ahora la piedra angular. Es el Señor
quien lo ha hecho, y nos parece un milagro.
—Salmos 118:22–23

San Felipe Smaldone (1848–1923) fue un aspirante al sacerdocio rechazado por seminarios debido a su rendimiento académico. Su caridad lo distraía de su dedicación a los estudios, y es que en su tiempo, Nápoles, su ciudad, tenía muchos problemas. Era el cambio entre la monarquía a la república; política y socialmente había confusión. Felipe tenía inclinación para acoger y servir a las personas con discapacidades. Dedicó su tiempo a atender a los ciegos y a los sordomudos. Se mudó de diócesis y estuvo buscando dónde ser admitido y gracias al apoyo del Monseñor Cilento, terminó sus estudios. Ya ordenado sacerdote, dio mayor impulso a su trabajo ministerial. No le importaba caminar largas distancias para confesar o dirigir almas. Pronto, diferentes sacerdotes y religiosos comenzaron a buscarlo para que los dirigiera espiritualmente y los escuchara en confesión. Terminó sus días solicitado para confesar a obispos y a vicarios entre sus obras constantes de atención a los sordomudos.

‽❖‽

Las instituciones para apoyo de las personas con discapacidades han brindado programas y proyectos para elevar la calidad de vida. Además de los recursos médicos y terapéuticos, la inclusión en las comunidades es esencial, lo mismo que las relaciones interpersonales y el bienestar emocional. Cristianamente hay una vocación de elegir a las personas con discapacidades. El Espíritu Santo anima una generosidad de amor para ellos, que rompe el miedo de que sea pérdida de tiempo vivir para ellos o si cuidarlos fuese inútil. La atención y amor a nuestros hermanos con diversisdad funcional es una plena alabanza a Dios.

¿Tu comunidad acoge a los sordomudos? ¿Se buscan los servicios que se interpretan
en lenguaje con señas en las principales celebraciones?

San Bonifacio

Yo soy la vid, ustedes los sarmientos: quien permanece en mí y yo en él, dará mucho fruto; porque separados de mí no pueden hacer nada.
—Juan 15:5

San Bonifacio (c. 754) fue un monje benedictino de Winchester quien, por sus valores, fue elegido abad. Pero él expresó al Papa Gregorio II su deseo de ser misionero. El Papa lo envió a Alemania, a las regiones de Hessen y Turinga, donde ya había sido anunciado el Evangelio, pero no se pudo acompañar el proceso ni dar fruto. Al ser delegado apostólico empeñó todas sus energías en desplegar una evangelización a conciencia. Convocó a buenos sacerdotes y dedicó tiempo a darles acompañamiento para que atendieran con acierto la diversidad de pueblos y costumbres. Bonifacio cooperó para unificar Europa central. Ya muy anciano, preparó una gran misión evangelizadora en Holanda. Tenía noticias de las grandes dificultades y llevó su mortaja funeraria presintiendo su fin. En una madrugada su campamento fue asaltado y se cuenta que Bonifacio murió llevando en alto el libro de los Evangelios.

෨✤ლ

La fortaleza para misionar, organizar a las diócesis, mantenerlas unidas al papa y extender la fe fueron asombrosas en un hombre con fama de fuerte y firme. Originalmente se llamó Winfredo, pero el Papa Gregorio II le cambió el nombre a Bonifacio precisamente para distinguir la extraordinaria bondad de aquel pastor. Se cuenta que el Monasterio de Fulda fue el favorito de sus fundaciones y allí guardan el libro de los Evangelio con el que Bonifacio se cubrió cuando fue atacado. El libro fue atravesado por la espada, pero no se dañó ni una sola palabra del libro.

¿Por qué nos cansamos de evangelizar? ¿Qué sostuvo a estos pastores en tantas tareas? ¿Dónde te apoyas cuando parece difícil evangelizar?

San Norberto

El Señor es justo y ama la justicia; los rectos verán su rostro.
—Salmos 11:7

En el año 1110, siendo san Norberto (1080–1134) un talentoso joven, acompaña al emperador Enrique V a ver al Papa Pascual que se encontraba en un trágico cautiverio entre la lucha de poderes, el comportamiento relajado del clero, la crítica y el alejamiento de la moral, con los obispos opuestos unos a favor y otros en contra del Papa. Norberto todavía no era sacerdote, aunque ya era canónico y se determinó a dejarlo todo. Vio con honestidad que con su estilo de vida solo aumentaría la superficialidad. Cuando recibió la ordenación se desprendió de todo: vendió su castillo y se decidió por evangelizar en los caminos de Francia y Alemania. Trató de dar buen ejemplo, de vivir cuanto predicaba y de reconciliar a quienes tuvieran rivalidades.

෨ ❖ ଔ

Cuando estamos conscientes de las crisis de nuestra Iglesia, tanto las cercanas y cotidianas como las universales, pensamos: "¿Qué podemos hacer?" y una respuesta podría ser: "Dar nuestra vida misma." Santa Teresa decía: "Con determinada determinación". Siempre podemos ofrecer nuestros dones o talentos por modestos que parezcan. Muchas vidas invitadas al seguimiento de Cristo hacen la primera opción, pero después se instalan en el camino. El Evangelio nos exhorta constantemente a no ceder al espíritu que hay en el mundo. No ganamos mucho si la comodidad, que tienta a los seguidores de Cristo, solo nos escandaliza, porque lo más importante es generar en nuestra propia vida la diferencia.

¿Has experimentado alguna crisis en tu comunidad de fe? ¿Cuál ha sido tu reacción?
¿Te resignas o te motivas a hacer algo por cambiar la situación?

Beata Ana de San Bartolomé

El amigo fiel es un refugio seguro; quien lo encuentra, encuentra un tesoro.
—Eclesiástico 6:14

La beata Ana de San Bartolomé (1549–1622) fue la primera monja en hacer votos en el convento reformado de Santa Teresa de Jesús. Una joven talentosa a quien la reformadora tomó bajo su guía, la acompañó y más que su maestra, fueron profundamente hermanas y amigas. Ana de san Bartolomé acompañó sus pesares, enfermedades, debilidades y también fue testigo de sus experiencias místicas. Pese a tener personalidades muy diferentes, Ana extendió su propio vuelo a la muerte de Teresa. La Santa Andariega le dejó los pertrechos de más viajes para formar nuevos carmelos reformados. Ana de San Bartolomé fue fundadora en Holanda y Francia.

༄ ❖ ༅

La Reforma del Carmelo tiene dos ejes desde santa Teresa. El primero fue mantener una vida de oración como una amistad con Dios: "¡Oh quien diese voces para decir cuán fiel sois a vuestros amigos! Todas las cosas falten, Vos, Señor de todas ellas, nunca faltáis" (V 25,17). El otro eje fue la vida comunitaria, basada en una amistad real entre los miembros de cada comunidad: "Todas han de ser amigas, todas se han de amar, todas se han de querer, todas se han de ayudar" (*CP* 6, 4).

Entre las características que buscas en tus amigos, ¿tomas en cuenta que también sean amigos de Dios?

San Medardo

En las tinieblas clarea la luz para los rectos: el Compasivo, Clemente, Justo.
—Salmos 112:4

San Medardo (s. VI) fue un católico francés que muy joven fue sacerdote y su vida estuvo rodeada de leyendas por su bondad ejemplar. Al poco tiempo de ser ordenado lo hicieron obispo y fue designado a una región franca donde había muchas supersticiones, robos y pleitos, donde la vida cristiana era muy difícil de sostener. Todavía estaban frescas las divisiones dejadas por las guerras. Medardo trabajó con incansable paciencia una labor por la regeneración moral, con un constante diálogo con sus feligreses, con mucha paciencia en la confesión y con muchas historias: como una de la vaca robada cuya campanilla no dejó de sonar y así encontraron al ladrón. Empleó estas historias para hacerlos ver que así la conciencia no deja de avisar dónde hay una falta a la ley de Dios.

෨ ❖ ෬

Las crisis de la Iglesia y las crisis sociales hacen tambalear la fe porque al perder la estabilidad se siente que todo ha sido absurdo. Absurdo viene de la palabra sordo. No nos volvamos sordos a la voz de Dios, a su llamado; no seamos sordos a nosotros mismos, a nuestros principios. Así desoímos nuestra propia conciencia, y su voz se va apagando, dejando las conductas en un escenario cínico donde todo se vale. Los santos que han devuelto al pueblo de Dios el poder de la conciencia son esenciales en la vida cristiana.

¿Has experimentado algo absurdo? ¿Te ha llegado esa confusión donde la vida parece un diálogo de sordos? ¿Pides a Dios constantemente reconocer la voz de tu conciencia?

San Efrén

Abre mis ojos y contemplaré las maravillas de tu ley.
—Salmos 119:18

San Efrén (306–373) nació en Nísibi, Mesopotamia, en una familia pagana. Huyó de su casa porque su padre no estuvo de acuerdo con su conversión y fue acogido por el obispo san Jacobo, a quien acompañó al Concilio de Nicea. Su ciudad cayó en manos de los persas y él se retiró a una cueva. Vivió como un ermitaño, pasó gran pobreza y su concentración fue el estudio. El obispo lo ordenó diácono y él quiso guardar un ministerio en humildad y servicio; tuvo la oportunidad de conocer a san Basilio de Cesárea. Cuando Efrén compartió sus escritos, fueron muy elogiados por los Santos Padres y en posteriores generaciones. Sus obras son amplias, incluyendo comentarios sobre la Palabra de Dios, obras polémicas, otras sobre doctrina y otras poéticas. Su vida, dedicada al servicio de Dios compaginó oración, estudio y caridad. Se retiró a Edessa y allí murió.

ဆာ❖ର

San Efrén escribió canciones para uso litúrgico a estilo popular. Él inició un movimiento litúrgico donde el canto resume la Teología. Esta manera de enseñar la fe y de profesar la alabanza fue muy novedosa. El Papa Benedicto XVI apreció su legado porque en el canto condensó la Teología:

El Señor vino a ella / para hacerse siervo. / El Verbo vino a ella / para callar en su seno. / El pastor vino a ella, / y nació el Cordero, que llora dulcemente. / El seno de María / ha trastocado los papeles: / Quien creó todo / se ha apoderado de él, pero en la pobreza. / El Altísimo vino a ella (María), / pero entró humildemente. / El esplendor vino a ella, / pero vestido con ropas humildes. / Quien todo lo da / experimentó el hambre. / Quien da de beber a todos / Sufrió la sed. / Desnudo salió de ella, / quien todo lo reviste (de belleza).

Y tú, ¿oras cantando?

Beata Ana Maria Taigi

Una buena mujer es un hermoso regalo que recibe el que respeta al Señor: sea rico o pobre, estará contento y siempre tendrá cara alegre.
—Eclesiástico 26:3

Originaria de Siena, Italia, la beata Ana María Taigi (1769–1837) fue hija de un boticario que perdió todo. En gran pobreza, la familia se transladó a Roma donde los padres de Ana María realizaron labores de servicio. Al conocer el ambiente de las sociedades donde servían, Ana María tuvo sueños de lujos y vanidades. Encontró un director espiritual que la dirigió al camino cristiano y Ana María se casó con Domingo Tiagi, quien servía en la casa de los Chigi. Tuvieron siete hijos y Ana María vivió una profunda espiritualidad de la familia en cada servicio cotidiano: la atención a su esposo, el cuidado personal de cada uno de sus hijos, el trabajo doméstico, todo se volvió para ella un puente de conexión con el aspecto comunitario de Dios, la Trinidad. Ana María atrajo a otras personas; su esposo dio testimonio de que su casa estuvo llena de visitantes que pedían consejo, ayuda, oración. Ana María tuvo un lugar para cada uno en su corazón, dando la prioridad a su familia.

೮೦ ❖ ೮ಌ

Cuando la Iglesia santifica a una mujer que ha sido el corazón de una familia, nos señala un reflejo de ella misma, de su ideal. Llamamos madre a la Iglesia porque se vuelve un hogar para la comunidad, y el hogar es el sitio tibio que nos recibe y nos devuelve las fuerzas. El hogar es donde nos nutren y donde se puede descansar. El hogar es la anchura para el silencio, donde reencontramos la paz y la compañía familiar. La Iglesia tiene el deber sagrado de avivar el fuego que devuelve el calor en las heladas y tiene el poder de regenerase cuando es hospitalaria y generosa de sí misma.

¿Cuál es tu experiencia de lo que es un hogar? ¿Alguien en la Iglesia te ha acogido y te ha hecho sentir como de su familia?

11 DE JUNIO

San Bernabé, Apóstol

Los llamó y ellos inmediatamente dejando la barca y a su padre, le siguieron.
—Mateo 4:19

Originario de Chipre, los Hechos de los Apóstoles (4:36,37) mencionan a san Bernabé (s. I) como un hombre generoso que vendió un campo para el beneficio de su comunidad. Después aparece como el inseparable compañero de san Pablo en misión entre los paganos. También Bernabé intercede para que acepten a Pablo en el colegio apostólico (Hch 11:24) y se sabe que ambos fueron evangelizadores en Chipre. Juntos pasaron adversidades, pruebas y persecuciones. Convirtieron a muchos en Asia menor, incluso el procónsul Pablo quedó convencido. Fueron voces firmes en el primer concilio para que no se impusieran a los convertidos las reglas del judaísmo. No se sabe cuál fue el disgusto que tuvieron él y Pablo, pero se separaron: Pablo siguió su ruta misionera y Bernabé se quedó en Chipre.

Al recibir el Espíritu Santo, los apóstoles reencuentran su identidad de ser el nuevo Pueblo de Dios. La primera expansión del Evangelio devuelve a los misioneros la conciencia de ser parte de ese pueblo peregrino. Los primeros discípulos vivieron las dificultades humanas por las que pasan todos los inmigrantes: diferentes lenguas, diferentes culturas, nuevas costumbres; pero su servicio al Evangelio les puso delante la meta de la santidad para este pueblo de bautizados.

¿Valoras a todas las comunidades como parte del Pueblo de Dios?

San Onofre

El Señor se fija en los que lo aman, es su robusto escudo, su firme apoyo,
sombra para el calor, reparo al mediodía, protección del que tropieza,
auxilio del que cae.
—Eclesiástico 34:16

Las imágenes de san Onofre (340–400) que el arte ha producido han impresionado durante siglos. Se cree que fueron realizadas por los testimonios que dejó san Panfucio sobre su vida penitente. Crecieron leyendas alrededor de su vocación. Se contaba que era hijo de un rey egipcio, pero que el diablo le metió al rey la idea de que él no era su hijo. Sospechando una traición de su esposa, el rey lo arrojó a las llamas, pero unos ángeles lo protegieron y el fuego no lo quemó. Entonces la madre lo envió a un cenobio de monjes del desierto, donde Onofre creció, aprendiendo la vida de los monjes. Cuando fue mayor, tomó la decisión de irse de ermitaño. Su apariencia era tremenda, pues ayunaba y tenía crecida la barba y el cabello, y se cubría trenzando hojas de palmera.

❀ ❖ ❀

Posiblemente la exigencia con la que vivieron los ermitaños y anacoretas nos desanime y nos parezca una interpretación exagerada del Evangelio. Pero Jesús invitó a un desprendimiento real. Él mismo vivió las bienaventuranzas. No extraña que en la mentalidad de las primeras comunidades calificaran de locura el seguimiento de Cristo y sus valores (1 Cor 1:25). Nuestra invitación es hallar la sabiduría de estos hombres que dejaron toda mundanización basada en la apariencia y centraron su silencio y su interés en el camino de Dios.

¿Algunos de los valores de las bienaventuranzas te han parecido una locura?

San Antonio de Padua

No nos anunciamos a nosotros, sino a Jesucristo como Señor, y nosotros no somos más que servidores de ustedes por amor de Jesús.
—2 Corintios 4:5

San Antonio de Padua (1195–1231) nació en Lisboa, Portugal y entró con los agustinos. En 1220 conoció a los franciscanos que llevaban reliquias a Marruecos e, impresionado por la vida de su fundador, se marchó con ellos. Apenas llegó al norte de África se enfermó de gravedad y lo regresaron, pero el barco sufrió un naufragio y llegó a la costa de Sicilia. Antonio fue a Asís, vivió un largo retiro y cuando dio su primer sermón, fue tan impresionante que lo asignaron a predicar. Antonio oró cada parte del Evangelio antes de su enseñanza y sabía llegar a todas las audiencias. Se convirtió en un fenómeno: llegaban gentes de diversos lados a oírlo predicar, recorrió numerosos pueblos y la gente aseguraba que también obraba prodigios. Hasta el Papa Gregorio IX lo consideró como el arca que guarda un tesoro. Murió a los treinta y seis años, extenuado de sus jornadas.

☙ ❖ ❧

En las imágenes más populares de san Antonio de Padua aparece con el Niño Jesús. La leyenda hizo popular el testimonio que dio el conde Campo Sampiero cuando recibió a Antonio para que se recuperara porque estaba enfermo: la puerta del cuarto donde descansaba estaba entreabierta y salía luz, se acercó y comprobó que el fray Antonio jugaba con un Niño que irradiaba tanta luz. El conde reconoció la gracia de aquel encuentro y destinó sus limosnas a obras para los pobres. Aunque Antonio le pidió silencio, el conde dio testimonio que fray Antonio jugaba con el Niño Jesús. San Antonio influyó con sus palabras, su humildad y su dulzura para que los ricos compartieran y aliviaran grandes necesidades. Por eso es una de las grandes figuras católicas de la justicia social.

¿Conoces a alguien que mueve con su mensaje a los ricos para que compartan con los pobres?

San Elías

El ángel del Señor volvió a tocar a Elías y le dijo: "¡Levántate, come! Que el camino es superior a tus fuerzas".

—1 Reyes 19:7

En el relato de la Transfiguración, los apóstoles ven a Jesús junto a los dos personajes más representativos del Antiguo Testamento: Moisés y Elías (s. IX a. C.). ¿Por qué Elías? Porque Elías representa la profecía como un don de Dios para el pueblo en tiempo de gran prueba. Se decía de él que estaba hecho de fuego y su palabra incendiaba como antorcha (Eclo 48:1). Aunque se desconoce mucho de sus orígenes, sabemos que vivió en una época de gran confusión, porque los reyes vivían de manera disoluta, alejados de la Alianza, y los que se nombraban servidores de Dios, se habían vuelto aduladores de los reyes para asegurar sus beneficios. Todos abusaban del pueblo. Elías asume un radical modo de vida en el primer libro de los Reyes (17) que lo convierte en el padre de la vida del desierto y en la inspiración de los grandes movimientos de soledad, de penitencia y autenticidad. Toda su palabra fue la del verdadero profeta que no enmudece ante la injusticia del opresor y sacude su conciencia ni guarda silencio ante el sufrimiento y el oprobio, sino que consuela y alienta.

ᔥ❖ᔥ

El profeta Elías se ha vinculado mucho a los últimos tiempos. Sus anuncios de la destrucción del reino del norte se cumplieron y no se trata de asociar la fuerza de su mensaje a una catástrofe para despertar el miedo. Más bien, Elías alentó a la confianza. Cuando vemos la vida con pesimismo y sinsentido, es el momento cuando la profecía actua para encender ese nuevo fuego.

¿Has afrontado la falsedad de otros? ¿Te ha dolido, como a Elías, que muchos hermanos abandonen la alianza con Dios?

San Bernardo de Menthone

Levanto mis ojos a los montes: ¿De dónde me vendrá el auxilio? El auxilio me viene del Señor, que hizo el cielo y la tierra. No dejará que tropiece tu pie, no duerme tu guardián.
—Salmos 121:1–3

La cordillera de los Alpes fue por siglos un desafío para quienes cruzaban entre Francia, Alemania o Suiza hacia Italia y viceversa. En sus largos inviernos, además de la dificultad para escalarla y los accidentes también se llenaba de peligros de asaltos y robos. San Bernardo de Menthone (c. 1081) fue un monje que tuvo a bien construir un gran refugio para la acogida. A Bernardo la tradición lo suponía hijo del conde de Menthone en Francia. Pero hay posibilidades de que fuera italiano, y según se sabe, fue vicario de la Diócesis de Aosta. Pidió ayuda tanto a su obispo y a diferentes benefactores como a gente de buena voluntad y edificó los albergues donde se han salvado muchas vidas. Cerca de los albergues construyó un monasterio para los padres agustinos quienes hasta el presente atienden el albergue. Con el tiempo, san Bernardo de Menthone logró que el papa autorizara este ministerio. Se le ha considerado el patrón de los alpinistas y esquiadores.

❦

La hospitalidad ha sido uno de los ministerios típicos de los monasterios. Se recomendaba recibir a los peregrinos imitando la invitación de los discípulos de Emaús y recordando las preguntas del juicio final. Muchas construcciones incluyeron un espacio para acoger peregrinos. Allí ofrecían cobijo y alimentación, se trabajaba en preparar camas y proveer leña para el fuego en invierno. Otro aspecto fuerte fue el recibir a los heridos y enfermos y atenderlos hasta que pudieran continuar su viaje.

¿Son hospitalarias nuestras comunidades? ¿Cuál forma de hospitalidad ejercitas tú?

San Juan Francisco de Regis

Feliz el hombre que respeta al Señor y ama con pasión sus mandatos.
—Salmos 112:1

San Juan Francisco (1591–1640) nació en Francia en una familia noble y llegó a ser sacerdote de la Compañía de Jesús, siempre distinguido por una especial sencillez para tratar a los demás. En la época que llamaban "el Delfinado" en Francia, caracterizada por una sofisticación en el estilo de vida, también los sermones en la Iglesia buscaban especial elocuencia. Juan Francisco recibe la encomienda de evangelizar al pueblo y dedica su vida a las misiones populares con tal acierto que provocó un gran número de conversiones de los calvinistas y el regreso de numerosos pecadores, o tibios a la fe, a la virtud. Su predicación fue sencilla, fluida y directa. Dios le dio la gracia de tocar conciencias y corazones; contaban que un hombre gritó: "No se puede oír a este santo y seguir a gusto con tus pecados". Entre la gente sencilla lo apodaron "el santo" y acudían en multitudes a escucharlo, y después de predicar, lo esperaban largas líneas para confesiones. No le faltaron las críticas ni las envidias, pero supo recibirlas sin influir en su ánimo de convertir a las almas. Los pueblos donde sobreabundaban los vicios lo llamaban para misionar, y a su paso, fue notable la renovación de costumbres.

❧ ✤ ❧

La Alegría del Evangelio (135) reflexiona sobre el tema de la homilía como una posible piedra de toque, donde el pueblo de Dios quiere encontrar la motivación, el estímulo y donde el pastor puede fallar o acertar en una de sus principales tareas evangelizadoras. Las homilías deben ir dirigidas al corazón de las comunidades y despertar el diálogo con Dios para que comience ese intercambio entre la Palabra y el creyente.

¿Agradecemos y reconocemos las buenas homilías? ¿Valoramos la inversión de tiempo y talento en preparar nutritivas homilías que animen a la comunidad?

San Alberto Chmielowski

Acumulen tesoros en el cielo, donde no roe la polilla ni destruye la herrumbre.
—Mateo 6:20

San Alberto Chmielowski (1845–1916), cuyo nombre de pila fue Adán Hilario, nació cerca de Cracovia, en la Polonia que era parte del Imperio Ruso, en una familia noble polaca. Huérfano desde los cuatro años, sus hermanos le enseñaron la vida católica. De joven tuvo los ideales patrióticos y espirituales de una Polonia libre y siendo un joven estudiante de agronomía y bosques, se unió a la insurrección. Fue herido gravemente, le amputaron una pierna y fue a Bélgica a recuperarse. Regresó a Polonia en el 1873 y comenzó a estudiar pintura mientras se dedicaba a cuidar enfermos abandonados y personas sin hogar. Entró a la Tercera Orden de los franciscanos donde lo llamaron hermano Alberto. Estableció un albergue para todos los vagabundos de Varsovia donde atendió incansablemente a los abandonados y vivió con ellos. Fundó una congregación de sacerdotes con el espíritu de san Francisco, dedicados exclusivamente a los abandonados en las ciudades, que se llamaron los albertinos.

🕊 ❖ 🕊

Las modernas ciudades se han vuelto escenarios de una arquitectura luminosa, simple y costosa. Espacios vacíos que casi no albergan a nadie frente a miles de personas sin hogar que quedan vagando impotentes ante los altos costos de la vivienda y el desempleo. Se suman enfermos mentales y adictos a este anonimato colectivo. *Laudato Si* (46) nos invita como cristianos a tomar conciencia de que el verdadero progreso debe ser integral y nos conduce a lograr la calidad de vida para todos.

¿Identificas en tu localidad lugares de apoyo para los abandonados? ¿Te incorporarías a algún grupo de acción para buscar el mejoramiento de la vida para todos?

Santos Marceliano y Marcos de Roma

Los justos viven eternamente, reciben de Dios su recompensa, el Altísimo cuida de ellos.
—Sabiduría 5:15

Los santos Marceliano y Marcos (c. 286) eran hermanos gemelos que crecieron con un instructor cristiano en el seno de una familia noble romana. Sin saberlo su familia, ellos abrazaron la fe cuando comenzó la persecución de Diocleciano. A los dos los casaron con doncellas paganas, y aunque vivían con prudencia su fe, fueron descubiertos y los encarcelaron. Los sentenciaron a ser degollados pero las familias influyeron para que les dieran un mes para rectificar. Sus padres, esposas y demás familiares les rogaron negar y abandonar su fe. Fue tanta su convicción que el ejecutor de la orden también se convirtió. El nuevo ejecutor, Fabiano, retomó la orden y les aplicó la muerte traspasándolos con lanzas. Los hermanos murieron entre alabanzas y seguros de que sus vidas serían glorificadas. Toda la familia abrazó la fe.

ɛ∞❖℘ɔ

Uno de los organizadores comunitarios nos contó que tuvo una nana católica, que acompañó su infancia y permanecía en su casa durante días con su hijita, porque sus padres viajaban mucho. Todo parecía normal hasta que un día él comunicó a sus padres judíos que estaba listo para hacer su Primera Comunión. La familia cortó totalmente la relación con su nana, pero él atribuye su interés por el bien de los inmigrantes y su vocación al catecismo a lo que aprendió mientras la nana preparaba a su hija. Las obras de misericordia lo impactaron. *La Alegría del Evangelio* (36) nos dice que cuando se comparte la fe con actitud misionera, la verdad del Evangelio resplandece por ella misma en su belleza.

¿Experimentas resistencia interna cuando hay oportunidad de compartir el Evangelio? ¿Te lo propones como una tarea constante?

San Romualdo

Bendice, alma mía al Señor no olvides sus beneficios.
—Salmos 103:2

Una familia de nobles se bate en duelo y hay un muerto. El ganador del duelo es san Romualdo (957–1027), quien hasta entonces vivía como otros jóvenes, disfrutando al máximo las ventajas de su condición social. También era aficionado a la caza, gustoso de recorrer bosques admirando la belleza de los paisajes y suponiendo qué hermoso sería vivir allí. El impacto del duelo lo llevó a buscar un monasterio benedictino, donde estuvo tres años meditando hasta que decidió hacerse monje. Dentro de la vida monástica, Romualdo se identifica como uno de los renovadores firmes de las reglas. Devolvió la posibilidad a los monjes de vivir en ermitas y de compartir las capillas para los rezos. Vivió entre la soledad de la naturaleza, la contemplación y una vida austera. Muchos monjes llevaban una vida relajada y no tomaron a bien la estricta observancia de Romualdo, por lo que padeció en diversos momentos de su vida calumnias y difamaciones. Pero el Papa le encargó la renovación y él fundó diversos monasterios en Casse, Cusan, Isla Peca, Val del Castro, Sasso, Ferrato, Monte Amiato. . . . Su gran fundación fue Camaldoli y su Orden mantuvo ese espíritu.

ৎ ✤ ☙

Los movimientos de renovación en las órdenes religiosas y en la Iglesia misma han sido diversos. Podríamos decir que lo que hizo Clunny en Francia fue semejante a lo que se logró en Italia, gracias a que Romualdo ofreció esta variable de combinar vida cenobítica o ermitaña con monasterio. Muchos monjes podían vivir en cuevas o hacer entre árboles sus propias habitaciones para orar y apartarse y al mismo tiempo compartir una comunidad con ciertas actividades en común.

¿Qué haces cuando encuentras en la iglesia un ambiente relajado, alejado de la observancia? ¿Te interesa crear la diferencia que devuelva el Evangelio?

Santa Miguelina Matteli

*Extiende la mano al pobre para que sea completa tu bendición; sé generoso
con todos los vivos y a los muertos no les niegues tu piedad.*
—Eclesiástico 7:32–33

Santa Miguelina (1300–1356) creció en una familia noble y muy católica de
Pesaro, Italia. Se casó joven con un duque de Rimini y tuvo un hijo. Su hijo
era todavía pequeño cuando ella enviudó y se dedicó con esmero al cuidado
de su pequeño y a la vida de piedad. Una vez hospedó a una mujer piadosa,
la beata Soriana, y su vida espiritual la impresionó mucho. En el fondo de su
corazón deseaba dedicarse a Dios y al servicio de los necesitados, pero pensaba
que eso no era posible porque su niño requería toda su atención y debía atender
los bienes heredados de su marido cuando sorpresivamente su hijo murió en
un ataque de epilepsia. Miguelina pasó mucho tiempo en oración, pidiendo
a la Virgen sanación de aquella pérdida hasta que se determinó: vendió su
hacienda, entregó a los pobres su fortuna y tomó el hábito de la Tercera Orden
Franciscana. Se dedicó a atender a los pobres y pedir limosna, pero su familia
política la recogió pensando que había enloquecido de dolor. Miguelina se fugó
y se fue en peregrinación a Tierra Santa. Dedicó mucho tiempo a meditar la
Pasión del Señor y continuó hasta su muerte su vida de servicio a los pobres.

છ ❖ ભ

Son muchos los santos que han padecido el juicio del mundo de creerlos
"locos" cuando siguen una vocación interior. Obedecer al llamado de Dios
nos pone más allá del orden establecido, más allá de expectativas humanas. *La
Alegría del Evangelio* nos repite que si Cristo se hizo pobre es porque el corazón
de Dios ama preferencialmente a los pobres. Cuando se dan estas señales de
amor preferencial por los últimos, la Iglesia identifica allí la santidad.

*¿Has conocido personas que al ayudar a los pobres son juzgadas como locas?
¿Identificas la presencia del Espíritu en las obras de atención a los más vulnerables?*

San Luis Gonzaga

*Señor, tú me sondeas y me conoces. Sabes cuando me siento o me levanto, de
lejos percibes mis pensamientos. Disciernes mi camino y mi descanso, todas
mis sendas te son familiares.*

—Salmos 139:1–3

San Luis Gonzaga (1568–1591) fue el hijo primogénito del marqués Gonzaga
de Castiglione, al norte de Italia; su madre fue una noble española. El marqués
vestía al pequeño Luis de militar, lo llevaba a los desfiles y lo lucía con
armas, mientras que su madre le enseñaba la religión y la virtud. Recibió
la Primera Comunión de manos de san Carlos Borromeo. Tempranamente
conoció los ambientes de varias cortes en Italia y España, se decepcionó de
la vida placentera y de tanta vanidad. Siendo un adolescente comenzó a
manifestar a sus padres su deseo de ingresar al seminario. Pero su padre tenía
la ilusión de él como soldado o político. Al final, Luis se decidió a entrar al
noviciado de los jesuitas contra la voluntad de su padre. Primero renunció
al marquesado y a todos sus beneficios como noble. Estuvo seis años bajo
la dirección de san Roberto Belarmino en Roma. Luis tenía veintitrés años
cuando llegó a Roma la peste y, ayudando a los enfermos, se contagió y murió
muy pronto.

℘ ❖ ℭ

La exhortación *Jesús Vive* señala la importancia de valorar la juventud, no solo
como periodo transicional, sino como una etapa decisiva cuando se responde a
la propia vocación. Nuestras comunidades deben ofrecer a los jóvenes espacios
de retiro y oración que favorezcan la escucha de su propia voz interior. El que
llama es el Señor. San Casiano decía que Dios a veces nos habla directamente,
otras veces lo hace por medio de otras personas, y muchas veces nos habla por
medio de la necesidad (*Colaciones*, 3).

*¿Se habla de vocación a los jóvenes hoy en nuestras comunidades? ¿Qué hace falta
para que cada joven viva experiencias que favorezcan escuchar el llamado de Dios?*

Santo Tomás Moro

El amor y la verdad se dan cita, la justicia y la paz se besan; la verdad brota de la tierra, la justicia se asoma desde el cielo.
—Salmos 85:11–12

Santo Tomás Moro (1478–1535) fue hijo de un juez, recibió excelente formación y fue considerado uno de los mejores humanistas de su época. Querido tanto por el pueblo como por otros pensadores de su tiempo, a sus veinticinco años fue diputado. Pasó tiempo en la cartuja de Londres, pero se dio cuenta de que su vocación era vivir el Evangelio en la vida del mundo. Regresó al parlamento y se casó. Tuvo un hijo y tres hijas y les dio a todos la misma educación. En su parroquia colaboró activamente en toda la vida pastoral y financió una casa al lado para recoger a los ancianos abandonados y preparar comida para los pobres. Durante el famoso conflicto del rey Enrique VIII, cuando este quiso separarse de su esposa Catalina y nombrarse cabeza de la Iglesia de Inglaterra, Tomás fue citado a la corte con el cardenal Fisher para jurar al rey. Muchos empleados del rey y prelados habían cedido a la corrupción religiosa. Sabían que si Tomás se negaba, lo esperaba la cruz. Y así fue. Tomás se mantuvo fiel a su fe y pasó quince meses en la Torre de Londres entre enfermedad, torturas y presiones, poniendo a Dios como el valor absoluto por lo cual se debe sacrificar todo.

֍֍ ❖ ֎֏

Concédeme Señor una buena digestión y también algo qué digerir. Concédeme la salud del cuerpo y el sentido necesario para conservarla lo mejor posible. Concédeme Señor un alma santa, que no pierda de vista lo que es bueno y puro; que no se asuste a la vista del pecado, sino que encuentre el medio de volver a poner las cosas en orden. . .

¿Conoces una oración que armonice tantas cosas como esta? ¿Qué pide tu oración a Dios?

Beata María Rafaela Cimatti

No por nosotros, Señor, no por nosotros. Solo por tu Nombre muestra tu gloria. Por tu amor y tu fidelidad.
—Salmos 115:1

La beata María Rafaela (1861–1945) nació en una familia campesina de Ravena. Huérfana de padre, desde niña apoyó a su madre con los hermanos pequeños. Todavía era adolescente cuando manifestó interés por ingresar a la vida religiosa. Entró a las Hermanas Hospitalarias de la Misericordia, en Roma. Una serie de hospitales fueron el escenario de la comprometida entrega de esta excelente religiosa y enfermera, primero el de San Giovanni, después el de San Benedetto. Cuando se experimentaron los ataques de los nazis, la hermana estaba a cargo de la gran farmacia para atender heridos de campos de batalla. Además de su capacidad para sostener la respuesta en situaciones de emergencia, la hermana María Rafaela fue una valerosa abogadora frente a los nazis, evitando que estos destruyeran el hospital de Alatri y logrando que médicos y enfermeras atendieran el de Montecasino.

೦⋄೧

Hay analistas que piensan que las guerras no solo dejan males, sino que también impulsan nuevos descubrimientos, nuevos compromisos de gente buena, como un despliegue de fuerza que salva a la humanidad. Las guerras han movido la compasión y la caridad a compromisos increíbles para reestablecer la paz y evitar más destrucción. Las enfermeras merecen un especial reconocimiento cuando han actuado en pro de la vida, y su capacidad de riesgo les ha dado un perfil profético que debemos encuadrar entre los frutos de la santidad.

¿Valoras la vocación de las enfermeras? ¿Se encarga tu comunidad de distinguirlas y motivarlas en su servicio?

San Juan Bautista

Una voz grita: En el desierto preparen un camino al Señor tracen en la llanura un sendero para nuestro Dios.

—Isaías 40:3

El Evangelio de san Lucas dedica un relato al milagroso nacimiento de Juan Bautista (m. c. 27), hijo de ancianos. Formado en la estricta observancia de la Alianza, desde el vientre de su madre el Espíritu Santo lo destinó a preparar el camino del Señor. Siguió su llamado interior, se retiró al desierto y apareció ante el pueblo como un verdadero profeta, llamando a los corazones al regreso al Señor, pidiendo el cambio de conducta, la *metanoia*. En ese tiempo, los maestros y doctores de la ley estaban en las sinagogas y en el templo custodiando leyes y reglas, que resultaban inalcanzables para el pueblo. La muchedumbre se volvió sobre Juan porque ofreció con su bautismo la posibilidad de volver al Señor. Jesús mismo acudió a ese bautismo, insistió y al recibirlo tuvo la manifestación del amor entrañable de su Padre. Juan confrontó al rey Herodes, y fue condenado injustamente. Desde la cárcel solo quiso saber si Jesús era el Esperado, y Jesús se lo confirmó.

❧ ✜ ❧

El mejor halago que recibió Juan el Bautista está en las palabras de Jesús mismo: "Entre los nacidos de mujer, ninguno es mayor que Juan" (Lc 7:28). Jesús contesta las preguntas de Juan con los signos de profeta a profeta: "Los ciegos ven; los mudos hablan, los cojos saltan y Palabras de Vida Eterna son anunciadas al pueblo". Juan entrega su vida al igual que Jesús, seguro que está en medio de nosotros el Esperado.

¿Has tenido dudas acerca de la misión de Jesús en el mundo? ¿Te puede responder el propio Evangelio sobre quién es él?

Santa Orosia

Cantaré al Señor mientras viva, tocaré para mi Dios mientras exista.
—Salmos 104:33

Santa Orosia (s. VIII), también mencionada como Eurosia en el santoral, fue una joven noble, nacida en Bohemia. Fue la prometida del séptimo conde de Aragón en España, en tiempos en que los musulmanes dominaban gran parte del territorio y cuando con frecuencia había enfrentamientos entre los pueblos visigodos y los musulmanes. La comitiva de la princesa atravesaba los montes Pirineos y dejaba la frontera con Francia cuando el jefe de las tropas islámicas, fascinado por la princesa, le propuso matrimonio. La princesa se negó, pese a los ofrecimientos y propuestas del líder, y confesó su inquebrantable fe en Cristo. Entonces el ardido enamorado la decapitó. Muchos años después, unos pastores encontraron sus restos y tanto en Jaca como en Yebra de Brasca, se hicieron grandes festejos, valorando la presencia de un testimonio de fe. En los alrededores se organizaron romerías y se acudía a su intercesión para librarse de catástrofes y enfermedades.

෪ ✤ ෬

Solamente la fe en Dios nos hace saber profundamente que nuestra vida no se acabará del todo, aunque se ciernen las amenazas de muerte sobre ella. Los seguidores de Jesús, cuando afrontan estas tremendas disyuntivas que los pueden apartar de él, se parecen a los que sienten venir una gran catástrofe que acabará con lo que han construido. Jesús recomendó a sus discípulos: "Cuando comience a suceder esto, enderécense y levanten la cabeza, porque ha llegado el día de su liberación" (Lc 21:28).

¿Alguna vez tu vida ha estado en peligro? ¿Qué significa la invitación constante del Evangelio a no temer?

San José María Robles

Por Cristo les suplicamos, déjense reconciliar con Dios.
—2 Corintios 5:20

San José María Robles (1888–1932) fue un sacerdote nacido en Mascota, Jalisco, formado en la fe, con una actividad pastoral que abarcó una espiritualidad de amor y devoción con su pueblo al Sagrado Corazón de Jesús y a María nuestra madre. Apoyó la obra de las religiosas Siervas del Sagrado Corazón. Trabó diversas publicaciones populares para fortalecer la religiosidad del pueblo: novenas, viacrucis, escribía sátiras en los periódicos y también poesías y numerosas cartas. Se ganó la confianza de muchos por su manera franca y directa de ofrecer su amistad. Fue párroco en Nochistlán, Zacatecas y en Tecolotlán, Jalisco. Ayudó en la formación del seminario y también al vicario viendo por otros sacerdotes. En medio de los conflictos del gobierno mexicano por quitarle al clero propiedades y perseguirlo después abiertamente, el padre José María supo esconderse y seguir velando por el cuidado pastoral de las almas. Mantuvo sus visitas a los enfermos, confesaba y celebraba donde podía, hasta que ahorcaron a su compañero, el padre Genaro Sánchez, y poco después, en la sierra de Quila, hicieron lo mismo con él.

֍ ✤ ֍

El movimiento cristero mexicano les dio a numerosos pastores y creyentes una ocasión para volver a optar por la fe y por la misión, sin ningún refugio o protección por ser pastores. Encontraron que seguir a Cristo es vivir con el pueblo buscando primero el Reino de Dios y su Justicia. Seguir al Señor es tener la cruz en el centro de tu vida, y esta purificación beneficia a toda la Iglesia.

¿Has conocido personas cuyo seguimiento de Cristo está marcado por la cruz?
¿Cuentas con eso para tu vida también?

San Cirilo de Alejandría

Mi alma canta la grandeza del Señor, mi espíritu festeja a Dios mi salvador, porque se ha fijado en la humillación de su esclava y en adelante me felicitarán todas las generaciones.
—Lucas 1:46–48

San Cirilo (376–444) crece en Alejandría, que fue el espacio para el conocimiento y estudio del mundo antiguo. Además de la Ciencia y la Filosofía, conoció la sabiduría de los padres del desierto y compartió esa vida con varios ermitaños de Egipto. En el 412 fue elegido obispo de Alejandría y afrontó diversos conflictos entre las sectas, con los judíos y con altos funcionarios del emperador. Cirilo mantuvo su apego a la doctrina católica y con firmeza defendió la virginidad de María, y el dogma de la Madre de Dios, que negaba Nestorio, el patriarca de Constantinopla. Cirilo ayudó al Papa Celestino a preparar el Concilio de Éfeso. Nestorio se vengó de los resultados de aquel concilio y declaró a Cirilo enemigo del emperador, por lo que Cirilo fue a la cárcel y padeció intrigas y malos tratos hasta su muerte.

ℬ ❖ ℛ

Como Iglesia valoramos la enorme aportación que dieron los pensadores a la doctrina y a la expresión de nuestra fe. Pero más allá del pensamiento y del credo, valoramos su coherencia de vida y su testimonio. Estos testimonios nos enseñan que en medio de tensiones y luchas Dios sostiene su historia, acompaña a su pueblo y nunca olvida su alianza.

Cuando rezamos el credo en las misas dominicales, ¿te detienes a valorar lo que cada una de sus afirmaciones ha costado? ¿Pagamos hoy en día algún precio por profesar públicamente lo que creemos?

San Irineo

No se enciende una lámpara para tenerla escondida debajo de un cajón, sino que se le pone en el candelero para que los que entran vean la luz.
—Lucas 11:33

San Irineo (130–203) nació en Esmirna. Fue amigo del obispo Policarpo y conoció a muchos que trataron personalmente con los apóstoles. Fue obispo de Lyon, Francia. Desarrolló diversas misiones y se preocupó por los cristianos que se iban con los gnósticos; por eso sus escritos abundan en reflexiones, especialmente para los cristianos recientemente iniciados, que todavía necesitaban profundizar más su fe. Es considerado uno de los grandes maestros del cristianismo primitivo y sus escritos han ayudado a comprender el pensamiento y los desafíos de las primeras comunidades cristianas.

☙ ❖ ❧

Los "gnósticos" fueron un grupo que se puso de moda en la temprana Iglesia. Algunos mezclaban ideas cristianas con ideas, ritos, creencias o costumbres de otras fes y las confundían. Tenían enseñanzas secretas, simbólicas y a veces contradictorias. No creían en una fe revelada, sino en un conocimiento intuitivo de Dios, desde cada persona. Irineo escribió con convicción: "Los hombres verán a Dios y vivirán, esta visión los hará inmortales, esto lo anunciaron los profetas. Los que son portadores de su Espíritu y esperan constantemente su venida, verán a Dios" (*Tratado: contra las herejías*, 4,20).

¿Valoras la revelación recibida por nuestra Iglesia? ¿Qué sentimiento te despierta el mensaje revelado?

Santos Pedro y Pablo, Apóstoles

—Y ustedes, ¿quién dicen que soy yo?
Respondió Pedro:
—Tú eres el Mesías de Dios.
—Lucas 9:20–21

La Iglesia reúne a los dos grandes evangelizadores: San Pablo y san Pedro (s. I). De Pablo hemos aprendido el día de su conversión. Pedro fue llamado por Jesús cuando ejercía su oficio de pescador en el mar de Galilea. Los sinópticos narran la invitación que Jesús le hizo: Lucas menciona una pesca extraordinaria y cómo Jesús señala que el destino de Simón será ser pescador de almas (Lc 5:8–10). Pedro ocupa un lugar especial entre los Doce, y Mateo relata que Jesús lo constituye cabeza de su comunidad, y lo llama Pedro (Mt 16:13–29). Los Evangelios transmiten las crisis y la nobleza de Pedro que se niega a que Jesús le lave los pies; se manifiesta apasionado en defenderlo y sin embargo lo niega y se arrepiente. Jesús resucitado le confirma la misión de pastor y después de que Jesús sube al cielo, Pedro toma las iniciativas con los Doce. Lleno de valentía al recibir al Espíritu Santo, Pedro inicia la gran evangelización y los Hechos de los Apóstoles describen su etapa misionera. Aunque no se sabe con exactitud sobre su muerte, san Clemente mencionó que tanto Pedro como Pablo glorificaron a Dios con su martirio en tiempos de Nerón y que fueron sacrificados después del incendio de Roma.

෨✤ଔ

El ejemplo de san Pedro y san Pablo ha motivado a la Iglesia por generaciones. Dos personalidades tan distintas con un particular llamado, ambos asumen las exigencias del Evangelio y ambos son rutas maravillosas en nuestro seguimiento de Cristo.

¿Identificas algo de tu historia personal con estos apóstoles? ¿Hay algún rasgo de ellos que te impresiona? ¿Guardas una frase favorita de sus relatos o escritos?

Primeros mártires de la Iglesia Romana

El que quiera salvar su vida la perderá; pero quien pierda su vida
por mí, la salvará.

—Lucas 9:24

Posiblemente cuando se pregunta a alguien si sabe quién fue Nerón, la respuesta más repetida es: "El que echó la culpa a los cristianos de incendiar Roma". Esta idea ha circulado por un testimonio del historiador Tácito en sus anales del Imperio romano (1544). El incendio del año 64 no fue el único de la historia, y lo que es cierto es que los cristianos eran una minoría mal comprendida; muchos todavía los confundían con cierto tipo de judíos, otros no entendían sus ritos, sus creencias. Las persecuciones imperiales produjeron numerosos sacrificios, y les llamamos *proto-mártires* a estos primeros hermanos que sufrieron la muerte, a veces en medio de burlas, como parte de un estilo de diversión. La Iglesia guarda en su memoria a estos mártires anónimos (c. 64), como las primeras semillas del cristianismo en el Imperio.

ॐ❖ॐ

Ser testigo de algún suceso importante puede tocar nuestra vida de manera especial. Hay quienes fueron testigos de un crimen y eso los traumatizó; otros fueron testigos de un gran triunfo y eso los entusiasmó para lograr una meta. Nuestra fe ha crecido y se ha fortalecido donde hay testimonio del Evangelio. Tertuliano escribió que la sangre de los mártires era semilla fecunda porque donde había mártires, quedaban testigos presenciales que eran impactados y así se multiplicaron los creyentes.

¿Cuál es el testimonio de otro(s) que te ha movido en tu fe? Y tú, ¿qué clase de testimonio das?

Julio

Santa Ester, reina de Persia

Es bueno dar gracias al Señor y cantar en tu honor, oh Altísimo.
—Salmos 92:1

La historia de santa Ester (s. V a. C.) se desarrolló en la diáspora judía de Persia en tiempos de Artajerjes, cuando el pueblo de Dios atravesaba un grave peligro. Hija adoptiva de Mardoqueo, un israelita ejemplar por su fidelidad a la alianza en el destierro, Ester creció como una joven religiosa y leal a su pueblo. Su padre aprovechó la belleza y los dones de su hija para pedirle que mediara ante su esposo, el rey, tras recibir la amenaza de la destrucción del pueblo. La reina Ester pasó de ser tímida y recatada a mostrar un carácter lleno de valentía. Aprovechó ser favorita del rey Asuero y no abusó de saberse preferida por sobre otras mujeres para su propio provecho. Ester usó su belleza con el propósito de abogar por su gente y librarla de la muerte y manifestar que el Dios de los Padres nunca abandona a su pueblo.

〰 ❖ 〰

Dentro de los ministerios sociales, la Iglesia nos pide abogar. En diversos documentos los obispos nos animan a abogar en primer lugar en favor de la vida. Por eso el cristiano, al igual que Ester, busca el bien mayor de su pueblo y lo salva. Los cristianos más preparados, los que gozan de las ventajas de la ciudadanía, de la libertad y de la salud deben ser voces que se levanten en favor de los que no tienen voz. Abogar por los que todavía no nacen, por mejores condiciones de salud, por la situación de los prisioneros, por los inmigrantes. . .

¿Has visitado a alguien de tu gobierno local abogando por alguna causa justa? ¿Te preocupan los abandonados que no cuentan con alguien que vea por ellos?

San Otón de Bamberg

La paz esté con ustedes. Como el Padre me envió, así yo los envío a ustedes.
—Juan 20:21

San Otón (1062–1139) nació en el siglo XI en la región alemana de Suabia y pronto quedó huérfano. Estudió con esfuerzo y consiguió terminar su carrera de Humanidades cerca de Polonia. Ya graduado, fundó una escuela que creció y le dio prestigio como maestro. Fue buscado por personas de la corte como enseñante y todos quedaron sorprendidos de su habilidad. El emperador se enteró de su virtud y conocimiento y lo nombró su consejero. Tiempo después, le pidió que fuera el pastor del pueblo que él gobernaba. Pero Otón buscó que se confirmara por Roma su ordenación como obispo, y no se quedó con el nombramiento del emperador. Así dedicó su vida a establecer monasterios y fundaciones en la región de Pomerania, y se hizo famoso porque conservó su trabajo político y el pastoral, con integridad y benevolencia. El rey Boleslao III le pidió que misionara algunas partes de Polonia y acudió con algunos sacerdotes y catequistas. Nunca puso reparos en incomodidades o peligros, si se trataba de evangelizar.

✥

La Enseñanza Social Católica (40) asegura que cuando la ley interior del amor opera en un cristiano, se abren en la misma dirección un compromiso por la solidaridad y la justicia. Ese cristiano se compromete en la edificación de la vida social, participando de la economía, la política conforme la voluntad de Dios. Cuando la fe se vuelve solo "algo privado", se debilita la fuerza de la levadura, no llega a los escenarios convertida en prácticas sociales que transforman la historia.

¿Ves en el ambiente público de la política alguna manifestación de nuestra fe cristiana? ¿Es nuestra fe algo decorativo en los ambientes públicos?

Santo Tomás, Apóstol

Y le dice Jesús: Porque me has visto has creído; felices los que crean
sin haber visto.
—Juan 20:29

Algunos santos se han hecho famosos por su fe, pero a santo Tomás (s. I) lo identificamos como un hombre práctico, impulsivo y persistente en sus dudas. El Evangelio de san Juan lo llama "el mellizo" y los sinópticos lo mencionan en la lista de los Doce. No sabemos mucho sobre él antes de que Jesús lo llamara, pero ya en su compañía hizo a Jesús algunas preguntas como su famoso desconcierto: "Señor, no sabemos a dónde vas, ¿cómo podremos saber el camino?" (Jn 14:5) Y su más famosa condicional: "Si no veo la señal de los clavos y no meto mi mano en el agujero de su costado, no creeré" (Jn 20:25). Se sabe poco qué pasó con Tomás después de Pentecostés. Hay muchas leyendas, una de las más extendidas es que fue a evangelizar a la India, otras tradiciones lo dejan en la región de Edessa. En varios lugares de Asia hay reliquias suyas; alguna tradición afirma que fue atravesado por una lanza.

ഓ❖ര

Gracias a santo Tomás podríamos decir que Jesús reveló otra bienaventuranza: "Felices los que crean sin haber visto". Y con esta afirmación anima a todos a creer en su resurrección, que será sin duda la brújula que oriente nuestra vida. La Carta a los hebreos (11:1) dirá después: "La fe es la garantía de lo que se espera".

¿Te has sentido escéptico cuando te dice la Iglesia que Jesús vive? ¿Pides pruebas
para creer?

Beato Pier Giorgio Frassati

Cantaré eternamente el amor del Señor, anunciaré su fidelidad por generaciones.
—Salmos 89:1

El beato Pier Giorgio (1901–1925) nació en Turín y creció con todas las comodidades de las familias de abolengo. Su padre fue fundador del periódico La Stampa y su madre una famosa pintora. Desde adolescente se interesó por los deportes y encontró fascinación en el alpinismo, pero en lo que más se destacó fue en llevar a otros jóvenes a la fe. Aunque exploró la posibilidad de ser sacerdote, decidió que como laico podría acercarse a más personas y así lo hizo. A través de la Acción Católica llegó a muchos obreros, se interesó por la política y los partidos como una expresión de su fe cristiana. Deseoso de llegar a los más pobres, bajó a trabajar con los mineros y se inscribió en estudios de ingeniería con el propósito de servirlos mejor. Una poliomielitis aguda le impidió terminar su sueño y murió a los veinticuatro años. A su funeral llegaron miles de jóvenes que testimoniaron cómo la vida de este apóstol los acercó al Evangelio. Sus obras alcanzaron con generosidad y cercanía amistosa hasta los más faltos de justicia.

೮♦ೞ

La exhortación *Christus Vivit* (108) afirma que ser joven no es cosa de tener cierta edad, o de parecer o aparentar ciertas cosas, o de buscar placeres pasajeros o éxitos superficiales. "Para que la juventud cumpla la finalidad que tiene en el recorrido de su vida, debe ser un tiempo de entrega generosa, de ofrenda sincera, de sacrificios que duelen, pero que nos vuelven fecundos".

¿Cómo son los jóvenes de tu comunidad? ¿Qué los caracteriza? ¿Tu comunidad ayuda a los jóvenes a vivir los aspectos humanos, sociales y cristianos de su etapa juvenil?

San Antonio María Zaccaría

Ayúdense mutuamente a llevar las cargas y así cumplirán la ley de Cristo.
—Gálatas 6:2

San Antonio María (1502–1539) nació en Cremona, Italia y su primera vocación fue la vida, por lo que estudió Medicina en Padua. Hizo numerosas reflexiones sobre la vida, su sentido y su misterio, cuando se sentía derrotado y sus pacientes se quedaban silenciosos tras las puertas de la muerte. Comenzó su preparación al sacerdocio tomado de la mano de san Pablo, se determinó a conocer la verdadera vida que vence a la muerte. Fundó tres congregaciones basadas en la espiritualidad de san Pablo: los Barnabitas, para la promoción del clero y de los religiosos; la congregación femenina de las Angélicas de San Pablo; y la primera asociación de matrimonios para el apostolado. No existía algo parecido a esta obra y a muchos los escandalizó, por lo que Antonio padeció malentendidos y acusaciones que lo llevaron a Roma para buscar la aprobación de su obra. Murió a los treinta y siete años.

❧ ✢ ❧

En tiempos de la peste, san Cipriano tomó directamente el tema de la muerte que tantos cristianos padecían en sus familias con una pregunta directa por la vida y su misterio, por la vida verdadera (*Tratado sobre la peste*, 15–26). Quién muere, ¿no va hacia lo mejor terminada la carrera temporal? Pidió: "Padre, quiero que donde yo esté, estén también conmigo los que tú me diste. . ." (Jn 17:24). El que se va a la morada celestial no debe derramar tanto llanto, sino regocijarse de esta partida con fe en el cumplimiento de la promesa del Señor.

¿Has preguntado a tus amigos cómo se sienten ante la muerte? ¿Qué significa para ti "partir" a donde Cristo cumpla sus promesas?

Santa Maria Goretti

Te doy gracias porque eres prodigioso: soy un misterio, misteriosa obra tuya; y tú me conoces hasta el fondo.
—Salmos 139:14

Santa María Goretti (1890–1902) fue huérfana de padre y ayudó a su madre en el cuidado de sus hermanos pequeños. Vivió en el marco de una Italia empobrecida, en la región de Ancona, donde aprendió la fe. María ofrecía todos sus trabajos de casa por el eterno descanso de su querido padre. Para ir a misa caminaba unos once kilómetros y vendía huevos o verduras en el mercadito de Nettuno. Cerca de la casa de los Goretti vivía Alejandro Sereneli, un joven violento hijo de padre entregado a la bebida. Aunque María tenía doce años, la vida de trabajo y sus responsabilidades la hacían verse mayor. Evitaba al joven y una vez cuando entregaba ropa lavada y planchada, el joven trató de abusar de ella. María opuso resistencia, pero fue herida con un puñal por la espalda varias veces. Muy grave en el hospital, perdonó a su agresor. La Iglesia reconoce la valentía y los firmes valores de esta adolescente.

§ ❖ ❧

Christus Vivit (129) afirma que "no se comienza a ser cristiano por una decisión ética o con una gran idea, sino por el encuentro con una persona que le da nuevo horizonte a nuestra vida y una orientación decisiva". Cuando los jóvenes hacen opciones por la integridad de su amor para Dios, están renovando la fuerza del Encuentro con Cristo que relativiza el amor humano.

¿Proveemos espacios, experiencias y oportunidades de Encuentro con Cristo para los jóvenes en nuestras comunidades? ¿Cómo podemos favorecer una formación integral que apoye la decisión de castidad de nuestros jóvenes?

Beata María Romero Meneses

Les doy un mandamiento nuevo, que se amen unos a otros como yo los he
amado: ámense así, unos a otros.
—Juan 13:34

Nicaragua ofrece un bello escenario natural para que florezcan las dotes artísticas. La beata María Romero (1902–1977) creció llena de estas oportunidades gracias a la situación económica de su familia, que le permitió una buena formación. Desde niña se inició en la música y la pintura. Entró al colegio de María Auxiliadora y se enamoró del espíritu de Don Bosco. En su juventud, se decidió por entregar su vida a la obra de las auxiliadoras y ya con sus votos la enviaron a Costa Rica, donde desarrolló grandes obras sociales. La hermana dedicó todas sus energías a múltiples proyectos: hospitalito con consultas y curaciones gratis para los pobres, vivienda de bajo costo, escuela de alfabetización, cuidados de niños para madres que trabajaban, atención a los jóvenes e incansables trabajos misioneros llevando la Buena Nueva a jóvenes, desde la capital a las más alejadas rancherías. Fue sorprendente su capacidad de dirigir almas, de pasar horas escuchando y hablando del Evangelio, motivando la conversión entre los que tenían mejor posición y la solidaridad con los más necesitados.

ɛɔ ❖ ᴄʁ

Amar a los demás siguiendo el mandato de Jesús es mucho más que un sentimiento. El amor al prójimo se desarrolla porque se ha dejado atrás el amor compensatorio de los sentidos, que necesita gratificaciones constantes. El amor que inspira el Evangelio es el que permite desarrollar diversas respuestas creativas a los grandes problemas sin buscar recompensa.

¿Hay a tu alrededor gente que ama como María Romero? ¿Puedes regalar tu escucha
constante como expresión de amor?

Santos Aquila y Prisca

Saludos a Prisca y Aquila, mis colaboradores en la obra de Cristo Jesús, que por salvarme la vida se jugaron la suya; no solo yo les estoy agradecido, sino toda la iglesia de los paganos.
—Romanos 16:3–4

El libro de los Hechos de los Apóstoles (18:2–3) narra un encuentro singular en Corinto. Pablo encontró al judío Aquila con Prisca su esposa (s. I); habían crecido en el Ponto, pero debido a un decreto de expulsión de los judíos por parte del emperador Claudio, salieron de Roma y se encontraron con Pablo. Ambos eran tejedores de tiendas y trabajaron juntos en su casa, compartieron el tejido y las conversaciones. Esto le dio tiempo a Pablo para escribir a las comunidades. Llegó el tiempo del emperador Nerón y el matrimonio regresó a Roma; acompañaron a Pablo por Éfeso y en algún otro viaje, conocieron a Timoteo y Apolo. En el martirologio romano están contados en la lista de los mártires.

๛ ❖ ๛

En su primera carta a los Corintios (1 Cor 16:19) Pablo envía saludos a la comunidad que se reúne en casa de Aquila y Prisca, al igual que en Romanos (Rm 16), estando ya preso Pablo, atestigua que este matrimonio arriesgó su vida para salvar la de él. Estos textos de gratitud hacia los líderes de las primeras comunidades, son mucho más que una lista de amigos de colaboración con los apóstoles; son un referente que debemos meditar en repetidas ocasiones para acercarnos a comprender la naturaleza de las primeras comunidades. Así, nuestros grupos, movimientos y comunidades tienen una brújula que dirige nuestras relaciones y servicios.

¿En las comunidades locales se comparte la vida? ¿Se comparte el trabajo para ganarse el pan y el Evangelio, las persecuciones y las lágrimas?

San Nicolás Pieck y compañeros, mártires

No les tengan miedo. No hay nada encubierto que no se descubra, ni escondido que no se divulgue. Lo que les digo de noche díganlo en pleno día; lo que escuchen al oído grítenlo desde los techos. No teman a los que matan al cuerpo y no pueden matar el alma; teman más bien al que puede arrojar cuerpo y alma en el infierno.

—Mateo 10:26–28

En Brielle, Holanda, un grupo de calvinistas persiguió a san Nicolás Pieck (c. 1572) con diez franciscanos y ocho sacerdotes diocesanos. Había una mezcla de conflictos: en parte porque en esa época Holanda pertenecía a la corona española, y en parte porque los calvinistas habían ganado terreno en diversas partes de Europa y estaban decididos a tomar Holanda. Quedaron muy pocos aliados a España y no pudieron defenderse. Cuando los tomaron presos, hicieron numerosas burlas de los sacerdotes, les obligaron a ir en procesión al monasterio donde los ejecutarían, y en el trayecto los hicieron cantar himnos religiosos. Los desnudaron para subirlos uno a uno a la horca y los descolgaron agonizantes para rematarlos después de mucho sufrimiento.

❧ ❖ ☙

A muchos cristianos les toca vivir cambios de épocas, tanto en costumbres y culturas como en políticas. Las sociedades buscan diversas autonomías en sus legítimos procesos, como los hijos se hacen autónomos de sus familias. *Gaudium et spes* (36) afirma que al ser humano y a la sociedad les toca descubrir y ordenar la autonomía. El problema es cuando la autonomía se desconecta de la realidad que somos creación de Dios y se desencadena el caos y la injusticia.

¿Conoces personas que quieren construir una autonomía absoluta? Actualmente, ¿qué resisten los creyentes en medio de una sociedad sin Dios?

San Cristóbal de Licia

Caminaré en presencia del Señor en la tierra de los vivientes.
—Salmos 116:9

La leyenda cuenta que san Cristóbal de Licia (s. III) quería servir a alguien que no le tuviera miedo a nada. Iba tras personas que le parecían valerosas, pero en cuanto les descubría un miedo, se marchaba. Hasta que llegó con el diablo y se dio cuenta de que este solo le tenía miedo a Cristo, y entonces se decidió a ir en busca de Cristo. Un ermitaño le sugirió: "Si quieres encontrar a Cristo, ponte a servir". Luego le señaló un gran río en el valle con la sugerencia de que ayudara a cruzar a cuantos necesitaban llegar a la otra orilla, y así lo hizo, hasta que un día llegó un niño. El niño era liviano y lo subió a su hombro, pero mientras más avanzaba en el río, el niño pesaba más, hasta que sintió que cargaba al mundo. Al llegar a la otra orilla se dio cuenta de que llevaba al creador del universo y autor de nuestra salvación. Cristóbal significa "el que porta a Cristo".

ဆ ✤ ଔ

La cultura del ambiente seguro ha rescatado la imagen de san Cristóbal. El cuidado de la infancia parece algo suave, pero su responsabilidad va pesando. En el mundo que nos toca vivir, niños y jóvenes están expuestos a diversos peligros. Padres de familia, catequistas, maestros y agentes pastorales asumen esta responsabilidad de vigilancia mientras se transita el camino de la vida. Estas tareas son un verdadero servicio hechas al mismo Cristo.

¿Te has preparado para ayudar en la Iglesia a mantener el ambiente seguro?
¿Ayudas a otros a tomar conciencia de la importancia de cuidar de la integridad de niños y jóvenes?

San Benito de Nursia

Porque te aprecio y eres valioso y yo te quiero, entregaré hombres a cambio de ti, pueblos a cambio de tu vida: no temas, que contigo estoy yo; desde oriente traeré a tu descendencia, desde occidente te reuniré.

—Isaías 43:4–5

Siendo joven, san Benito de Nursia (480–543) fue a Roma con el deseo de ser abogado. Ya se sentía la crisis del Imperio romano, con ataques constantes de los pueblos bárbaros. La vida cristiana se había relajado y se notaba una vuelta al paganismo. Benito se retiró como ermitaño a reflexionar sobre cuanto le preocupaba esta situación y pudo observar la vida de los monjes: unos vivían en monasterios y otros en soledad. Se decidió por iniciar una comunidad que sintetizara la oración y el trabajo, y escribió una regla. A diferencia de otros movimientos de monjes, Benito puso la mirada y el corazón en la contemplación, las manos en las herramientas para trabajar y la inteligencia en el conocimiento para trasformar. Muchos ven a la Orden de Benedictinos como los salvadores de la cultura romana que estaba a punto de perderse. Los monasterios se convirtieron en casas de estudio, y los monjes se quedaban allí hasta su muerte.

ട∾❖◌ፎ

En una reunión con organizadores de la comunidad, se preguntaban por qué cuesta tanto lograr consensos para mejorar las condiciones de vida, y un líder afirmó: "Tenemos gente que ora, pero no viene a trabajar por la comunidad, solo quieren que Dios cambie las cosas; y tenemos gente trabajando duro por cambios sociales, pero que no hace oración. . ." El balance entre oración y trabajo parece un propósito que debe revisarse constantemente según la sabiduría de san Benito: *Ora et Labora*.

¿Qué piensas del excesivo trabajo que envuelve nuestra vida? ¿Nos hace más humanos? ¿Equilibras tu vida espiritual con tu trabajo?

San Juan Gualberto

Perdona nuestras ofensas como también nosotros perdonamos a los que nos ofenden.
—Mateo 6:12

San Juan Gualberto (995–1073) perteneció a la rica familia Visdomini de Florencia. En su juventud ya poseía una gran fortuna y mucho odio. En una ocasión, tuvo al asesino de su único hermano frente a frente y el hombre se arrodilló gritando: "Hoy en Viernes Santo, por Cristo muerto por nuestros pecados, perdóname la vida". Una fuerza misteriosa detuvo la mano levantada para vengar a su hermano y decidió entrar en la iglesia más cercana. Una imagen de Cristo Crucificado lo miró y Juan Gualberto estuvo seguro de que la imagen asintió con afecto. Se determinó a entrar con los monjes benedictinos y se entregó a una vida de estudio y trabajo verdaderos. Pasado el tiempo murió el abad y Juan Gualberto se dio cuenta que entre el obispo local y otro monje negociaron el cargo del nuevo superior. Juan Gualberto se fue y fundó otra comunidad entre los bosques donde recuperó la integridad de la vida monástica.

∾ ❖ ∿

San Juan Crisóstomo decía: "Nada nos asemeja tanto a Dios como estar siempre dispuestos al perdón" (*Homilía sobre san Mateo*, 19). Es muy entendible que después de una experiencia radical de perdón como la que vive Gualberto se desarrolle una vocación para seguir el Evangelio. Para muchos cristianos el perdón es una experiencia con la que se prueba que finalmente reinan los principios del Evangelio en su vida.

¿Te ha costado perdonar a alguien? ¿Puedes poner la muerte de Cristo por los pecadores por encima de las ofensas que te han hecho?

Beato Carlos Manuel Rodríguez

*Y así, siempre que coman este pan y beban esta copa, proclamarán la muerte
del Señor hasta que vuelva.*
—1 Corintios 11:26

El beato Carlos Manuel Rodríguez (1918–1963) fue un joven delgado y entregado a la vida pastoral de Puerto Rico, al que sus amigos llamaban cariñosamente "Charlie". Los malestares estomacales no mermaron su sonrisa y su optimismo, y es que ese hombre estaba cerca de una fuente de vida: la sagrada liturgia. Charlie se centró en comprender, vivir, reflexionar y enseñar a cuantos podía no solo los rituales, sino su profundo sentido de las celebraciones. Constantemente entintaba su mimeógrafo para repartir sencillas catequesis que él ofrecía con amenidad en el propósito de que las comunidades apreciaran más la Eucaristía y el Misterio Pascual. Adelantándose al espíritu del Concilio Vaticano II, Carlos Manuel fue un catequista incansable del misterio pascual como el eje donde se afianza toda nuestra vida cristiana.

ℰ ✣ ℛ

Nuestra celebración litúrgica es un memorial y es una actualización del Misterio Pascual. En fidelidad al mandato del Señor, repetimos las acciones que él realizó, porque él hizo posible que se firmara de nuevo la Alianza, que pactó con su cuerpo entregado y su sangre derramada. Su ejemplo nos señala que el servicio es la verdadera fuente de poder de una comunidad. Por eso, el Misterio Pascual es un sacrificio de entrega, es un banquete y es la fiesta del amor. El Misterio Pascual encierra la pascua antigua y la nueva. Dios sigue actuando por la causa de su pueblo y el pueblo se conduce con la fuerza del Pan vivo y bebiendo del Cáliz que Jesús nos compartió.

*¿Participas activamente en la Liturgia? ¿Mantienes una conciencia activa para llenar
de sentido nuestras celebraciones litúrgicas?*

San Camilo de Lelis

El amor es paciente, es servicial, no es envidioso ni busca aparentar, no es orgulloso ni actúa con bajeza.

—1 Corintios 13:4

San Camilo de Lelis (1550–1614) fue un soldado rudo, valioso por su estatura, adicto al juego. Supo de problemas, deudas, pleitos, hasta de cárcel por las apuestas. Una pierna lastimada lo llevó al hospital y lo convirtió en un inválido. Todavía convaleciente, aceptó ser albañil en un convento de capuchinos. Allí vivió una conversión radical y quiso ser fraile, pero no lo aceptaron y solo le dieron trabajo como enfermero de incurables. Camilo se dedicó a cuidarlos como si se tratara del mismo Cristo, seguro de que no repetiría los malos tratos que él experimentó. San Roberto Belarmino y san Juan de Dios lo animaron al sacerdocio y lo apoyaron en la fundación de un hospital según su inspiración con otros dos hermanos, y pronto llegaron más "siervos de los enfermos" dando continuación a esta vocación. En Nápoles no dejaron arribar un barco infectado con la peste; los hermanos llegaron al barco y atendieron a los enfermos, de los que algunos murieron. Entre pestes y epidemias, durante la vida de Camilo murieron más de doscientos hermanos, hasta que él también murió en Roma.

❧ ✥ ☙

San Camilo, patrono de los enfermos, introdujo nuevas ideas en la práctica de los hospitales, como el valor de la higiene, separar enfermos por pabellones, cuidar la dieta según la enfermedad y llevar un historial de cada uno, pero sobre todo, defendió la dignidad inviolable de hijo de Dios por desahuciados o inhabilitados que estuvieran. Los enfermos no son números. Todos deben ser tratados con respeto, paciencia y amor, sea la condición que sea.

Cuando estás ante un enfermo mental, ¿ves al hijo de Dios? ¿Resplandece en nuestras clínicas la valoración de los seres humanos como personas?

San Buenaventura

Que la bondad de ustedes sea reconocida por todos. El Señor está cerca.
—Filipenses 4:5

San Buenaventura (1217–1247) nació en la Toscana, hijo de un médico. Siendo niño padeció una grave enfermedad y su padre no pudo curarlo, pero un milagro de san Francisco lo salvó. Estudió en la universidad de París y decidió hacerse franciscano. Tuvo la inspiración de convertir cualquier ocupación, por sencilla que fuera, en un medio para vivir en la presencia de Dios. En esa época, en el ambiente universitario hubo rechazo a los frailes que hacían voto de pobreza extrema, llamados mendicantes. Santo Tomas de Aquino y Buenaventura argumentaron para defender este modo de seguir a Cristo. Buenaventura fue elegido superior general de la Orden y también enfrentó fracciones internas por diferentes interpretaciones del espíritu de san Francisco. Dedicó mucho tiempo a estudiar a fondo los escritos del santo, habló con testigos que lo conocieron para separar la leyenda y la espiritualidad. Escribió mucho y el Papa lo hizo obispo y cardenal.

☙ ✢ ❧

San Buenaventura es Doctor de la Iglesia, y su rica reflexión estuvo marcada por un sentido positivo para interpretar la historia. Muchos ven la historia humana como una sucesión en el tiempo de acontecimientos humanos. Buenaventura la veía como despliegue de la gracia de Dios, de su acción salvífica y como una constante revelación de su amor y su bondad. A quienes pensaban que con Cristo ya se había acabado la revelación, san Buenaventura los invita a pensar que Dios sigue actuando, y la Iglesia es testigo de este caudal de gracia.

¿Eres optimista o pesimista ante la historia? ¿Vas haciendo suma de las múltiples gracias que Dios obra a lo largo y ancho de la historia humana?

Beato Simón da Costa

Mi bien es estar junto a Dios, hacer de mi Dueño, el Señor, mi refugio y contar todas tus acciones.
—Salmos 73:28

Se preparaba una de las grandes expediciones de Portugal hacia Brasil. Sacerdotes y hermanos jesuitas habían hecho ejercicios espirituales y se alistaban para el desafío misionero. Ignacio Acevedo y los misioneros se embarcaron en un navío llamado san Jacobo. Los demás, en un barco de guerra capitaneado por el gobernador de Brasil. Todos fueron advertidos sobre los peligros de los asaltos. Jacques de Soury era un famoso pirata al servicio de los calvinistas, que vigilaba los mares para atacar las naves e impedir que los misioneros llegaran a las tierras cercanas a España o Portugal. Antes de partir del puerto de Madeira, el padre Simon da Costa (1570) presintió su final y pronunció una animosa homilía reavivando el celo de todos por llegar a las islas Canarias. Entonces, los piratas los atacaron, Soury condenó a muerte a los misioneros y perdonó al resto de la tripulación. Fueron asesinados a sangre fría y el último fue el hermano Simón, coadjutor, quien abrazaba una imagen de la Virgen que no le pudieron arrancar y lo tiraron al agua con ella.

❧ ✦ ☙

El envío que Jesús hizo de sus discípulos para llevar su Evangelio hasta los confines de la tierra, motivó viajes misioneros desde comienzo de la Iglesia. Siglos después, cuando se descubrió "el Nuevo Mundo", muchos misioneros se lanzaron a los barcos, movidos por salvar más almas. Un viaje a América desde Europa, suponía tres meses con gran riesgo de no regresar, ya fuera por los naufragios, epidemias, combates o asalto de los piratas.

¿Te interesa apoyar tareas misioneras en tierras lejanas? ¿Conoces personas o proyectos que realizan tareas de evangelización cruzando altos riesgos?

Beatas carmelitas de Compiegne, mártires

Padre, si quieres, aparta de mí esta copa. Pero no se haga mi voluntad,
sino la tuya.
—Lucas 22:42

Las carmelitas tenían un convento en medio de un bosque de Compiegne, Francia, y cerca, estaba el castillo de la realeza que ofrecía escenario de caza y diversión. Las monjas carmelitas (m. c. 1794) vivían centradas en su fe, ajenas al bullicio de las fiestas. En 1790 tuvieron noticias de la Revolución y una noche llegaron hombres en nombre de la nueva sociedad a decirles que salieran de aquella tumba y empezaran a vivir. Ninguna monja abandonó su convento. Los hombres regresaron a tomar el convento como propiedad nacional y sacaron a golpes a las monjas que se refugiaron con algunas familias católicas en el bosque. Fueron capturadas con otros sacerdotes y religiosos que no aceptaban la nueva constitución. Las llevaron prisioneras a París y ofrecieron a Dios sus vidas por la paz de Francia. Los testigos narraron que, camino al cadalso, siguieron cantando y callaron los gritos de la plebe con una mezcla de valentía y solemnidad. Desde la más anciana, de casi ochenta años, hasta la más joven, de veintitrés, ofrecieron su cabeza sin dudarlo.

ॐ ❖ ॐ

Hacer opción de seguir a Cristo, en ocasiones equivale a ir contracorriente del sentido marcado por la sociedad secular. Se llega a la identificación con Cristo en medio de la Historia de la Salvación, reaccionando a lo que acontece. Se llega al testimonio no porque contamos o levantamos la voz, sino porque maduramos nuestros anhelos por llegar a su Reino, como dice la esposa: *¡Ven, Señor Jesús!*

En algún momento de tu vida, ¿has experimentado que el Evangelio te lleva "contracorriente"? ¿Te has resistido o, te has dejado llevar?

San Federico de Utrecht

Enséñanos la medida exacta de nuestros días para que adquiramos un corazón sensato.
—Salmos 90:12

San Federico de Utrecht (790–838) fue un párroco excelente en su ministerio sacerdotal, y recibió el encargo de suceder al obispo Ricfredo tras su fallecimiento. Pero Federico estaba muy impresionado porque le parecía que era imposible asumir el enorme trabajo de su antecesor y renunció, hasta que el mismo emperador le hizo aceptar la silla episcopal, insistiendo que su pueblo reconocía en él virtudes y talentos para el cargo. Todavía había diversas manifestaciones de paganismo, y Federico se dio a la tarea de evangelizar: preparaba sus enseñanzas, ayudaba a los pobres y atendía a los enfermos. Con gran valentía confrontaba a quienes se entregaban a sus pasiones o vivían contra la moral cristiana; incluso a la misma reina le pidió que guiara al pueblo con su buen ejemplo. Hizo una larga y cuidadosa visitación de aldea en aldea. Acabando de celebrar una misa, murió apuñalado por la espalda.

❧ ✤ ☙

La santidad supone audacia, no como un riesgo egolátrico para probarte de qué eres capaz. Audacia para vivir en constante fidelidad a los valores del Evangelio. Cuando se tiene que iluminar las conciencias de otros, confrontar evangélicamente conductas torcidas, o cuando se detiene el cinismo de quienes han optado por el pecado. . . siempre traerá problemas.

¿Identificas la audacia en función de un bien mayor? ¿Dónde nos falta a los cristianos ser audaces ante nuestro mundo?

Santa Macrina la Joven

Vean: ¡qué bueno, qué grato convivir los hermanos unidos!
—Salmos 133:1

La vida de santa Macrina (327–379) fue muy conocida en la antigüedad como modelo de las hermanas mayores que son ejemplares y quienes, con su modo de vida, influyen positivamente a los hermanos más jóvenes. La describieron como una hermana de inteligencia brillante, de buen parecer físico y de notable calidad moral. Próxima a casarse, su novio murió y ella se consideró viuda. San Basilio y san Gregorio Nacianceno, conocidos como los Padres Capadocios, fueron sus hermanos. Influidos por ella, se hicieron monjes al regresar de la universidad de Atenas. Cuando los diez hermanos estuvieron acomodados, se sentían en deuda con su hermana mayor, entonces Macrina se retiró a vivir como religiosa y atrajo también a otras jóvenes a consagrar a Dios su virginidad. Educaba a las jóvenes con reflexiones sobre los libros sapienciales. Cuando se enfermó, Gregorio de Niza viajó desde Antioquía para despedirla y después escribió su vida.

❧ ❖ ☙

Los padres enseñan a sus hijos a convivir como hermanos. Y esto no es fácil ni gratuito. En ocasiones, los hermanos chocan, compiten, se celan, o se ofenden. Una constante labor de acompañamiento afina las relaciones como una dedicada construcción que engrana piezas. Tristemente abundan las historias de hermanos indiferentes o divididos contra su propia sangre, que desoyen las enseñanzas de la concordia. El trabajo de la unidad es laborioso, constante y detallista, para que queden tatuados en los corazones los más firmes sentimientos de pertenencia y amor mutuo.

¿Cómo podemos formar en nuestras familias mejores relaciones fraternas?

San Apolinar

Y ahora, así dice el Señor, el que te creó, Jacob; el que te formó, Israel: No temas, que te he redimido, te he llamado por tu nombre, tú eres mío. Cuando cruces las aguas, yo estaré contigo, la corriente no te anegará; cuando pases por el fuego no te quemarás, la llama no te abrasará.

—Isaías 43:1–2

San Apolinar (s. II) fue ordenado por san Pedro en el tiempo del emperador Claudio, en un periodo menos violento del Imperio. Fue enviado al norte de Italia a evangelizar como el primer obispo de la ciudad de Ravena. Se hizo famoso por su bondad y se le atribuían curaciones milagrosas. Pero vinieron los tiempos del emperador Vespasiano, y Apolinar fue perseguido. Cuando lo apresaron, recibió diversas torturas y finalmente murió. En Ravena, hay dos iglesias dedicadas a él, y en el arte que guardan, están expresadas estas pruebas de obispos leales a su Pastor y a sus ovejas.

✿❖✿

San Agustín en sus sermones a los pastores afirmaba: "Si existen buenas ovejas es que hay también buenos pastores y el Señor saca de las buenas ovejas, buenos Pastores" (*Sermón 46*). Los grandes pastores de la Iglesia primitiva recibieron una vocación para tiempos hostiles y difíciles. Con su respuesta a la gracia transformaron aquella realidad pagana y eso es la historia de los santos: una comprobación de que el Evangelio transforma todas las mentalidades y puede germinar a pesar de las dificultades.

¿Tenemos perseverancia en seguir nuestro llamado en la Iglesia? ¿Cómo podemos influir para entrar en la cultura actual con la fuerza del Evangelio?

San Lorenzo de Brindisi

¡Dichosos los ojos que ven lo que ustedes ven!
—Lucas 10:23

San Lorenzo (1559–1619), cuyo nombre de nacimiento era Julio César de Rossi, nació en Brindisi, cerca de Nápoles. Muy joven entra con los Padres Capuchinos, donde cambia su nombre por Lorenzo. Fue famoso por una prodigiosa memoria que le permitía retener textos enteros. Aprendió idiomas que le fueron muy útiles en el servicio de Dios. Sus buenas predicaciones impresionaban y él se preparaba con mucho estudio y oración. Su comunidad lo puso al frente de los religiosos de Italia y después fue el superior general, acompañó los procesos de sus religiosos, animando a los jóvenes, apoyando a los mayores. Visitó con frecuencia las comunidades y aprovechaba todo tiempo para seguirse formando. Siendo superior, tomaba turno en la limpieza y lo encontraban lavando platos. El Papa lo envió a Alemania, Bélgica y Checoslovaquia durante la crisis del protestantismo. Llevó a los franciscanos hacia la Europa protestante, dialogó y formó una liga de príncipes para el apoyo de la fe. Lorenzo supo combinar su vocación pastoral con una fina tarea diplomática, como un puente liviano y firme entre orillas que antes no se tocaban.

∞❖∟

San Lorenzo es también Doctor de la Iglesia, dejó más de quinientas obras, muchas predicaciones al pueblo. Una de sus convicciones fue su certeza de que la Iglesia es la prolongación del cuerpo de Cristo en el tiempo y en el espacio. "El elemento material de la Iglesia es el conjunto de fieles; el componente espiritual es la misma fe. Su fuerza constitutiva es el sacerdocio de Cristo. . .".

Cuando la Iglesia atraviesa crisis, ¿te involucras porque la ves como un cuerpo vivo? ¿Tienes la convicción de que el Cuerpo de Cristo está animado por la entrega de todos sus componentes?

Santa María Magdalena

Las aguas torrenciales no podrán apagar el amor ni extinguirlo los ríos. Si alguien quisiera comprar el amor con todas las riquezas de su casa, seria sumamente despreciable.
—Cantar de los Cantares 8:7

En el Evangelio hay varios relatos protagonizados por mujeres de nombre María. Marcos (16:9) afirma que Jesús se apareció a María Magdalena (s. I), de la que había sacado siete demonios. Es posible que sea la misma mujer que lavó a Jesús los pies con sus lágrimas, los secó con sus cabellos y les ungió perfume (Jn 11:2). Todos los Evangelios la citan, ya sea junto a la cruz, en el sepulcro o en la tarea de perfumar. El Evangelio la pone en el huerto donde estaba el sepulcro (Jn 20:11). Jesús es el primero en dirigirse a ella, con su inquietante pregunta: "¿A quién buscas?" (Jn 20:15). Y ella da razón de su pena. Posiblemente Jesús llamó muchas veces a esta mujer por su nombre. Es seguro que había un tono, un modo de decir "María", que solo ella captaba, porque sirvió para el reconocimiento inmediato. Jesús fue claro en pedirle que compartiera la noticia de su nueva vida y ella obedece en dar esta noticia a sus hermanos temerosos y dispersos.

ஐ ❖ ର

En la secuencia de Pascua, hay unas hermosas preguntas que ponemos en boca de la Iglesia: "¿Qué has visto de camino, María en la mañana?" Y ella responde: "A mi Señor glorioso, la tumba abandonada. Los ángeles testigos, sudarios y mortaja, resucitó de veras mi amor y mi esperanza". La Iglesia tiene la confirmación de la Resurrección por una mujer enamorada, y ella es enviada a misionar, ella "primerea", el tono de su Amado Maestro la despierta para siempre de la muerte y la dirige a misionar llevando la primicia de la Resurrección.

¿Te cuesta dar el primer paso cuando se trata de compartir una buena noticia que tiene que ver con Jesús? ¿Conoces a personas que "primerean" actualmente? ¿Cómo lo hacen?

Santa Brígida de Suecia

Que el Señor los multiplique a ustedes y a sus hijos; bendecidos del Señor, que hizo el cielo y la tierra.

—Salmos 115:14

La vida de santa Brígida (1303–1373) se desarrolló en la corte de Upsala, Suecia, donde ella practicó una intensa vida católica. Casada muy joven, tuvo ocho hijos y cuando fue nombrada dama de honor de la corte del rey Magnus, organizó diversas peregrinaciones a los lugares santos. En la corte no se dejó llevar de vanidades, sino que mantuvo su vida de oración y comenzó a tener clarividencia de los problemas del mundo y de la Iglesia. Murió su esposo y ella entró a un Monasterio del Císter, donde estuvo un tiempo, pero salió nuevamente como peregrina, ahora de manera diferente, porque hizo una opción por la vida penitente. Pedía limosna y decidió quedarse en Roma. Allí tuvo más revelaciones y el Señor le ordenó que escribiera, y ella se volvió mensajera. Mantuvo una intensa correspondencia con el Papa y otras personalidades buscando la renovación de la Iglesia.

෨ ❖ ଓ

La primera Cristología reflexionó sobre el "abajamiento" de Cristo, que siendo de condición divina, se hizo hombre, que bajó al "humus" más hondo de la existencia, como pobre, como trabajador, como siervo. La humildad nos permite soltar todas las seguridades humanas. Al practicarla, renunciamos libremente a impresionar a terceros y solo nos importa cómo Dios nos ve. Simonne Weil afirmaba: "La humildad es la negativa a existir fuera de Dios" (*La gravedad y la gracia*, 79).

¿Por qué pensamos o creemos que nuestro "yo" tiene su propia fuente de poder? ¿Qué hay en mujeres como santa Brígida, para optar por una humildad radical?

San Charbel Makhluf

Como un padre se enternece con sus hijos, así se enternece el Señor con sus fieles.
—Salmos 103:13

En numerosos grupos de Buena Voluntad se tiene a san Charbel (1828–1898) como patrono de las causas difíciles, especialmente de la salud mental. Youssef Antoun Makhluf (su nombre de pila), fue un niño del norte de Líbano, huérfano a temprana edad que estuvo al cuidado de un tío que lo formó católico del rito maronita y a los veintitrés años se determinó por entrar al Monasterio de Nuestra Señora de Líbano. Siendo ya un monje, dedicó su vida a la oración y a la penitencia, y se conocieron sus dones de sanación. Vivió dieciséis años en el Convento de San Marón y después se mudó a la Ermita de San Pedro y San Pablo donde llegaban de todas partes personas necesitadas de paz y de consejo. Un día, celebrando la Santa Misa, se sintió muy enfermo y pronto murió. Numerosos testimonios indican que después de su muerte, por su intercesión, numerosas personas que sufrían, encontraron la paz.

୬୦ ❖ ୦୪

Los sufrimientos causados por experiencias traumáticas, son más frecuentes en nuestras sociedades. Numerosas familias conocen la impotencia ante la enfermedad emocional o mental de alguno de sus seres queridos. La adicción a sustancias o a conductas está considerada como una de las tremendas "periferias existenciales" que como católicos debemos cruzar y llevar el Evangelio. El cansancio que producen las adicciones, se descarga cuando se opta por buscar lo espiritual con humildad y constancia.

¿Creo profundamente que Dios puede enderezar lo torcido? ¿Me intereso por los hermanos que padecen adicciones con respeto, sin prejuzgar su situación?

San Santiago el Mayor, Apóstol

Y de camino proclamen que el reino de los cielos está cerca.
—Mateo 10:7

Cuando los maestros ponen un apodo a alguno de sus discípulos es por algo. Y a san Santiago (m. c. 44), Jesús lo llamaba "el hijo del trueno", (Mc 3:17) seguramente por su temperamento y sus reacciones. Se le identifica como hijo de Zebedeo (Mt 27:50), hermano de Juan, uno de los predilectos de Jesús. Fue testigo de especiales momentos: la curación de la suegra de Pedro, la resurrección de la hija de Jairo, la Transfiguración, la oración en el Huerto; la pesca milagrosa ya resucitado y Pentecostés. Su madre, en una expresión de confianza hacia Jesús, pidió para sus hijos cargos importantes. Jesús le pregunta si podrá beber el cáliz, responde un "sí" con prontitud. De su actividad misionera hay testimonios tardíos de la Edad Media, que lo ubican en España. Posiblemente entró por la ruta romana del Ebro, pero diferentes pueblos y ciudades recibieron la Buena Nueva tanto de él como de sus discípulos.

⊱✦⊰

El famoso Camino de Santiago sigue como una tradición viva recorrida en diversas rutas y con distintos estilos. San Agustín invitó: "Busca la verdad y la vida, te darás cuenta que solo hay un camino que nos lleva a ella. Yo soy el camino, vestido de nuestra carne. . . . Levántate perezoso, el camino mismo ha venido a tu encuentro y te despertó del sueño en que te habías dormido. . . . Quizá no puedes levantarte porque te duelen los pies, de transitar por otros caminos difíciles del imperio de la avaricia. Pero Jesús sanó a los cojos, levántate, sigue el camino. . ." (*Tratado 34: comentario a Jn 8:12*, 9).

¿Consideras tu vida como una ruta de búsqueda del verdadero camino? ¿Te duelen los pies para seguir el Camino?

San Joaquín y santa Ana

Cielos, destilen en rocío; nubes, derramen la victoria; ábrase la tierra y brote la salvación, y con ella germine la justicia: yo, el Señor, lo he creado.

—Isaías 45:8

La Tradición ha celebrado a san Joaquín y a santa Ana (s. I a. C.) como los responsables de educar a la Virgen María. Ellos representan para nuestra fe dos pilares que anteceden a Cristo, como sus abuelos, y son también representantes del Antiguo Testamento. María fue reconocida como "llena de gracia"; es evidente que creció en un hogar que la rodeó del clima idóneo para que floreciera en ella la plenitud de sus dones. Su respuesta de aceptación a la voluntad de Dios manifiesta que creció acompañada del amor y los valores de sus padres.

℘ ❖ ℭ

En los procesos de evangelización se valora el rol tan importante de los abuelos, particularmente en las comunidades de inmigrantes. Abuelitos y abuelitas prestan diversos servicios cuidando de los nietos, apoyando a la familia y, sobre todo, transmitiendo la fe. Los abuelos son esas raíces vigorosas que ofrecen las razones del arraigo en la cultura y en la tradición, y son el ejemplo de valores y virtudes. Muchos abuelos llevan los rituales, las historias, los relatos y las recetas que se convierten en fundamentos de identidad para las siguientes generaciones.

¿Qué piensas del gran número de abuelos y abuelas sacados de sus familias y dirigidos a instituciones de cuidado para personas mayores? ¿Cómo podemos fomentar el acompañamiento de los abuelos y abuelas desde nuestra fe?

Santa Antusa

Él es imagen del Dios invisible, primogénito de toda la creación.
—Colosenses 1:15

Santa Antusa (s. VIII) fue una de las más antiguas y famosas santas de la Iglesia oriental. Se cree que procedía de Anatolia, a orillas del mar Muerto, y un anacoreta de nombre Sissinio fue su mentor espiritual. Fundó dos monasterios en Mantinea, uno para hombres y otro para mujeres. Se desató una gran persecución que llamó crisis iconoclasta, que consistió en el rechazo y la destrucción de las pinturas y esculturas —los iconos— que representaban a Jesús, a la Virgen o los Santos, por considerarlo idolatrías. El emperador Constantino V desató esta "limpieza" y cuando acusaron a Antusa de dar culto a las imágenes, la castigaron con azotes. Dios permitió que Antusa se pusiera en oración. La emperatriz atravesaba un embarazo delicado y Antusa envió un mensaje de confianza en Dios y que daría a luz gemelos, y así fue. La emperatriz Irene favoreció a Antusa y le permitió seguir su vida de oración y caridad.

෨ ❖ ෬

Constantemente recibimos preguntas sobre las imágenes de nuestras iglesias, si deberán estar o no en un lugar santo. Desde el principio, el misterio de la Encarnación nos ha dejado claro que Dios resplandece en el rostro de Cristo, que Cristo es el rostro humano de Dios. Llamamos arte sagrado a la expresión artística y poética inspirada en la fe, en la oración, en la espiritualidad. No rezamos a "esas imágenes" sino que esas imágenes son canal, facilitan nuestro encuentro con la dimensión divina y nos permiten acercarnos al misterio de fe.

¿Tienes una imagen favorita (pintura, escultura, grabado) relacionada con tu experiencia de fe? ¿Te interesas por las expresiones artísticas inspiradas en la fe en tu comunidad?

San Pedro Poveda, mártir

Dios me libre de gloriarme, si no es en la cruz de nuestro Señor Jesucristo, por el cual, el mundo está crucificado para mí y yo para el mundo.
—Gálatas 6:14

San Pedro Poveda (1874–1936) nació en Jaén, España, donde inició su seminario y su vocación de formador. Ya se hizo sentir desde entonces por el entusiasmo en enseñar a los niños el catecismo. Después fue a Granada y combinó sus estudios con la caridad organizando las Conferencias de San Vicente de Paúl. Con la certeza de que la educación es una fuerza que transforma las sociedades, comenzó escuelas para niños de bajos recursos. Más adelante trabajó en la formación de profesores y en la promoción de la mujer, y con este propósito, inició su gran obra: la Institución Teresiana. Esta obra ha tenido un amplio despliegue tanto en la educación formal como en el fomento de organizaciones, sindicatos y proyectos para los más necesitados. El padre Poveda abrió canales para que muchos laicos vivieran compromisos de transformación social. En sus últimas obras fundó la Hermandad del Refugio para dar atención a los abandonados. Al comenzar la Guerra Civil Española, el padre Poveda fue uno de los líderes de la fe a quienes sacrificaron.

❧ ✦ ☙

La espiritualidad de la Institución Teresiana tiene un constante llamado a la alegría. En el ambiente amenazante de la persecución, el padre decía: "Cuando lo de afuera nos mueve a la tristeza, echemos una mirada adentro y encontraremos la alegría". Cuando personas vacilaban ante las metas de un proyecto, no dudaba en preguntarles: "Nuestra confianza, ¿la fundamos en Dios o, en nuestra propia industria, en nuestras fuerzas o en nuestra humanidad? La paz del alma, o la tranquilidad de nuestro espíritu nos dará la respuesta" (*Apuntes*, 1936).

¿Qué amenaza la alegría en nuestros ambientes? ¿Tu alegría proviene de experiencias pasajeras o tiene otra fuente?

Santa Marta de Betania

Marta, te preocupas y te inquietas por muchas cosas, cuando una sola es necesaria.
—Lucas 10:41

Santa Marta de Betania (s. I) es más conocida por sus dotes de buena anfitriona, como lo relata san Lucas (10:38), que como amiga. En el Evangelio de san Juan (11:5), se afirma que Jesús era amigo de Marta y de sus hermanos. Ella buscó a Jesús lamentando que no hubiera estado a tiempo. Y añadió que creía en Jesús, si algo pedía a Dios, era escuchado. Jesús la animó a una fe más profunda y le dio un anticipo de sí mismo y de su misión: "Yo soy la resurrección y la vida. . .". De los labios de Marta brota una confesión de fe que rebasa la de muchos otros: "Yo creo que tú eres el Mesías, el Hijo de Dios que había de venir a este mundo".

❧ ❖ ☙

San Andrés de Creta en su Homilía sobre Lázaro (*Textos Patristicos*, 166), comenta diciendo: "Bienaventurado el que ha obtenido la hermosa ganancia de la fe y no ha salido de Betania vacío y en ayunas". Betania es un equivalente a fiesta y amistad, a pesar de que allí lloró Jesús antes de resucitar a Lázaro y cambiar las lágrimas de duelo de sus amigas Marta y María en lágrimas de gozo por la vida devuelta. En palabras de san Agustín: "Os invito a mi vida, donde nadie muere, donde la vida es en verdad feliz, donde el alimento no se estropea, donde repara fuerzas, pero no disminuye." [. . .]

"Jesús nos invita a la vida, pero nos manda delante por la muerte, como diciendo: 'Les invito a mi vida, donde nadie muere, donde la vida es en verdad feliz. . . . ¿No quieren creer que en verdad les voy a dar mi vida? Reciban en prenda mi muerte'" (*Sermón 231*, 5).

¿Sientes ante Jesús una confianza de amigo como la de Marta? ¿La amistad de Jesús te inspira deseos por una vida que no acaba?

San Pedro Crisólogo

Te hago luz de las naciones, para que mi salvación alcance hasta el confín de la tierra.

—Isaías 49:6

San Pedro Crisólogo (406–450) nació en la Rávena, Italia, cuando había en esta ciudad una intensa actividad comercial entre Oriente y Occidente. En los puertos desembarcaban numerosos productos con destino al enorme Imperio romano, pero también llegaban las ideas, y fue una puerta de entrada del nestorianismo. Pedro era entonces un diácono consagrado al servicio y fue recomendado por su don de palabra al Papa Sixto III. Crisólogo fue el apelativo que significa "boca de oro", por la elocuencia de sus homilías y la excelente selección que hacía de comentarios y sus aplicaciones. En 424 lo consagraron obispo y fue un excelente pastor. Se destacó en enseñar a su pueblo, al grado que se afirmaba que con amor y convicción, desterró el paganismo de sus comunidades.

᧞ ❖ ᧠

En su *Sermón 108* (*El sacrificio espiritual*) se conservan sus palabras: "Haz de tu corazón un altar; y así, con seguridad, mueve tu cuerpo como víctima de Dios. El Señor busca la fe, no la muerte; está sediento de deseos, no de sangre; se aplaca con la voluntad, no con la muerte. . . Tu cuerpo vive, cada vez que con la muerte de tus vicios inmolas a Dios una vida virtuosa. Nuestro mismo Dios, que es el Camino, la Verdad y la Vida, nos libre de la muerte y nos conduzca a la vida".

¿Compartimos en la Eucaristía el sacrificio de Cristo, ofreciéndonos a nosotros mismos? ¿Tenemos una conciencia de entrega ministerial cuando servimos en la Iglesia?

San Ignacio de Loyola

La Palabra de Cristo habite en ustedes con toda su riqueza.
—Colosenses 3:16

San Ignacio de Loyola (1491–1456) nació en el pueblo de Guipúzcoa, y desde su juventud participó con los pajes del rey y se preparó para la carrera militar. En una batalla en Pamplona, fue herido seriamente, y durante su convalecencia leyó la Vida de Cristo y un compendio de vidas de santos. Inspirado profundamente, se dirigió al santuario de Monserrat donde dejó su espada y comenzó un largo retiro en una cueva en Manresa, donde escribió *Ejercicios Espirituales.*

En 1540, Ignacio, junto con un grupo de amigos que hicieron votos de castidad, pobreza y obediencia, fundó La Compañía de Jesús, y se pusieron en manos del Papa dando un sí para en todo amar y servir más a Dios. Ignacio de Loyola dio acompañamiento a los primeros jesuitas a través de constantes cartas. Salieron muchos misioneros a la India, Japón y Alemania. Los jesuitas se distinguieron por ser hombres para los demás, con arrojo misionero, profunda espiritualidad y amplio conocimiento del mundo, para mejor evangelizar. Ignacio murió en Roma dejando mil Jesuitas bajo su lema: "A la mayor gloria de Dios".

∞ ✢ ∝

Ejercicios Espirituales es una guía para la exploración de la propia geografía interior para buscar la voluntad de Dios en el propio camino. San Ignacio ofreció diversos "ejercicios", como meditar, examinar y contemplar. Entre los hallazgos luminosos de su método están sus buenas preguntas: "¿Qué ha hecho Cristo por mí? ¿Qué he hecho yo por Cristo? ¿Qué haré por él?". Al responder estas preguntas con sinceridad, se han dado numerosos santos a nuestra Iglesia.

¿Y si contestas las preguntas de san Ignacio a solas con Cristo?

Agosto

San Alfonso María de Ligorio

No temas, que yo estoy contigo; no te angusties, que yo soy tu Dios: te
fortalezco y te auxilio y te sostengo con mi diestra victoriosa.
—Isaías 41:10

Los jóvenes que se dirigían a las capillas del atardecer en los barrios pobres de Nápoles, no se imaginaban que el sacerdote que atraía a tantos jóvenes hablándoles del amor de Dios, era el padre Alfonso (1696–1787), hijo de nobles, al que muchos consideraban un genio, porque a los dieciséis años se graduó de abogado y ejerció en las cortes, ganando respeto. Tampoco sabían que él hizo opción por Cristo después de vivir una profunda decepción en la administración de la justicia, y buscó el servicio a Dios el camino hacia la verdadera justicia. Fundó la Congregación del Santísimo Redentor y lo nombraron obispo. Aunque tenía don de palabras, él eligió confesar y ayudar personalmente a las almas. Siendo pastor y estando al frente de una congregación en vías de aprobación, escribió con una pluma fecunda devocionales para el pueblo, y su obra más reconocida es la de *Teología Moral*. Padeció enfermedades que lo tuvieron postrado y en medio de diversas pruebas y malos entendidos encontró el descanso.

൝ ❖ ൠ

El aporte de la *Teología Moral* ha sido una gran bendición para nuestra Iglesia. En tiempos en que se imponían los valores de la razón, muchos católicos se resguardaban en un cumplimiento de la ley de Dios con aplicaciones rigoristas. San Alfonso reflexionó sobre el poder de la conciencia, como el sagrario íntimo donde cada persona, conoce su deber. También señaló los problemas de aplicar la ley a conciencias ignorantes o a los que padecen situaciones involuntariamente. En sus reflexiones tuvo que encontrar un equilibrio entre el legalismo y el libertinaje.

¿Visitas ese "sagrario íntimo" para revisar qué vida llevas? ¿Orientas tu conciencia
con los calores del Evangelio?

Beato Augusto Czartoryski

Amen la justicia, ustedes, los que gobiernan la tierra; tengan rectos pensamientos sobre el Señor y búsquenlo con sencillez de corazón.
—Sabiduría 1:1

Polonia fue a finales del siglo XVIII un país fraccionado en reinos pequeños bajo la presión de otros países más poderosos, y muchos polacos soñaban con recuperar una patria que gozaba de prosperidad propia. Los padres del beato Augusto Czartoryski fueron nobles, de la línea directa de los reyes polacos, pero desterrados. Por eso, Augusto (1858–1893) nació en París. Una intensa actividad política rodeó su vida familiar; su madre murió víctima de la tuberculosis y Augusto se contagió también. A los veinte años él se cansó profundamente de las cortes y la política. Sintió las expectativas políticas de la sucesión sobre él, fue claro y pidió a su padre autorización de ser sacerdote. El padre Kalinowsky fue su mentor, hasta que conoció a Don Bosco. Augusto tenía veinticinco años cuando ayudó en el altar y desde entonces lo tomó por director de su alma. Don Bosco tuvo cautela en aceptarlo en la comunidad salesiana por su rango de príncipe, pero el Papa León XIII intercedió y fue admitido con los salesianos. Vivió las etapas de formación y su familia le pedía que regresara por su salud y por un heredero. Pero él llegó hasta su ordenación sacerdotal. Solo un año duró su sacerdocio y murió realizado de su elección.

❧ ❖ ☙

Christus Vivit (108–109) afirma que muchos confunden el tiempo de juventud para conocer los placeres y éxitos de la vida. Pero muchos jóvenes se sienten desilusionados y cansados hasta que descubren, que para que la juventud cumpla su destino, deben experimentar la entrega generosa, la ofrenda sincera y, aunque duela, el sacrificio.

¿Reciben nuestros jóvenes oportunidades para entregarse a sí mismos en servicio a los demás?

San Pedro Julián Eymard

Yo soy el pan vivo bajado del cielo. Quien coma de este pan, vivirá siempre. El pan que yo doy para la vida del mundo, es mi carne.
—Juan 6:51

San Pedro Julián (1811–1868) nació en Francia. Fue un joven trabajador que se hizo sacerdote con esfuerzo y a los cinco años de dar sus servicios en la Diócesis de Monteynard, pidió permiso a su obispo para entrar a la Congregación de los Padres Maristas. Su obispo lo recomendó como su mejor sacerdote, y muy pronto fue encargado de formación con los maristas y después tuvo el cargo de provincial. En una procesión de Corpus Christi experimentó una gracia especial de apreciación de la Eucaristía: deseó con todas sus fuerzas que el amor de Jesús hecho alimento llegara a todas las almas. En ese tiempo había una mentalidad entre muchos católicos que se centraba en la culpabilidad por el pecado. Después hizo un retiro en una peregrinación mariana y la gracia se repite. El Santísimo Sacramento se convierte en una llama que los consume y pide autorización de fundar una congregación para la adoración eucarística. En 1856 inicia la congregación de sacerdotes Adoradores del Santísimo Sacramento. Años después, añadió una congregación de hermanas. Sus fundaciones fueron puestas a prueba por la incomprensión y la crítica. También fundó una archicofradía para extender la adoración eucarística por las parroquias.

❧ ✥ ❧

Muchos cristianos aprecian la adoración eucarística como la oportunidad de hacerse presentes a Jesús como amigo, como confidente. El tiempo especial de confiar, de entrar en lo íntimo. *Christus Vivit* (155) afirma: "La Oración es un desafío y una aventura! [. . .] en la oración le abrimos la jugada para que Él pueda entrar y vencer".

¿Aprovechas las oportunidades de adoración eucarística?

San Juan María Vianney

¿De qué le vale al hombre ganar todo el mundo si pierde su vida?, ¿qué precio pagará por su vida?
—Mateo 16:26

Quienes conocían el pueblito de Ars, con sus 250 habitantes que gastaban las horas en las cantinas, los chismes y las diversiones, no creían en el cambio: ahora hacían falta albergues y lugares para comer por tantos visitantes deseosos de encontrar la paz, de confesarse y de escuchar un sermón que tocara sus corazones. Todo esto era obra de un cura delgado, dulce, cansado y radicalmente pobre. San Juan María Vianney (1786–1859) nació en tiempo de la persecución francesa y creció en una familia pobre. Estuvo en el frente, pero no le gustó la vida de milicia. En el seminario no lo aceptaban por su baja escolaridad y tuvo que trabajar mucho para completar los requisitos. Ya ordenado, le asignaron una parroquia rural. Su sacerdocio lo centró en preparar la misa, el catecismo y en confesar con esmero, invitando a cada alma a la sinceridad ante Dios. El cura fue buscado por todo tipo de personas: eclesiásticos, influyentes y empobrecidos. No se quedaba con nada material, todo lo repartía. Confesaba hasta catorce horas diarias y no se terminaban las líneas de espera. Quiso irse de monje, pero el Señor le hizo comprender que valía más un alma que se salvara que todas las horas de contemplación.

֍ ✧ ֍

El cura de Ars afirmó que la única avaricia que debe tener nuestro corazón es la del cielo: "La tierra debemos considerarla como un puente, solo nos sirve para cruzar este río mientras sostiene nuestros pies. Por eso rezamos: Padre Nuestro que estás en el cielo. ¡Qué grande, qué hermoso es conocer a Dios! y entender que estamos en esta vida de paso para aprender a amarle y servirle. Todo lo demás, es tiempo perdido".

¿Por qué es tan difícil sabernos de paso por la vida?

236

San Abel de Lobbes

Aunque se consumen mi carne y mi corazón, Dios es siempre el apoyo de mi corazón y mi herencia.
—Salmos 73:26

En tiempos de san Abel (720–770), el líder y jefe de los Galos en Francia era Carlos Martel. Además de mandar en la milicia, en las tierras y el gobierno, también mandaba en la Iglesia en el sentido que daba las diócesis como feudos: ponía obispos que estaban obligados a devolverle comisiones. En ese tiempo puso al famoso obispo Milo en dos diócesis. Abel no se sabe si era inglés o escocés, llegó a Lobbes ansioso de buenos estudios que le permitieran ser un monje íntegro. Se distinguió por su fervor por el estudio y la piedad. Murió Martel y Abel quedó con el cargo Pipino, apodado "el breve", quien favoreció la renovación de la Iglesia. Varios santos protagonizaron el esfuerzo para encauzar una verdadera pastoral y un movimiento misionero: san Bonifacio, san Rigoberto y el Papa Zacarías, quien hizo a Abel arzobispo de Reims. Pero Milo reaccionó con muchas trampas, le hizo la vida imposible a Abel, el cual, después de un tiempo pidió regresar al Monasterio de Lobbes y allí concentró sus últimos años en la oración, el estudio y la soledad.

☙ ❖ ❧

La oración es un bálsamo que cura las decepciones o desencantos en el ministerio. Muchos servidores se retiran airados cuando encuentran en la práctica pastoral intereses o faltas. Y es lógico que estos descubrimientos desanimen; hasta el profeta Elías se sintió con deseos de morir por su sensación de fracaso. La oración devuelve energías en la causa de Dios y nos permite separar el Reino de Dios de las añadiduras.

¿Me han desanimado los manejos de la vida pastoral en mi comunidad? ¿He recurrido a la oración cuando me decepciona algo de la Iglesia?

San Hormisdas

Cuando contemplo el cielo, obra de tus dedos, la luna y las estrellas que en él fijaste. ¿Qué es el hombre para que te acuerdes de él, el ser humano para que te ocupes de él?
—Salmos 8:4

San Hormisdas (c. 523) fue primero padre de familia, pero enviudó, y luego se decidió por servir al Señor. Era todavía un diácono cuando fue elegido papa. Su hijo también buscó el sacerdocio y llegó a ser un famoso papa: san Silverio. Pero Hormisdas tuvo un tiempo duro mientras dirigía la Iglesia, marcado por los problemas de la división y de las herejías. Buscó la unidad entre la Iglesia de Roma y de Constantinopla, y por todos los medios pidió que no hubiera división en el credo. El Papa Hormisdas le encargó al astrónomo Dionisio el Exiguo la revisión del calendario y se unificó partiendo del año cero con el Nacimiento de Cristo (*Anno Domini*). Aunque actualmente se sabe que los cálculos no eran precisos, tuvo mucho interés por mantener la integridad de la fe, y por ayudar a los lugares santos.

❧ ❖ ☙

Arthur Schawlow, ganador del premio Nobel de Física en 1981, invitaba a encontrarnos siempre con las maravillas de la vida y del universo. La fe nos ayudará a contestar por qué existe la armonía y belleza del cosmos, y la ciencia nos ayudará a entender cómo. Fe y ciencia nos conducirán a Dios. Tanto el universo, como la propia vida, solo se pueden contestar con Dios.

¿Qué preguntas me despierta el universo? ¿Me asombra más el micro cosmos o el macro cosmos?

San Cayetano

Sanen a los enfermos, resuciten a los muertos, limpien a los leprosos, expulsen a los demonios. Gratuitamente han recibido, gratuitamente deben dar.
—Mateo 10:8

En la época del Papa Julio II, con sus ejércitos y su curia llena de celebridades, llegó Cayetano (1480–1547), procedente de Cicebza con doble doctorado en Derecho Canónico y Eclesiástico en Padua, a prestar sus servicios como jurista laico. Pero como cristiano, no encontró mucho; salía a hacer caridad con otros laicos del Oratorio del Amor Divino. Allí encontró el oxígeno que motivó su vocación al sacerdocio. Dejó la curia y regresó a Vicenza, donde fundó un hospital para enfermos incurables. Hizo amistad con el obispo de Teato, Pedro Caraffo, y juntos decidieron establecer una fundación a la que se sumaron otros sacerdotes. Por el lugar, los llamaron teatinos. Esta fundación no gustó en la curia y muchos jerarcas sentían que esta comunidad era un riesgo. Pero vinieron los años de la peste a los que los teatinos manifestaron un tremendo testimonio cuidando a los enfermos. En las ciudades donde la comunidad se estableció, se manifestó una renovación evidente.

ৎ০ ❖ ୦৪

Cuando Dios suscita buenos pastores para su pueblo, tienen las características del Buen Pastor (Jn 10): realizan las tareas con el pueblo de cuidar, guiar, alimentar, buscar, reunir al redil. Siempre hay ovejas necesitadas de pastoreo, pero también el pastor sale a buscar a las que todavía no están con su rebaño. Las grandes crisis sociales han sido aliviadas con vocaciones para pastorear, y como buenos samaritanos, se bajan, se inclinan ante el desvalido, curan sus heridas.

¿Sientes aprecio hacia los buenos pastores del pueblo de Dios? ¿Los ayudas a pastorear?

Santo Domingo de Guzmán

Así pues, quien escucha estas palabras mías y las pone en práctica se parece a un hombre prudente que construyó a su casa sobre roca.
—Mateo 7:24

Santo Domingo de Guzmán (1170–1221) fue un apasionado estudioso de la Filosofía y la Teología. Cuando se ordenó el obispo de Osma, lo hizo cabildo y le pidió que lo acompañara a Roma. Al pasar por el sur de Francia, Domingo quedó impresionado del efecto que producían las herejías en las comunidades: la pérdida de la fe, la falta de respeto a sí mismo y al prójimo y las consecuencias en las buenas costumbres para las sociedades. Domingo pidió al obispo que le permitiera fundar una Orden nueva, dedicada a la evangelización con una vida ejemplar que dejara sin argumento a los herejes. Así nació la Orden de Predicadores, con jóvenes dispuestos a estudiar intensamente, concentrados en las mejores dotes para la predicación y una vida de pobreza radical. El impacto no se hizo esperar, tanto porque atrajo más creyentes como vocaciones. En cuatro años había sesenta monasterios en Italia, Austria, y Hungría, entre otros países.

ॐ ✣ ॐ

Los santos son diversas respuestas al único llamado de Dios: de ser sus hijos en el Hijo. En medio de la diversidad de procesos históricos, en diversos escenarios sociales, los santos descifran los valores del Evangelio y en su actualidad, y se convierten en testigos de Cristo entregado por nuestra salvación. Por eso hemos tenido periodos de espiritualidad, de adhesión, de conversión, de defensa de la fe. . . . En medio de las diversas dificultades sociales, la fe de los fieles abastece a los creyentes de esperanza.

¿Identificas en tu ambiente diferentes espiritualidades? ¿Cuál ha sido tu camino espiritual?

Santa Teresa Benedicta de la Cruz

He elegido al Señor como mi guía perpetuo, de su diestra, jamás me apartaré.
—Salmos 16:8

Edith Stein, quien llegaría a ser santa Teresa Benedicta de la Cruz (1891–1942), leía ávidamente la autobiografía de santa Teresa de Ávila. Era la primera mujer en obtener el doctorado en Filosofía, tenía publicaciones, títulos de diferentes universidades, asistía conferencias por Europa, era discípula de filósofos como Husserl, feminista, judía analítica y enfermera en el frente de batalla. Había pasado por diversas experiencias intelectuales y personales, pero la sinceridad de Teresa la fascinó: "Esto sí es la verdad. . ." Así se determinó Edith a recibir el Bautismo y comenzar su vida cristiana. Trabajó como maestra en institutos católicos hasta que ya con sus cuarenta y dos años entró de carmelita descalza tomando el nombre de Benedicta de la Cruz. En la Orden, siguió sus reflexiones sobre santo Tomás, hasta que el fascismo la obligó a moverse. Las hermanas la enviaron a Holanda, pero la Gestapo la hizo prisionera y la envió a Auschwitz, donde murió en la cámara de gas junto con su hermana.

ℰℴ ❖ ℭℛ

Edith dejó una rica herencia con su ejemplo de mujer, y con su reflexión sobre las mujeres en la sociedad y en la Iglesia. Pidió que más allá de las tradicionales tareas que socialmente se le han asignado a la mujer en la vida familiar y comunitaria, también se debe ayudar a las mujeres a realizar su vocación profesional, porque tienen habilidades individuales y particulares. El sano desarrollo de sus dones enriquece la naturaleza femenina para florecer plenamente. Igual, las mujeres deben madurar intelectualmente en su comprensión de la fe, más allá del nivel de la piedad, ya que las mujeres bien formadas serán capaces de realizar una reflexión sobre la fe como mujeres.

¿Conoces mujeres profesionales que aportan sus dones a la Iglesia? ¿Te interesa que las mujeres crezcan en la fe como tales y compartan su experiencia de Dios?

San Lorenzo

Tú te acercaste cuando te llamé y me dijiste: "No temas". Te encargaste de defender mi causa y de salvar mi vida.
—Lamentaciones 3:57–58

En el tiempo del emperador Valeriano, se desató otra persecución contra los cristianos. San Lorenzo (c. 258) fue un diácono al servicio del Papa Sixto II. El emperador publicó un edicto para llevar a prisión y matar a quien se encontrara dando culto o enseñanza cristiana. El Papa Sixto fue encontrado celebrando con otros diáconos y fue ejecutado el 6 de agosto. En los relatos de los Mártires contados por Cipriano se cuenta que el juez detuvo a Lorenzo pensando que era el responsable de las colectas y le propuso que entregara los tesoros de la Iglesia. Lorenzo llegó cuatro días después, traía varios enfermos y empobrecidos y le aseguró "estos son los tesoros de la Iglesia". Entonces el juez ordenó que lo quemaran. Ya en la parrilla, hizo bromas a sus verdugos asegurando que de un lado ya estaba quemado y que le dieran la vuelta.

⊱ ❖ ⊰

Los pobres tienen que ver con la esencia de la Iglesia en todos los tiempos. El Dios del Antiguo Testamento es el Dios de los pobres, y el Dios predicado por Jesús tiene a los pobres como los primeros destinatarios de su Evangelio (Lc 6:20). La Iglesia que atiende a los pobres, que recibe a los pobres, que se preocupa por los pobres, es fiel a Jesús.

¿En tu comunidad, qué lugar tienen los pobres? ¿De cuántos pobres eres tú amigo?

Santa Clara de Asís

Acumulen tesoros en el cielo, donde no roe la polilla ni destruye la herrumbre, donde los ladrones no abren brechas ni roben.

—Mateo 6:20

¿Fue santa Clara (1193–1253) la que infundió en Francisco el valor para dejar la herencia familiar y lanzarse como un gorrión libre? Muchos se preguntan si Francisco influyó en Clara y le trasmitió el amor por la pobreza, o si fue al revés. Ambos compartieron de manera única un carisma del Espíritu muy especial. Clara perteneció a las buenas familias de Asís, con mesa abundante y corazón decidido por compartir con los empobrecidos enfermos y leprosos. Francisco aceptó los votos de Clara, y los frailes destinaron para ella y sus seguidoras la iglesita de San Damián. Allí pasó cuarenta años en verdadera pobreza, padeciendo enfermedades y en constante oración por el mundo. Los frailes compartían de sus limosnas. La familia de Clara le pidió volver y ella siempre manifestó que el camino de Francisco iba a las bienaventuranzas. Cuando los mismos frailes criticaron a Francisco de extremista, ella supo que Francisco estaba guiado a renovar a la Iglesia.

ॐ ✧ ॐ

Una antigua leyenda cuenta que Francisco y León fueron a Siena a predicar, pero no fueron bien recibidos. De regreso, Francisco se quedó fascinado en el campo y León le preguntó: "¿Estás mirando la luna reflejada en el pozo?". Francisco respondió: "No, hermano León, no miro a la hermana Luna, sino el verdadero rostro de nuestra hermana Clara. Su renuncia es tan pura y llena de santa alegría que mis temores desaparecen. Ella recibió la alegría perfecta de Dios y es un fruto abundante de la santa pobreza".

¿Valoras los beneficios y las virtudes de elegir vivir en pobreza?

Beato Carlos Leisner

Para Dios todo es posible.
—Marcos 10:27

¿Puede un moribundo ser ordenado sacerdote? El beato Carlos Leisner (1915–1945), recibió el sacerdocio a los treinta años, después de pasar tiempo en cárceles, enfermedad y persecución. Carlos fue un joven alemán que siendo estudiante participó en el movimiento juvenil católico, con un interés sincero por conocer el Evangelio y vivir cerca de la Eucaristía. "Cristo, tú eres mi pasión", escribió en su diario. Tuvo muchas preguntas en su proceso vocacional. El obispo de Muster le asignó el liderazgo diocesano, y la Gestapo comenzó a seguirlo. Recibió el diaconado y al poco tiempo le diagnosticaron tuberculosis. Buscó curaciones, pero la Gestapo lo tomó prisionero y lo llevaron a Friburgo. Desde allí lo trasladaron al campo de concentración de Sachenhausen, y luego siguió Dachau, donde milagrosamente llegó un obispo francés. Todos abogaron por el diácono y colaboraron para hacer posible una solemne ordenación. Agotados, afrontando la muerte, corrieron todos los riegos para conseguir lo necesario. El obispo Piget lo ordenó sacerdote a aquel hombre en su raído uniforme de rayas de incógnito. Poco después celebró su primera misa, ya muy débil. A los cinco meses quedó libre. Lo trasladaron a un sanatorio de Múnich, pero ya era demasiado tarde. Falleció perdonando a sus enemigos.

෨ ✣ ௰

Posteriormente se ha estudiado la resistencia espiritual de quienes padecieron el Holocausto. ¿Cómo es posible que el interior de las personas no se rompa en la degradación más terrible? Aunque estaban prohibidos los servicios religiosos, las comunidades de oración se las arreglaban para cuidarse unos a otros, se turnaban para vigilar, y numerosos prisioneros han dado testimonio del poder de la fe, de las celebraciones y de la oración.

Para ti, ¿cuál es la lección más importante que nos ha dejado el Holocausto?

San Juan Berchmans

Por la entrañable misericordia de nuestro Dios, nos visitará desde lo alto un amanecer que ilumina a los que habitan en tinieblas y en sombras de muerte y endereza nuestros pasos por un camino de paz.
—Lucas 1:78–79

San Juan Berchmans (1599–1621) nació en la región de Flandes, Bélgica, hijo de una familia devota. Su padre era curtidor de pieles y zapatero. Muchos piensan que de ayudar en el taller familiar aprendió el valor de los detalles y tuvo una personalidad cuidadosa, delicada y atenta. Su madre murió pronto, y Juan centralizó su afecto y su espiritualidad adolescente en María, seguro de que la madre celestial acompañaba cada uno de sus actos. En ese tiempo había discrepancias sobre la Inmaculada, y Juan oró intensamente para que en la Iglesia nunca faltara la certeza de la pureza de nuestra Madre. Entró al noviciado de los jesuitas y después fue a Roma. Hizo un profundo compromiso de no desperdiciar el tiempo, y tomó sus obligaciones con toda intensidad. Si era tiempo de orar, lo hacía con fervor; si era la hora de estudio, se aplicaba cuanto podía, y si era la de deportes, jugaba con pasión. Tuvo una enfermedad de los pulmones y murió a los veintidós años en el Colegio Romano. Todos los que lo conocieron hicieron gran duelo y se sentían seguros de haber conocido a un santo.

☙ ❖ ❧

Christus Vivit (50–51) nos exhorta a ver que el corazón de la Iglesia está lleno de jóvenes santos, que son reflejo de Cristo joven y que brillan para estimularnos. Muchos de estos jóvenes ejercieron cierto profetismo en su tiempo y podemos afirmar que esos santos también han sido un bálsamo, curando las heridas de la Iglesia.

¿Qué santo joven es el que más te impacta? ¿Es posible que los jóvenes actuales opten por la santidad?

San Maximiliano María Kolbe

Mientras tengan luz, crean en la luz y serán hijos de la luz.
—Juan 12:36

El cine nos ha mostrado diversos escenarios de los campos de concentración: la inhumanidad de su ambiente y el sufrimiento de tantas víctimas. Bien podemos imaginar el pánico de los prisioneros cuando la señal de fuga estallaba en Auschwitz. Sabían el precio: sus captores escogerían a varios para purgar el escape. Allí, a suertes, Franciszec Gasownisek fue el décimo, le tocaba morir. En eso escuchó que otro solicitaba ponerse en su lugar de muerte. ¿La razón? Porque el padre Maximiliano (1894–1942), un franciscano, afirmó: "Yo ya soy viejo, él, en cambio, tiene hijos". Una generosidad así no se improvisa. El padre Max conocía ya de cárceles y desde años atrás. Había publicado *El caballero de la Inmaculada*, y estaba fichado. Todos sabían que ese hombre estaba convencido de la dignidad de la persona. Fue condenado a morir de hambre, y a los diez días, le aplicaron una inyección letal.

❧ ✥ ☙

¿Puede dar tanta fuerza la Inmaculada a una vida en tribulaciones? La Milicia de la Inmaculada era un movimiento espiritual. Ver la vida bajo una madre pura no es un acto romántico. Los versos de Martín Descalzo pueden decirnos cuánto puede inspirar María en un alma y en un pueblo bien dispuesto: "Dios te salve, Azucena; salve, llena eres de gracia. Barro omnipotente, último blanco, castidad fulgente. ¿Qué sintieron los pájaros, el día que, asombrados, rozaron tu blancura? ¿Qué sintió el sol que te besó primero? ¿Qué siento ahora yo Ave María?" (*Sonetos del Alba*, 3).

Y a María, ¿la saludas, la buscas, la recuerdas, la amas? ¿Qué significa ella en tu vida?

Beato Isidoro Bakanja

Les aseguro que, si el grano de trigo caído en tierra no muere, queda solo; pero si muere, da mucho fruto.

—Juan 12:24

El beato Isidoro Bakanja (1887–1909) nació en el entonces Congo Belga, (actual República Democrática del Congo) y perteneció a la tribu boanji. Los padres trapenses habían construido una abadía en Bolokwa Nsimb y allí catequizaban a los nativos que se acercaban a la Iglesia. En su adolescencia, Isidoro conoció la fe y recibió la preparación para la iniciación cristiana. Como otros jóvenes de las colonias, Isidoro pasó por diferentes trabajos, sirviendo en casas y como ayudante de albañil. Isidoro formó parte de las cuadrillas que se metían en los árboles de caucho del señor Van Clauter, un hombre conocido por su mal genio y su sentimiento anticristiano. Cuando este supo que Isidoro rezaba el Rosario, comenzaron las burlas, igual por su escapulario. Isidoro hablaba del catecismo con otros compañeros de trabajo cada vez que se prestaba ocasión y cuando el patrón supo que Isidoro trataba de convertir a sus compañeros, tomó un látigo hecho de piel de elefante con terminaciones de acero, típico de la región, y castigó a Isidoro. Después de los azotes, Isidoro quedó moribundo. Sus compañeros ayudaron a sacarlo fuera de la plantación, pero ya no se recuperó. Mantuvo su ánimo para balbucear el Rosario y murió apretando su escapulario.

❧ ✤ ❧

Christus Vivit (83) nos invita a identificar en muchos jóvenes los golpes y los fracasos, los recuerdos tristes que llevan clavados en el alma. Muchos jóvenes han sufrido discriminaciones e injusticias y la experiencia de no ser amados ni reconocidos. "Jesús se hace presente en las cruces de los jóvenes para ofrecerles su amistad, su alivio, su compañía sanadora. . .".

¿Cómo puede la Iglesia restaurar a los jóvenes heridos? ¿Qué lastimaduras identificas en los jóvenes de tu comunidad?

San Esteban de Hungría

Pacté una alianza con mi elegido, jurando a David mi siervo: Afianzaré tu linaje para siempre y consolidaré tu trono por generaciones.
—Salmos 89:4–5

Por generaciones, san Esteban de Hungría (975–1038), ha sido un modelo para gobernar según el corazón de Dios. El escudo de Hungría mantiene la corona del rey Esteban como símbolo patriótico. Esteban nació pagano, pero fue el obispo Adalberto, que pasó por Hungría, quien lo impresionó y le pidió que lo preparara para los sacramentos. Esteban trajo de Francia e Italia a los monjes benedictinos de Cluny y otros sacerdotes misioneros para que evangelizaran a su pueblo. Fue paciente con el avance del cristianismo, dando un tiempo para que el paganismo se extinguiera. Trató con cautela a la aristocracia de su reino; para terminar con la esclavitud, pagó indemnización a los dueños. Redujo el poder de los feudos y trató de consolidarlos con gobernadores hasta que logró la unidad de Hungría como país. Promovió con firmeza la creación de obras para educar, para atender a los orfanatos y hospitales. Promovió las peregrinaciones a lugares santos y estableció monasterios que hospedaban, ofreciendo seguridad a los peregrinos. Gobernó por cuarenta y dos años y todos lo tuvieron como modelo de prudencia y sabiduría.

❧✦☙

La Enseñanza Social Católica (417) nos enseña que la comunidad política se constituye para servir a la sociedad civil. Muchas sociedades enfrentan grandes problemas cuando los gobernantes se sirven a sí mismos o a intereses creados, ignorando la comunidad a la cual deben servir. La Iglesia identifica en el modo de gobernar del rey Esteban ese protagonismo de los criterios cristianos.

¿Cómo quisieran nuestras comunidades que fueran sus gobernantes?

Santa Juana Delanoue

Si uno vive en la abundancia y viendo a su hermano necesitado le cierra el corazón y no se compadece de él, ¿cómo puede conservar el amor de Dios?
—1 Juan 3:17

Hay santos que viven conversiones inesperadas. Santa Juana Delanoue (1666–1736) fue la más pequeña de una familia numerosa que vivía de una tienda de telas. Cuando murieron sus padres, Juana heredó la tienda y con toda su energía trató de subir las ganancias y ampliar el negocio. Sumida en los regateos por los hilos y los encajes, recibió la visita de una mujer peregrina que recibía mensajes. Se trataba de Francisca Souchet, que hablaba de sus devociones, sus sueños y visiones. Al hospedarse en casa de Juana, la fue animando con sus conversaciones a buscar la vida espiritual y a afanarse menos por el comercio. En Pentecostés, Juana le preguntó si en su oración habría recibido algún mensaje para ella. Francisca respondió: "Tuve hambre y me diste de comer. . .". Una luz interior hizo sentir a Juana que ya no podía centrar su vida en la avaricia sino en el servicio a los empobrecidos. Comenzó a atender a los numerosos hambrientos de Saumur, a los enfermos, sacó la ropa de su tienda y siempre llegaban más empobrecidos que veían en ella un milagro de la Divina Providencia. Así comenzó la conversión de Juana, acogiendo a huérfanos, ancianos, enfermos y prostitutas. Inició su comunidad el día de santa Ana y su fundación se llamó Instituto de Hermanas de Santa Ana y de la Providencia.

☙ ❖ ❧

San Basilio Magno, en su *Homilía sobre la Caridad* (16), afirmaba: "Considérate bendecido de no ser tú el que extiende la mano movido por gran necesidad. No retengas ni te hagas inaccesible sin soltar una pequeña dádiva diciendo: 'Yo también soy pobre'. En verdad eres pobre. Pobre de amor, de confianza en Dios, de humanidad, pobre de esperanza en la eternidad".

¿Por qué van unidas la caridad y la solidaridad con los pobres?

San Alberto Hurtado

Los que trabajan por la paz, siembran la paz y cosechan la justicia.
—Santiago 3:18

San Alberto Hurtado (1901–1952) nació en Villa del Mar, Chile, hijo de españoles. Estudió la carrera de abogado y desde joven se sintió inclinado a defender a los trabajadores explotados, y de acompañar a los jóvenes, tanto de colonias marginales como de las universidades, a través de la Acción Católica. Entró a la compañía de Jesús y como sacerdote, redobló su actividad social con diversas fundaciones, como por ejemplo cajas de ahorro populares, centros obreros, el Diario Ilustrado. El padre Hurtado tenía pasión por la Doctrina Social Católica, no como una teoría, sino como una meta a la cual había que animar diversos proyectos. Para esto lo ayudaron conocer las leyes civiles y sus estudios teológicos en Bélgica, Alemania, y la Pontificia de Chile. Se ganó críticas e incomprensiones porque lo juzgaron comunista. Pero él puso al servicio de los más pobres numerosos servicios en centros como el Hogar de Cristo, donde todavía se lee: "Al padre Alberto Hurtado: Apóstol de Jesucristo y servidor de los pobres, amigo de niños, maestro de juventudes. Profeta de justicia y refugio de los más desamparados".

&ce; ❖ ℞

El mundo tiene una complejidad de relaciones sociales que puede parecer lo opuesto a la santidad. Sin embargo, la Enseñanza Social Católica (62) nos señala, que la Iglesia quiere fecundar y fermentar el mundo con el Evangelio. Solamente con convivencia social, adentrándonos a los ambientes del trabajo, producción, comercio o política, y de las relaciones sociales, conoceremos las realidades del mundo en sus diversos desafíos. Entrar de lleno a esa sociedad y sus estructuras, es también un camino misionero.

¿Temes al mundo en su aspecto social, o, te atrae hacer algo en él? ¿Te fortaleces con el Evangelio para misionar?

San Juan Eudes

La cosecha es abundante, pero los trabajadores son pocos. Rueguen al dueño de los campos que envíe trabajadores para su cosecha.

—Lucas 10:2

San Juan Eudes (1601–1680) nació en Francia, estudió con los jesuitas, pero quiso ser sacerdote en los oratorios de san Felipe Neri. Comenzó su ministerio, pero llegó la peste y Juan se dio cuenta de que las iglesias se habían vaciado y nadie llegaba a los confesionarios, mientras que los hospitales estaban repletos. Juan se ofreció a dar asistencia espiritual a los enfermos hasta que se enfermó seriamente. En su recuperación estudió más la Palabra de Dios. Después siguieron cincuenta intensos años en que todos lo llamaban el pescador de almas. Juan sintió preocupación por la formación y el acompañamiento y se le considera un precursor de los seminarios. Se decidió por fundar la Congregación de Jesús y María. También fundó la Hermandad de Nuestra Señora de la Caridad y del Refugio, con el propósito de acoger a las prostitutas y a los penitentes. Estos ministerios no fueron bien interpretados y Juan Eudes padeció críticas y difamaciones. Pero él no dejó de hacer el bien y murió de casi ochenta años.

ॐ ✤ ॐ

En la Iglesia se desarrolló un movimiento llamado jansenismo. El obispo Jansenio, reaccionando al Concilio de Trento, propuso formas estrictas de entender la vida cristiana. Puso énfasis en el pecado original, en lo determinados que estamos los seres humanos a la tentación y al fracaso. Esta corriente se alejó de la comunión frecuente y buscó penitencias. La espiritualidad del Sagrado Corazón, el amor de Dios, su misericordia, que le manifestó más el poder que el castigo, fue una respuesta que menguó esta corriente. Juan Eudes apostó a la del amor y la misericordia divinas.

En tu fe, ¿incluyes afecto y emociones para responder a la misericordia Divina?

San Bernardo de Claraval

La Sabiduría es luminosa y eterna, la ven sin dificultad los que la aman, y los que van buscándola, la encuentran.
—Sabiduría 6:12

San Bernardo de Claraval (1090–1153) fue descrito como lo que ahora llamamos un *influencer*, y lo fue en verdad. Cuando el abad Esteban abrió la puerta del Monasterio del Císter para recibir a un candidato, eran tiempos difíciles: hacía quince años que no tenían novicios. La sorpresa fue que Bernardo con apenas veintidós años, llegó con treinta personas, entre ellos varios de sus familiares, y tenía tal entusiasmo que ya por el camino los había preparado para vivir en serio una entrega fervorosa. A los tres años lo enviaron a fundar y él eligió un valle árido y soleado donde había que trabajar duro y lo llamó Claraval. En Bernardo había una mina de espiritualidad, y una enorme capacidad de trabajo y organización. Preparaba con esmero sus enseñanzas, oraba con humildad antes de dirigir sus palabras y mucha gente identificó el mensaje y la voz de la Iglesia en él, por eso buscaron su consejo. Fue abad por treinta y ocho años y durante ese tiempo se fundaron más de 300 monasterios y el de Císter alcanzó 900 monjes.

ಸಿ❖ನ

Hay personas que viven profundas experiencias espirituales que cambian sus vidas y las dirigen al Evangelio. El beneficio de esa experiencia puede quedar en la persona o en un pequeño entorno. Pero hay algunas personas que tienen la gracia de compartir con muchos más esa experiencia, que la comunican y la contagian, con un particular impacto, de modo que se suman las luces, la experiencia se esparce y se convierte en una corriente.

¿Qué es lo que actualmente más influye en nuestras comunidades? ¿Tú sigues una gracia propia, o te sientes contagiado en la fe por alguien más?

Santos Bernardo, María y Gracia

El que se aferra a la vida la pierde, y el que desprecia la vida en este mundo, la conserva para una vida eterna.

—Juan 12:25

San Bernardo (c. 1180), cuyo nombre original era Hamed, pertenecía a una familia musulmana asentada en Valencia; su padre era el emir y estaba orgulloso de los dones de Hamed para el comercio. Cuando Hamed regresaba de Barcelona de negociar la liberación de unos esclavos, se perdió y durmió en un bosquecillo. En sueños escuchó un canto desconocido y fascinante, despertó y seguía escuchando. El canto procedía del Monasterio de Poblet. Fue recibido con hospitalidad por los monjes. En esa época, en España los llamaban "moros" a los árabes, y Hamed, pese a saber que su fe y etnia eran diferentes, solicitó quedarse un poco más porque sentía curiosidad. El tiempo se extendió y de la curiosidad siguió la admiración y el amor. Hamed pidió el Bautismo y después ser admitido en el monasterio. Los monjes lo pensaron un tiempo y decidieron recibirlo. Hamed comenzó a salir a pedir limosna y la gente se le acercaba a pedirle consejos. Se hizo famoso, y hasta de lejos venían a buscarlo. Años después fue a visitar a su familia. Su padre ya había muerto y su hermano mayor no estaba. Hamed comenzó a evangelizar a sus hermanas Saida y Zoraida, y ellas recibieron el Bautismo, tomando los nombres cristianos: María y Gracia. Cuando volvió Almanzor, su hermano mayor, quien habia sucedio a emir, este tuvo tanta rabia que los tres huyeron. El emir envió a sus vasallos a perseguirlos y los apuñalaron.

❧ ✤ ☙

Conversiones como la de Hamed nos vuelven a comprobar lo que Jesús dijo a Nicodemo: "Es nacer a una nueva vida, es como nacer de arriba" (Jn 3:3–7). La experiencia de Cristo es estrenada por los que viven con sinceridad el Bautismo.

¿Tu modo de viva es acorde con tu nuevo nacimiento bautismal?

Beato Bernardo Peroni

*No se alegren de que los espíritus se les sometan, sino de que sus nombres
estén escritos en el cielo.*

—Lucas 10:20

El beato Bernardo (1604–1694) nació en Offida, Ascoli, Italia. Entró a la
Orden de los Frailes Menores Capuchinos y llevó una vida centrada en la
oración y en el servicio. Conoció todos los oficios de un convento y se
especializó en la hospitalidad. Al recibir a los pobres, buscó todas las formas de
aliviar hambre, cansancio o debilidad, y cuando recibía enfermos, mostró una
caridad extrema. Es considerado patrono de los agricultores, caminó por todas
las parcelas llevando consejos simples para animar a las almas a ser mejores,
y les ayudaba en cada tarea. Cuando segaban, ayudaba con las cargas más
pesadas. En sus caminos, guardaba flores y hierbas curativas para cocimientos
medicinales; colectaba nueces y frutas. Con ropas que le daban equipó su
rudimentaria enfermería. Tuvo fama de curaciones milagrosas, pero él afirmó
que todo lo hacía Dios. El obispo lo visitaba seguido, sentado en su cama de
tablas oía sus consejos, porque ni una silla tuvo en su cuarto. Casi paralítico,
murió tratando de ayudar siempre.

ஐ ❖ ௸

En nuestro mundo hay mucho cansancio. Particularmente entre los
inmigrantes, que viven jornadas de sol a sol y trabajan en oficios pesados
que nadie más los hace. La espiritualidad nos alivia del agobio de sentirnos
falsamente "sobrecargados", justificándonos a nosotros mismos de no dar
tiempo a Dios ni al servicio de nuestros hermanos, porque queda resaltado el
cansancio de los demás. ¿Cómo es posible que personas tan cansadas, vengan
a las comunidades y sirvan con alegría? Se hace realidad lo que hemos cantado
muchas veces: "Tú necesitas mis manos, mi cansancio, que otros descansen. . .".

*¿Consideras el cansancio que hay en el mundo, sobre todo en los más pobres? ¿Qué
haces ante las fatigas de los que te rodean?*

Santa Rosa de Lima

Escucha, hija, mira, pon atención: olvida tu pueblo y la casa paterna.
Prendado está el rey de tu belleza; póstrate ante él, que es tu señor.
—Salmos 45:10–11

El arzobispo Toribio de Mogrovejo tiene delante a una niña sonrosada de trece años que ya ha tenido revelaciones. Todo en ella es de devoción y candor. Sus padres le pusieron Isabel Flores y Oliva, y solicitan que la llamen Rosa (1586–1671). El arzobispo la observa: es sonrosada, de tez fresca y mirada pura, ya tan pequeña siente admiración por santa Catalina de Siena. La vocación de santa Rosa de Lima está rodeada de señales de una alma generosa con Dios. Un hombre rico la pretendía y su familia se entusiasmó por sus deudas y su pobreza, sin embargo, Rosa mantuvo su determinación de que solo guardaba su amor para Cristo.

ℰ ❖ ℨ

En tiempo de santa Rosa, muchos se escandalizaron porque ella cubrió su rostro con un velo para evitar que todos preguntaran por qué entraba a un convento con un rostro tan hermoso. Pasó por muchas pruebas y quienes la trataron, identificaron una vida consagrada plenamente a Dios. San Juan Crisóstomo valoró mucho la virginidad y cuando un alma hacía opción por Cristo a vivir exclusivamente para él, lo vio como una gracia de quienes ven los bienes del cielo y ponen el amor humano y sus expresiones en otra dimensión. Su virginidad es un adelanto de la vida que nos espera. "Muchos piensan que eligieron un camino estrecho, pero van más alegres y contentos que los que eligieron el camino ancho" (*Sobre la Virginidad*, 4:176).

¿Cómo se percibe en nuestro tiempo la virginidad? ¿Conoces personas que desean vivir un modo de amar a Dios y a sus hermanos en castidad?

San Bartolome, Apóstol

¿A dónde me alejaré de tu aliento? ¿A dónde huiré de tu presencia?
—Salmos 139:7

En la lista de los Doce, está el nombre de san Bartolomé (s. I), (Mt 10:3) y también está en el cenáculo el día de Pentecostés (Hech 1:13). Casi siempre aparece junto al de Felipe y hay una equivalencia entre Bartolomé y Natanael. El Evangelio de Juan (1:45–50) nos cuenta:

> Felipe encuentra a Natanael y le dice: —Hemos encontrado al que describen Moisés en la ley y los profetas: Jesús, hijo de José, el de Nazaret.
> Responde Natanael: —¿Acaso puede salir algo bueno de Nazaret?
> Le dice Felipe: —Ven y verás. [. . .]
> Le pregunta Natanael: —¿De qué me conoces?
> Jesús le contestó: —Antes de que te llamara Felipe, te vi bajo la higuera.
> Respondió Natanael: —Maestro, tú eres el Hijo de Dios, el rey de Israel.
> Jesús le contestó: — [. . .] Cosas más grandes que éstas verás.

Natanael era también pescador como Pedro, Santiago y Juan. Parecía ser analítico y conocía la Escritura porque al entusiasmo de sus compañeros su respuesta parece escéptica. Aceptó el: "Ven y verás". Y las palabras de Jesús arrancaron la más temprana confesión de fe.

ᔕ❖ᔐ

Christus Vivit (140–141) nos hace caer en cuenta de que el llamado a estos pescadores fue un llamado a jóvenes que estaban en esa edad de suspenso: la edad de las decisiones. Es una gracia optar por el camino que es Jesús, hacerle subir a nuestra barca, remar mar adentro con él. Él es el Señor, él cambia la perspectiva de la vida.

¿Invitas a Jesús a tu barca? ¿Temes que él te diga: "Ven y verás"?

San Luis, rey de Francia

Yo, el Señor, te he llamado para la justicia, te he tomado de la mano, te he
formado y te he hecho alianza de un pueblo, luz de las naciones. Para que
abras los ojos de los ciegos, saques a los cautivos de la prisión y de la cárcel a
los que habitan en tinieblas.

—Isaías 42:6–7

San Luis, rey de Francia (1219–1270) manifestó su fe de diversos modos: diariamente participaba de la Eucaristía y rezaba la Liturgia de las Horas; guardaba muchas fiestas y tradiciones del pueblo. Vivió con gran sencillez, y hasta su familia le rogaban que manifestara su gran dignidad. Pero el rey Luis no se dejaba llevar de las apariencias. Sabía pedir consejo, incluso a la gente humilde, y no soportaba la altanería ni la superficialidad. El rey tuvo claro que una corona sobre su cabeza era un gran compromiso ante Dios y su pueblo. Se preocupó de administrar con justicia, de legislar de acuerdo al bien común. Visitó los hospitales y ayudó a los enfermos más pobres. Favoreció a las órdenes mendicantes, porque consideró que eran los mejores compañeros de su pueblo. Construyó iglesias, hospitales y escuelas. Organizó una cruzada para traer reliquias, pero fracasó en esa lucha, hasta que fue atacado por la peste negra y murió en el intento.

❧ ✣ ☙

Cuando la Iglesia hace santos a gobernantes no quiere decir que hayan sido perfectos. Los errores son parte de lo humano. Los esfuerzos que hayan realizado para gobernar, mantienen la meta que nos propone la Enseñanza Social Católica (207): "Ninguna legislación, sistema de reglas [. . .] pueden persuadir a los hombres y pueblos de vivir en unidad, fraternidad y paz. Solo la caridad, vivida como verdadera imitación de Cristo nos puede conducir a este fin".

¿Conoces a líderes guiados por su fe para el buen gobierno?

Beata Lorenza Harasymiv

Levanto mis ojos a los montes: ¿De dónde me vendrá el auxilio? El auxilio me viene del Señor, que hizo el cielo y la tierra.
—Salmos 121:1–2

La beata Lorenza Harasymiv (1911–1952) nació en Ruvnyku en la actual Ucrania y creció en una familia católica. Las religiosas de San José fueron su segunda familia, allí cambió su nombre con su consagración a la vida comunitaria, a la oración y al servicio. Estalló la Revolución rusa y, en 1922, Ucrania fue incorporada a las repúblicas socialistas. Los sacerdotes católicos fueron los primeros en ser prisioneros, y las hermanas Lorenza y Olimpia Bidá sustituían las tareas en la evangelización y de la caridad. En un funeral, acompañado a los dolientes, la KGB las llevó prisioneras a Borislav, Checoslovaquia. Después las enviaron a trabajos duros en Siberia. Era el año 1950 y la hermana Lorenza tenía tuberculosis. En todas partes dio un impresionante testimonio de caridad y mantuvo su oración en cualquier circunstancia. En el campo de concentración empeoró, estuvo compartiendo habitación con otro enfermo de tuberculosis y paralítico, a quien todos rechazaban por temor de contagio, y aunque contó con el apoyo de la hermana Olimpia, su salud se quebrantó y murió en Kharsk.

❧ ✤ ☙

San Agustín expresaba a sus fieles que la entrega de los santos nos manifiesta la diferencia entre el amor carnal y el amor del mandamiento nuevo: "Como yo os he amado" ¿Por qué el Señor lo llamó nuevo si ya se conocía desde la antigüedad? Porque este amor es el único que nos despoja del hombre viejo, y nos reviste del nuevo. La caridad hace nuevas todas las cosas. (*Tratado de san Juan*, 65)

¿Encuentras en tu comunidad ejemplos de esta novedad en el amor?

Santa Mónica

Cuando te llamé, me escuchaste, fortaleciste mi ánimo.
—Salmos 138:3

Santa Mónica (332–387) pasó su juventud en Tagaste, actual Argelia, y a los dieciocho años se casó con Patricio, un romano pagano mujeriego que le daba malos tratos. Mónica tuvo dos hijos y buscó vivir en paz. Le preocupó siempre la brillante inteligencia de su hijo Agustín, inclinado a las frivolidades, que no aceptaba el precio de la conversión. Su marido se convirtió poco tiempo antes de morir. Como Agustín estudiaba en Cartago, Mónica se mudó con él, y entonces Agustín se fue a Roma. Mónica siguió a su hijo con sus oraciones, con sus consejos, y buen ejemplo, hasta que Agustín encontró al obispo Ambrosio de Milán, de quien recibió el Bautismo. Mónica tuvo la alegría de ver a su hijo responder a la gracia, después con el sacerdocio y finalmente como obispo. Mónica murió sintiéndose escuchada y bendecida por Dios. Se cumplió lo que dijo el obispo: "Es imposible que, con esas lágrimas, un hijo se pierda para siempre".

ЄꙨ❖ꙨꙊ

Numerosas madres de inmigrantes sufren porque sus hijos católicos son influidos por diversas corrientes o tendencias. Muchos jóvenes hispanos se cuentan entre lo que llamamos los *nones*. (jóvenes que no profesan una fe). Mónica oró por treinta y tres años para la conversión de su hijo. Esto nos invita a la paciencia y la constancia en la intercesión. Los hijos siguen acudiendo al hogar familiar y gustan de las celebraciones. Es bueno hacerles saber que oramos por ellos, y sobre todo, mantener un ejemplo de coherencia. Aunque estén en otros caminos, la huella de nuestra fe será imborrable.

¿Conoces jóvenes hijos de católicos que no están en la Iglesia? ¿Qué podemos hacer por ellos?

San Agustín

Lo que para mí era ganancia, lo consideré por Cristo, pérdida.
—Filipenses 3:8

San Agustín (354–430) tuvo dos grandes encuentros que cambiaron su vida: Platón y san Ambrosio, obispo de Milán, un pastor de gran talla, con capacidad de contestar las preguntas llenas de avidez y especulación del joven Agustín. De su conversión, la Iglesia ha tenido la madurez del orador, buscador apasionado, pensador, a un teólogo sediento de sabiduría, un pastor dedicado, catequista, formador, y sobre todo, a un gran espiritual enamorado del misterio de Dios. Agustín vivió intensamente la amistad. En primer lugar con su madre, con la que tuvo fascinantes conversaciones. También con san Ambrosio y con muchos otros pensadores compañeros en la fe. Con su herencia fundó una comunidad monacal y algunos de sus amigos fueron los primeros monjes. En el año 410, siendo ya obispo de Hipona, sufrió con su pueblo la llegada de los visigodos.

San Agustín supo presentar una teología que no solo los filósofos podrían comprender: entrelazó la belleza, la sabiduría, la bondad y la justicia de nuestra fe para todos. Agustín habló con sus afectos y le dio expresión a la ternura. Se le simboliza con un corazón ardiente. San Agustín marcó la ruta de hallar a Dios dentro de uno mismo: "Tú estabas dentro de mí, y yo afuera te buscaba, deforme como era, me lanzaba sobre las cosas hermosas que tú creaste. Tú estabas conmigo, más yo no estaba contigo. Me llamaste y clamaste, y rompiste mi sordera; exhalaste tu perfume y lo aspiré y ahora te anhelo. . ."

¿Te gustan las personas que hacen preguntas? ¿Profesas una fe que se expresa con ternura y amor?

Santa Teresa Bracco

Me enseñarás el camino de la vida, me llenarás de alegría en tu presencia, de gozo eterno a tu derecha.

—Salmos 16:11

Santa Teresa Bracco (1924–1944) nació en Piamonte, Italia. Hija de campesinos, desde niña encerraba la belleza de una fe bien aprendida. Aunque llegó hasta el cuarto grado escolar, le gustaba aprender todas las lecciones de la vida cristiana con verdadera entrega. Por la pobreza trabajó como pastorcita cuidando rebaños; mientras guiaba sus corderos, rezaba el Rosario y hacía altos para leer un poco sobre la vida de los santos. Le impresionó santo Domingo Sabio y ella hizo suyas sus palabras: "Primero morir antes que pecar". Quienes la conocieron, sabían que madrugaba para poder vivir su Eucaristía antes de sus trabajos y una bondad muy suya le permitía regresar cansada de los campos y ayudar a otros. Durante la guerra, un soldado alemán la secuestró, y frustrado de que no podía satisfacer sus apetencias por la oposición, la martirizó.

❧ ✦ ☙

Vivimos un tiempo en el que hay mujeres sacrificadas y martirizadas en diversas culturas y países por la violencia sexual. En la antigüedad, se valoró la defensa de la castidad por Cristo de las vírgenes a quienes les costó la vida, como lo alabó san Ambrosio: "Se le llamó también mártir en defensa de la pureza", y en palabras más recientes: "Mártir por la dignidad e integridad de la mujer".

¿Qué sientes ante la violencia contra las mujeres? ¿Cómo podemos desde nuestra fe defender la integridad de toda persona humana?

Beato Ghebra Miguel

Los que esperan en el Señor renuevan sus fuerzas, echan alas como las águilas, corren sin cansarse, marchan sin fatigarse.

—Isaías 40:31

El beato Ghebra Miguel (1791–1826) nació en la actual Etiopía, en Debro, en una familia que conservaba la creencia de que Cristo solo tuvo una naturaleza (monofisitas). Siendo niño perdió un ojo en un accidente. Le gustaba el estudio y la reflexión. A los diecinueve años entró al Monasterio de Bertule pero, después de un tiempo, se dio cuenta de que le faltaba ardor. Entonces se dio a la tarea de buscar monasterios, pero los encontraba relajados y faltos de convicción, hasta que en Gondar, conoció a san Justino de Jacobis. Este gran misionero lo sacó de sus errores y lo llevó en peregrinación a Jerusalén; recibió el Bautismo a los cincuenta años. Comenzó su seminario al poco tiempo de ser ordenado y pronto se desató una fuerte persecución. El seminario de Justino fue atacado, y Ghebra continuó la misión, pero también lo llevaron prisionero. Ante las autoridades y el mismo gobernador siempre afirmó: "No tengo otro juez que a Jesucristo". Resistió torturas terribles. Sentenciado a la pena de muerte, caminó por todo el país encadenado dando valor a otros prisioneros. Aquel aguante ¡era increíble!. Agotado, se contagió del cólera y murió.

❧ ❖ ☙

El camino de Ghebra fue comparado con el de Abraham. Llegar a la fe implica para algunos recorrer muchos caminos. Etiopía ve en él a un monje, un misionero y un mártir. San Justino afirmó: "¿Quién más digno de la ordenación sacerdotal que este hombre? Me juzgo digno de elevar a esta dignidad a este hombre".

¿Valoras los caminos difíciles para aquellos que dan testimonio de su fe en medio de grandes dificultades?

San José de Arimatea

Cristo murió una vez por nuestros pecados, el justo, por los injustos, para llevarlos a Ustedes a Dios.

—1 Pedro 3:18

San José de Arimatea (s. I) es mencionado solo en un momento de los Evangelios: cuando Jesús muere. Hay varios calificativos en los textos: que era rico, preparado, justo y honrado, discípulo clandestino por miedo al qué dirán. Los cuatro Evangelios relatan estos hechos: Mateo 27:57–60, Marcos 15:43–46, Lucas 23:50–55 y Juan 19:38–42. Y es como si después del drama de los juicios, la condena, los azotes, la coronación de espinas, las burlas, el camino de la cruz, los tormentos de la crucifixión, la sed, el abandono y la muerte. Finalmente pasa algo bueno: un amigo temeroso rompe la timidez. Y para darle algo de dignidad: trae una escalera para bajarlo, ofrece sábanas, perfumes y un sepulcro nuevo.

ॐ ❖ ॐ

"Benditas manos de José Arimatea que prestaron servicio a Cristo y palparon las manos y los pies atravesados, donde todavía manaba sangre. Bienaventurados sus hombros, que transportaron al que todo sostiene con su poder. Bienaventurados sus ojos, que vieron el rostro de Cristo y recibieron la luz verdadera. . ." (*Homilía Antigua del Sábado Santo*, 220). Bienaventurados los que dan al Cristo sufriente la hospitalidad de una amistad verdadera. . .

¿Ves a Cristo en la agonía de los desvalidos? ¿Ofreces los últimos gestos de la hospitalidad?

263

Septiembre

San Josué

El Señor ordenó a Josué: "Sé fuerte y valiente, que tú has de introducir a los israelitas en la tierra que he prometido. Yo estaré contigo".
—Deuteronomio 31:23

San Josué (1355–1245 a. C.) hijo de Nun, más que decir el heredero de Moisés, fue su brazo derecho. Compartió todos los grandes acontecimientos del Éxodo, estuvo al frente de ejércitos y complementó el liderazgo cuando Moisés necesitó concentrarse en su llamado espiritual, como ocurrió cuando subió al Sinaí. También fue su explorador, su espía, hombre de confianza, el perfecto ayudante en la conquista de la Tierra Prometida. Josué afrontó diversas tribus: hititas, amorreos, cananeos, pereceos, jebuseos. . . y conquistó sus ciudades. Es Josué quien hace la división de tierras entre las tribus y deja las recomendaciones de fidelidad a su pueblo. Josué es un testigo de lo que significa afrontar los más grandes obstáculos si vas de la mano de Dios. Josué es una gran trama de cómo Dios cumple con lo que promete, mantiene su alianza y siempre es fiel, se abre paso entre grandes obstáculos, y confiando en él, Josué afrontó todo tipo de peligros con herocidad.

෧❖ର

Podríamos pensar que Josué fue un "segundo rol". Entre Moisés y él hubo grandes diferencias: Josué no habló íntimamente ni cara a cara con Dios. Josué no dio leyes con la dimensión de la Alianza, como recibió Moisés. A Josué Dios le dijo "Ten ánimo, se valiente" (Jos 1:9), y así ocurrió: siempre fue un cumplidor de las órdenes de Moisés. Uno y otro, relevan tareas seguros de que son instrumentos de Dios y lo que toca es cuidar, conducir, organizar e instruir a este pueblo de Dios en marcha.

¿Identificas diferentes tipos y estilos de liderazgo en tu comunidad? ¿Tú relevas a otro líder? ¿Te sientes de la mano de Dios en el ejercicio de tu liderazgo?

Beata Ingrid de Skanninge

*Respetar al Señor es síntesis de la sabiduría, cumplir su ley, es
toda la sabiduría.*
—Eclesiástico 19:20

Se sabe poco de la familia de la beata Ingrid de Skanninge (s. XIII), solo que fueron los Elofsdotte, suecos familiarizados con santa Brígida de Suecia. Era muy joven cuando la casaron con un hombre noble, Siger. No tuvieron hijos, enviudó en 1272 y dedicó su fortuna al apoyo de monasterios y orfanatos. Tuvo un grupo de mujeres piadosas con quienes emprendió una peregrinación a Santiago de Compostela, a Roma y a Jerusalén. Durante estos viajes tuvo la inspiración de iniciar una comunidad religiosa y con su grupo de mujeres estuvo orando para discernir la voluntad de Dios. Recibieron la autorización de ser un monasterio de dominicas. Allí entregó Ingrid su vida, consagrada a orar por el pueblo sueco. Fue muy querida por el pueblo; a su muerte este pidió que la hicieran santa. Su proceso no fue concluido porque en 1527 entró el protestantismo con fuerza a Suecia y del monasterio solo quedaron ruinas.

❧ ❖ ☙

Muchas mujeres viudas experimentan una segunda vocación en el servicio de la Iglesia. La viudez no es un estado de soledad ni de desgracia. Cuando las comunidades apoyan a las mujeres que se han quedado solas, cuando entre ellas hacen comunidad para crecer espiritual y humanamente y cuando se hacen solidarias unas de otras, florecen carismas del Espíritu Santo para el bien común.

¿En tu comunidad hay acompañamiento a las viudas?

San Gregorio Magno

Canten para Dios, canten, canten para nuestro rey, canten.
—Salmos 47:7

San Gregorio Magno (540–604) nació en una familia romana influyente y poderosa por tener diferentes miembros en el Estado y en la Iglesia. Cuando tenía treinta años fue nombrado alcalde de Roma, tiempo en que los pueblos bárbaros invadían Italia. Abandonó el mundo civil para hacerse monje benedictino. Con su inteligencia, absorbió la teología de los santos Agustín, Jerónimo y Ambrosio. Misionó en diferentes lugares y visitó también Constantinopla; fue el primer papa monje. En el gobierno de la Iglesia, tuvo muchos aciertos que le valieron el adjetivo de "grande". Fue excelente teólogo, enriqueció la vida litúrgica y administró con acierto, realizó reformas en favor de los empobrecidos para fortalecer las obras de caridad. Fue un apasionado misionero, envió a grandes hombres, como los santos Bonifacio, Agustín de Canterbury y Wilybrodo, a misionar en Inglaterra e Irlanda y el centro de Europa.

෨❖ൕ

El canto fue uno de los dones del Papa Gregorio. San Martín de Tours dejó un testimonio del año 590, que vinieron varias calamidades a Roma, el rio Tíbet se desbordó y vino la peste. Gregorio organizó una impresionante procesión, pidió a los creyentes que resistieran todo el día en canto y oración saliendo de las siete iglesias principales de Roma hacia Santa María la Mayor. Todos cantaban repetidas veces Kyrie Eleison. . . Había muchos enfermos y algunos cayeron muertos pero Gregorio los animó a mantener los estribillos sencillos. Él predicaba, oraba y alternaban aquel canto profundo y austero. Esta liturgia duró tres días y se terminó la peste. Todos siguieron con ese estilo de canto y de oración y lo llamaron "Canto gregoriano".

¿Usas el canto para suplicar a Dios?

Santa Hermione de Efeso

Yo siempre estaré contigo: me tomas de la mano derecha, me guías según tus
planes y me llevas a un destino glorioso.
—Salmos 73:23–24

Por testimonios de san Jerónimo, sabemos que santa Hermione (s. II–III) fue hija del diácono Felipe. Fue médico y curaba llena de fe haciendo el bien. La leyenda cuenta que ella y su hermana hicieron un viaje a Éfeso con el propósito de conocer al apóstol san Juan, pero este ya había muerto y solo estuvieron en su sepulcro. Allí cerca decidieron permanecer en oración, donde Hermione conoció a un discípulo del apóstol san Pablo y decidió quedarse a escuchar sus enseñanzas. El emperador Trajano pasó por Éfeso y le contaron de su fama de sanadora. Él la quiso conocer y ella delante de él confesó a Cristo. El emperador no quiso hacerle daño porque vio cuánto la apreciaban y no quiso dejar al pueblo sin su médica. Pero después subió el emperador Adriano, y él sí hizo varios intentos de sacrificarla, sin mucho resultado, hasta que ella misma, a las afueras de Éfeso, oró intensamente y murió.

❧ ❖ ☙

En cada época los santos descubren a la Iglesia. Unos buscan a testigos anteriores, se conectan con el mensaje, y tratan de seguir a Jesús y tomar parte en su misión. Los prodigios que les han ocurrido a santos como Hermione, no son fantasías o leyendas: son enseñanza para nosotros del poder que tienen la entrega al servicio y la confianza en Dios.

¿Quiénes han influido para conocer más el Evangelio? Y tú, ¿en quién influyes? ¿A
quién le entregas la antorcha?

Santa Teresa de Calcuta

Les aseguro, que lo que hayan hecho a uno solo de éstos, mis hermanos menores, me lo hicieron a mí.
—Mateo 25:40

Santa Teresa de Calcuta (1910–1997) siente un llamado inquietante entre dejar el instituto para el cual se había formado como maestra misionera rodeada de alumnas muy queridas, o salir a los barrios de Calcuta y atender a los pobres. En su diario cuenta que pasó un día buscando una posible casa donde iniciar una fundación, caminó hasta que el cansancio ya no le permitió más, y pensó en el dolor de los pobres, que buscaban tanto sin hallar un sitio mínimo y además estaban enfermos o hambrientos. Entonces comenzó una de las respuestas a la fe más grandes, la de Gonxha Inés, de familia albanesa, quien convertida ahora es Teresa de Calcuta, la madre de los pobres. Una de las mujeres más reconocidas y premiadas en el mundo cuyas obras se extendieron por países y realidades. Una mujer que experimentó "noches oscuras" en su vida espiritual, no tuvo sensación de "estar cerca de Dios y recibir gracias" en cada moribundo, leproso, huérfano, maltratado. Obró con fe ciega, segura de que si rescatas la dignidad humana de cada persona, Dios está allí. Su inconfundible mirada en sintonía con su sonrisa, fueron recogidas por tantas cámaras para ilustrarnos que hay más alegría en dar que en recibir.

☙ ✤ ❧

Para los gobiernos los pobres son tema de estadística, casi siempre se ven como un problema. Para los santos, los pobres son una presencia de Dios escondida. Hacer algo o dejar de hacer algo tiene que ver con amar y servir a Dios mismo.

¿Te incomodan los pobres? ¿Cómo te ubicas ante los más débiles? ¿Sientes algo parecido a cuando ves un sagrario con una lámpara encendida?

Santa Begga

Busquen primero el reino de Dios y su justicia, y lo demás lo recibirán por añadidura. Por eso, no se preocupen del mañana, que el mañana se ocupará de sí. A cada día le basta su problema.

—Mateo 6:33–34

Santa Begga (s. VI) fue irlandesa y de cariño le decían Bee (abeja). Desde niña tuvo comunicación con su ángel de la guarda. Cuando era adolescente la prepararon para su matrimonio, pues según el uso de los nobles, la habían prometido con un príncipe sueco. Begga expresó su negación porque se sentía deseosa de ir a un monasterio. Su ángel de la guardia la guió por el mar en unas ramas y llegó a Northumberland, donde fue protegida por el obispo Aidán, y se dedicó a atender a los enfermos del área. Ante los peligros de los piratas, le recomendaron adentrarse y le pidieron la fundación de un monasterio en Cumberland. San Beda también la envió hasta Escocia y su laboriosa caridad era celebrada por quienes recibían su amable trato, asegurando que le hacía honor a su nombre.

℘✣℘

Santa Teresa decía que el amor es ingenioso y nos hace diligentes. Y es cierto. Por eso imaginar a santa Begga como abeja laboriosa es una comparación que resume una de las características de las mujeres santas, que son trabajadoras y que los peligros no las asustan para lograr hacer el bien que saben hace falta a un alma o a una comunidad.

¿Conoces mujeres laboriosas por el Evangelio? ¿Aprecias lo que aportan a la Iglesia las mujeres que ofrecen sus dones al servicio de Dios?

San Hildward

Amo al Señor porque escucha mi voz suplicante, porque tiende su oído hacia mí en cuanto lo invoco.
—Salmos 116:1

San Hildward (s. VII) fue un monje franco; cuando murió el obispo Bertin de Toul, fue elegido unánimemente para sucederlo. Hildward se fue en peregrinación a Roma, pidiendo conocer la Voluntad de Dios. El Papa Gregorio III lo confirmó como obispo y le dijo que sería un obispo itinerante, encargándole la evangelización en una región de los Países Bajos. La leyenda cuenta que lo hospedó una viuda que era amante de un noble. Hildward la convirtió al camino del bien con sus consejos y el noble amenazó con matarlo. También convirtió al noble y como señal de arrepentimiento, el noble le dio tierras y le permitió construir un monasterio. Hildward influyó para que muchos se acercaran a Cristo y algunas mujeres se consagraron también. A su muerte, su monasterio se convirtió en la Abadía de San Andrés.

❧ ✠ ❧

La santidad no es conformista. La santidad corre el riesgo de invitar a las almas hacia la conversión verdadera. Bien dijo san Pablo que la conversión no solo nos saca del pecado, sino que conduce nuestra vida hacia lo mejor, hacia lo más santo, lo más perfecto. La santidad no cede hasta que nos acerca un poco más a Dios.

¿Tomas en serio tu trabajo por tu propia conversión? ¿Animas a otros a ser mejores?

San Pedro Claver

El Señor no abandonará a su pueblo ni abandonará su herencia.
—Salmos 94:14

En 1615, san Pedro Claver (1580–1654) fue ordenado sacerdote jesuita en Cartagena, Colombia. Fue enviado a ayudar al padre Sandoval en la evangelización de los negros esclavos. Pero el padre Sandoval tuvo que irse a Perú y Pedro Claver se quedó solo con aquel inmenso campo de dolor: hombres, mujeres y niños eran tratados como bestias humanas, comprados y revendidos por los hacendados para llevarlos a los trabajos más pesados y humillantes en minas y campos. Conoció las vergonzosas negociaciones que hacían los dueños, sin importarles separar familias o exponerlas a graves peligros. Pidió autorización para entrar a los barcos, porque siempre venían moribundos o enfermos por las condiciones infrahumanas del viaje. Eran encerrados, y el padre Pedro iba de una prisión a otra para ofrecerles apoyo. A los tres años hizo sus votos solemnes y declaró: "Pedro Claver, esclavo de los negros para siempre". Y así lo cumplió. Los negros lo tuvieron por padre; alguna vez se interpuso entre capataces y esclavos y recibió azotes. Por cuarenta años mantuvo su presencia en cárceles, bodegas y campos. No lo detuvo la enfermedad; casi paralítico, lo subían a una mula para visitar a sus amados negros.

☙ ❖ ❧

Evangelii Gaudium (209) nos recuerda que Jesús es el gran evangelizador y él nos dio ejemplo de prestar atención a los más vulnerables de la tierra. Nuestro desafío es identificar quiénes son los más lentos, débiles, menos dotados. . . . Cuidar la fragilidad es la expresión de que hemos entendido el mensaje del Evangelio.

¿Quiénes son los más frágiles en tu ambiente? ¿Son identificados por la comunidad parroquial? ¿Hay iniciativas para apoyarlos?

Beato Santiago Laval

El hombre planea su camino, pero el Señor le sigue sus pasos.
—Proverbios 16:9

La vocación puede ser una parada en seco: una experiencia del vacío de la vida. Así le ocurrió al beato Santiago Laval (1805–1864). En la plenitud de su carrera como médico francés, corriendo sus caballos por Normandía, quiso cortar aquella insatisfacción y visitó el Monasterio de San Suplicio, y se quedó con los Padres del Espíritu Santo. Primero fue sacerdote en Rouen; el padre Liberman le invitó al proyecto en África. Desembarcaron en la Isla Mauricio, colonia británica en el océano Indico, donde encontró gran diversidad cultural. Era reciente la abolición de la esclavitud, pero los negros estaban abandonados a su suerte en una gran miseria. El padre Laval comenzó por tratarlos con todo respeto, ofreciendo una amistad sincera, haciendo sentir a cada uno su dignidad. Por la frecuencia de tormentas y huracanes, invitó a la tarea de mejorar las viviendas, hizo que ellos mismos organizaran cultivos, y unos a otros comenzaron a fortalecer una comunidad católica de ayuda y servicio. "Era increíble lo que lograron pobres ayudando a otros pobres", dijo un testigo. Cuando murió, más de 20,000 negros, sus hijos, querían trasportarlo al cementerio. Todos coincidan: "Él fue amigo en todas nuestras preocupaciones".

൧✧ൠ

Escuchar el grito de Dios, "¿Dónde está tu hermano?" (Gn 4:9) implica un amplio abanico: tu hermano esclavo, el que trabaja en un taller clandestino, el que queda envuelto en una red de prostitución, el niño utilizado para la mendicidad, el que está enredado en el crimen mafioso. . . No nos hagamos los distraídos, ¡la pregunta es para todos! (*Evangelli Gaudium*, 211).

¿Los pobres de tu comunidad son motivados para volverse solidarios entre ellos?

San Nicolás Tolentino

Despunta la luz para los justos y la alegría para los rectos de corazón.
—Salmos 97:11

San Nicolás Tolentino (1244–1305) nació en el pueblecito de San Ángel en Pontano, en el centro de Italia. Sus padres habían deseado un hijo e hicieron una peregrinación a Bari para visitar las reliquias de san Nicolás pidiendo el milagro de un hijo, y como lo tuvieron, lo llamaron también Nicolás, lo consagraron al estudio de la fe y desde pequeño le encomendaron que repartiera las limosnas a los pobres. Entró con los frailes agustinos y siempre se destacó por tomar con toda responsabilidad todos sus deberes desde las pequeñas tareas hasta las penitencias. Lo dedicaron a predicar y anduvo de ciudad en ciudad varios años, pero su salud se afectó y cuando llegó a Tolentino, un pueblo de agricultores, comenzó a evangelizar la comarca. Muchos comenzaron a venir a él, por lo que allí pasó treinta años. Tuvo particular interés en orar por los difuntos y por ayudar a las ánimas del purgatorio. Fue un dedicado confesor y sus penitencias hacían estremecer a muchos. Lo interesante es que la vida recia que se aplicó a sí mismo no reflejaba ninguna amargura. Fue un hombre que infundía paz y ánimo, que se conmovía y manifestaba su compasión. Muchos lo quisieron y cuanta cosa le regalaban, él la hacía llegar a los más necesitados.

❧ ✤ ☙

La oración más allá de nosotros mismos ha caracterizado la fe de los santos. "Conviene que el que ora, eleve a Dios sus manos puras, perdonando todas las injurias que haya recibido y dándose ánimo en todo lo que sienta y no esté airado contra nadie" (Orígenes, *Tratado sobre la oración* 8, 2). Orar por los vivos y por el eterno descanso de los que se han muerto es una muestra profunda de caridad.

¿Oras por otros con sinceridad? ¿A cuántos difuntos recuerdas en tus oraciones?

Beato Juan Manuel Perboyre

El Señor es clemente y justo, nuestro Dios es compasivo. El Señor guarda a los sencillos, estando yo sin fuerza me salvó.
—Salmos 116:5–6

El beato Juan Manuel Perboyre (1802–1840) fue un joven sacerdote de la congregación de los lazaristas, que tuvo una apasionada vocación misionera para la China. Sabiendo que había un decreto imperial de dar muerte a cualquier europeo que cruzara fronteras para llevar doctrinas, el padre Juan Manuel dejó Francia, y como un misionero disfrazado, anduvo entre diversas familias convertidas hasta que llegó a la China Central, en las regiones de Honan y Hiupe. Tomaba todas las precauciones en su clandestinidad y en su pobreza de recursos, y por cuatro años evangelizó y formó pequeñas comunidades. Sabía que se jugaba la vida, y cuando lo detuvieron, inició una verdadera réplica de la pasión de Cristo: lo azotaron, lo escupieron, lo interrogaron de ciudad en ciudad, lo azotaron hasta que se desmayaba, lo encerraban entre los peores criminales y finalmente le dieron una muerte lenta.

∞ ❖ ∞

Los misioneros reciben y manifiestan la fortaleza propia de Pentecostés. Por el Espíritu Santo dejan su patria, cruzan fronteras, afrontan la contradicción y dan testimonio hasta el final. El Espíritu Santo sella con ellos una entrega hasta la cruz y por eso, en la tierra regada con su sangre, se multiplican los cristianos.

¿Invocas la fortaleza del Espíritu Santo? ¿Cruzas fronteras culturales para llevar el testimonio de Cristo?

Beata María de Jesús López Rivas

Bendigo al Señor que me aconseja, aun de noche, instruye mi conciencia.
—Salmos 16:7

La beata María de Jesús López (1560–1640) fue una mujer muy valorada por santa Teresa de Jesús, tanto por sus dones personales como por su virtud. Ella misma la animó a llevar una vida consagrada a Dios a pesar de su falta de salud. María de Jesús parecía muy frágil por sus constantes padecimientos; muchas monjas sospechaban que no perseveraría, pero ella supo acercar cada uno de sus sufrimientos a la Pasión del Señor y sacar fuerzas para vivir la vida recia de las monjas carmelitas reformadas. San Juan de la Cruz, cuando se fugó de la cárcel de Toledo, se refugió en el Carmelo y la conoció. Dejó su testimonio de valoración cristiana ante aquella frágil mujer que realizó diversos oficios y tuvo varios cargos, mostrando en todo cómo sobreponía sus fuerzas físicas al cumplimiento del deber. Cuando la Reforma tuvo un revés, la destituyeron y ella aceptó los nuevos superiores con humildad y confianza. Fue sorprendente, que a pesar de su escasa salud, viviera largo tiempo y cumpliera hasta el final sus obligaciones.

ɛ১ ❖ ৫੨

Muchos santos sorprenden por las energías que manifiestan, no solo para poner por obra la caridad, para realizar sus proyectos y cumplir sus promesas, sino para llevar las contradicciones de la vida.

¿Qué significa para ti la cruz de Cristo? ¿Encuentras en nuestra espiritualidad la inspiración para tomar los sufrimientos y dificultades con verdadero sentido?

San Juan Crisostomo

No dejará que tropiece tu pie, no duerme tu guardián.
—Salmos 121:3

San Juan Crisóstomo (350–407) fue originario de Antioquía, en Siria, hijo único de una noble familia. Convertido a los veintidós años, pasó un tiempo de ermitaño y fue luego ordenado sacerdote. Comenzó su predicación del Evangelio y fue una conmoción la fuerza de su discurso: directo a la conversión de las vidas entregadas a placeres y vanidades. Comenzaron a valorar este pastor de almas en Siria cuando el emperador le entregó el patriarcado de Constantinopla. Allí tuvo grandes tareas en formar al clero, en evangelizar al pueblo, sobre todo en los lugares más lejanos. Repartió limosnas entre los pobres y fundó hospitales. Siguió con su predicación directa y firme, pero la emperatriz Eudoxia se ofendió porque él no frecuentaba la corte. Ella sentía que la criticaba, tramó falsas acusaciones y logró que lo desterraran. El pueblo se opuso y el levantamiento popular asustó a la emperatriz, quien le pidió que regresara. Juan regresó y trató a todos como si nada hubiera pasado. Siguió su tarea, pero la emperatriz se unió con otros clérigos envidiosos, lo destituyeron y lo desterraron a una lejana aldea de Armenia. Ya era anciano para un viaje por el desierto, murió de agotamiento con sus clásicas palabras: "Dios sea alabado por todo".

☙ ❖ ❧

Cristo está conmigo, ¿qué puedo temer? Que vengan a asaltarme las olas del mar y la ira de los poderosos; todo eso no pesa más que una tela de araña. Si no me hubiese retenido el amor que os tengo, no hubiese esperado a mañana para marcharme. En toda ocasión yo digo: "Señor, hágase tu voluntad: no lo que quiere éste o aquél, sino lo que tú quieres que haga" (*Homilía antes del destierro*, 1–3).

¿Qué despierta en ti la valentía de los santos? ¿A qué se deben nuestros temores para evangelizar?

14 DE SEPTIEMBRE

San Luis Gabriel Taurin

Por ahora, no podemos verlo, sino que vivimos sostenidos por la fe.
—2 Corintios 5:7

San Luis Gabriel (1750–1815) nació en Lezoux, Francia, en medio de una familia católica que lo envió a recibir buena formación. A los diecisiete años se fue al seminario de Saint Sulpice y tiempo después conoció la Sociedad de Misiones Extranjeras de París, que proveía misioneros al Oriente. Con solo veintiséis años partió a China, justo al año de ser ordenado. Una pasión misionera corría por sus venas, y llegó a la provincia de Szechuan donde desarrolló diversas actividades: pequeños centros de catequesis, servicios y celebraciones a las comunidades que ya existían. Ganó a muchos fieles para la Iglesia, cuando se desató la persecución. Fue prisionero varias veces y él mismo se entregó para que no sacrificaran a inocentes por protegerlo, y lo deportaron a Filipinas. Cuando la persecución se suavizó, regresó a China, continuó su trabajo misionero, y en 1803, lo consagraron obispo de Tabraca. Rápidamente organizó un sínodo y contaba ya con más de cinco mil católicos. Pero en 1813, el gobierno de China tuvo desavenencias con las políticas europeas y nuevamente tomó prisioneros a los sacerdotes extranjeros. A pesar de que el obispo Luis Gabriel tenía fama de bueno, el gobernador lo mandó ejecutar como escarmiento para todos. Lejos de abandonar la fe, los chinos prisioneros se determinaron más a seguir el ejemplo de su querido pastor.

Cuando Jesús pide a sus discípulos que vayan al mundo y lleven su Buena Noticia, les confirma la tarea misionera como característica de su discipulado. Por eso la misión de la Iglesia, anunciar la Buena Nueva, es parte de su ser y de su hacer. Misioneros como Luis Gabriel han hecho suya la respuesta de Jesús a Pedro: "Pedro, ¿me amas? Entonces, apacienta mis ovejas" (Jn 21:15).

¿Te propones misionar? ¿Misionar es para ti un modo concreto de seguir a Jesús?

Beato Camilo Constanzo

Viendo la multitud, se conmovió por ellos, porque estaban maltratados y abatidos, como ovejas sin pastor.
—Mateo 9:36

El beato Camilo Constanzo (1572–1622) estudió en Nápoles y entró a la Compañía de Jesús en una época en que ser misionero era el anhelo vocacional más motivador. Ansioso de ir a China, fue desviado de su propósito por la falta de relaciones políticas y quedó en Nagasaki, Japón, donde aprendió el japonés casi a la perfección. Por seis años evangelizó, y en 1614 se desató una persecución por lo que se refugió en Macao. En 1622, regresó a Japón de incógnito con el deseo de visitar a todos los que él había evangelizado y pudo entrar con la ayuda de otros cristianos. Fue víctima de una trampa y lo llevaron al interrogatorio. Confesó que había entrado para evangelizar y esperó su sentencia. Lo condenaron a muerte por fuego y los testigos observaron que no se puso triste; al contrario, renovó sus votos y escribió a su Provincial que otros hermanos morían con él y que no temían a los que matan el cuerpo y estaban seguros de la vida eterna que solo Cristo puede dar.

❧ ✦ ☙

La vocación misionera hunde sus raíces en el deseo de llevar a Cristo más allá de uno mismo, con la certeza de que si das a otras personas esa Buena Nueva, les has hecho el mayor bien que puede hacerse. Muchos misioneros parecen enamorados de sus comunidades, y ese amor los lleva al mismo extremo de Jesús, a dar su vida. Otros, desde afuera, pueden considerarlos imprudentes o faltos de lógica, pero el verdadero misionero, termina siempre entregando su vida.

¿Consideras una exageración morir por el Evangelio? ¿Qué le da dimensión a la muerte para dejar de tenerle miedo?

San Cipriano

Dichoso el sirviente a quien su señor, al llegar, lo encuentre trabajando...
—Mateo 24:46

San Cipriano (200–258) fue un noble, con estudios en Retórica, de quien Dios se valió para la evangelización de África. Como los maestros en la antigüedad, tuvo alumnos y fue valorado por sus conocimientos. Oyó predicar al sacerdote Cecilio. Cipriano abandonó sus creencias y donó a los pobres su fortuna. A sus cuarenta y seis años fue bautizado, pasó un largo tiempo en el desierto meditando y se convirtió en el misionero de su propia tierra. Todos quedaban fascinados por su elocuencia y fue elegido obispo. El emperador Decio envió órdenes de venerar a sus dioses. Cipriano pasó un gran dolor de ver a su pueblo venerando a dioses falsos y se fue al desierto. Desde allá escribió cartas, apenado de cuánto le faltaba evangelizar a su pueblo. Vino un tiempo de relativa paz, y Cipriano regresó a su sede cuando subió el emperador Valeriano, quien declaró persecución radical. Llegó a Cipriano la acusación de "alta traición". Su pueblo fue testigo del interrogatorio, y cómo él mismo, al escuchar su sentencia de muerte, se vendó los ojos y exclamó con fuerza: "¡Gracias a Dios!".

❧ ✤ ☙

"Oramos para que se cumpla la voluntad de Dios, pero ¿por qué manifestar repugnancia a la muerte si está marcada por esa Voluntad? Nos resistimos, no queremos dejar este mundo, ¿y así queremos que el Señor nos premie con los bienes celestiales? ¿Para qué pedir al Padre que venga su reino si estamos apegados a la cautividad al de la tierra? ¿Quién no recibirá con valor una muerte preciosa en la presencia de Dios?" (San Cipriano de Cartago, *Tratado de inmortalidad*, 30).

¿Por qué nos da miedo que seguir a Cristo ponga en riesgo nuestra seguridad? ¿Identificas cristianos que optan más allá de la vida material?

Santa Hildegarda

Canten al Señor un cántico nuevo, canta al Señor, tierra entera.
—Salmos 96:1

El convento benedictino de Rupertsberg, cerca de Bingen, recibía constantes visitas de enfermos que preguntaban por la hermana sanadora. Santa Hildergard (1098–1179) había entrado al monasterio de benedictinas desde sus quince años. Enfermiza, frágil de apariencia, fue una mujer poseedora de extraordinarios dones para el estudio y una intuición para la armonía. Además de sus meditaciones, dedicó tiempo a la música y a la herbolaria. Su jardín fue considerado una enorme farmacia en las tierras de Alemania. Ofreció diversos consejos para que los enfermos sanaran buscando un estilo de vida basado en el equilibrio. Realizó varios viajes y por los caminos misionaba. Tuvo una intensa vida de oración y aunque se resistía a escribir, dejó una rica experiencia espiritual que muchos estudian todavía, con el asombro de hallar a una gran mística. Muchas de sus actividades fueron malinterpretadas por algunos clérigos que la acusaron y su monasterio recibió una restricción de un año sin celebraciones litúrgicas. Hildergard luchó para que las campanas volvieran a resonar en su convento, y así pasó. Escribió valientes cartas a la jerarquía y a la nobleza y cooperó con su autenticidad a la renovación de la Iglesia.

☙ ✤ ❧

El deterioro del medio ambiente nos plantea una crisis global y extrañamos una ecología integral. Santa Hildergard observó con una *inteligencia espiritual* que en la Creación de Dios todo está conectado. *Laudato Si* (139) nos invita a recuperar esas relaciones entre la naturaleza y la sociedad: "No hay dos crisis, una ambiental y otra social. Es una sola [. . .] y para solucionarla, hay que combatir la pobreza, devolver la dignidad a los excluidos y simultáneamente cuidar la naturaleza".

¿Te interesas por comprender la ecología integral?

San Lamberto de Maastricht

Dichoso el hombre a quien educas, Señor, a quien instruyes en tu ley.
—Salmos 94:12

San Lamberto (625–708) nació en Maastricht, en una familia de nobles en la que también había personas destacadas de la Iglesia. Un tío suyo obispo, san Teodardo, fue asesinado por hacer ver al rey Childerico sus injusticias, y Lamberto fue designado para sucederlo como obispo, pero también lo desterró al poco tiempo. Entonces Lamberto se fue a un monasterio benedictino donde vivió como si fuera un novicio, haciendo a un lado su dignidad episcopal. Después vino el rey Pepino; Lamberto regresó al obispado y se concentró en la evangelización. Salió a misionar en las comunidades que se encontraban en el paganismo y era paciente en catequizar y animar a los nuevos conversos. El rey comenzó una relación adúltera con su cuñada Alpais. Lamberto le pidió que reconsiderara su error y no diera mal ejemplo a su pueblo. Pero Alpais, molesta y temiendo que el rey lo escuchara, pagó para que lo asesinaran brutalmente. Se le representa atravesado por una lanza, camino al altar, llevando carbones encendidos.

∞ ❖ ◌ﬢ

Muchos ven en san Lamberto a otro Juan el Bautista. Los carbones encendidos los identifican con la verdad y la fortaleza para encarar problemas. Hay que tener el valor y el coraje de enfrentar situaciones incorrectas que pueden traer consecuencias peligrosas. Actualmente se ofrecen cursos y se dan buenas técnicas para el manejo de conflictos en lugares de trabajo, familias, grupos. Todos necesitamos ayuda para manejar los conflictos.

¿Cómo manejas tú la verdad cuando te va a traer conflictos? ¿En qué te apoyas cuando tienes que afrontar un conflicto?

San Jenaro

*Felices los perseguidos por causa del bien, porque el reino de los cielos
les pertenece.*
—Mateo 5:10

San Jenaro (c. 305) fue obispo de Nápoles, querido y afamado por su amor
al pueblo. Desde muy antiguo su martirio quedó documentado en las actas.
Cuando el edicto de Diocleciano prohibió a los cristianos el culto, el obispo
Jenaro no paro en visitar a sus hijos. En el camino a la cárcel lo detuvo la
guardia del gobernador y lo condenó a la misma muerte que los cristianos
presos. La tradición afirma que fueron entregados a las fieras para que los
despedazaran. La audiencia gritaba eufórica, pero los animales llegaron frente a
ellos y no los tocaron. Entonces se levantó el griterío, todos gritaron pidiendo
muerte y los decapitaron para calmar a la multitud. Las reliquias de san Jenaro
se encuentran en Nápoles; es considerado patrono y protector, su sangre ha
librado a su pueblo del hambre, la guerra, la peste y de las explosiones del
volcán Vesubio.

❧ ❖ ❧

Un santo es la prueba de que en la Iglesia se sigue tomando en serio el
Evangelio. Un santo va más allá de un modelo o un ideal: es una concretización
de lo que puede hacerse gracias al poder de la fe. Podemos creer o no ciertas
cosas sobre los santos, pero ellos han ido más lejos que los demás. Aunque fue
un intento de imitar a Cristo, el resultado enriquece a la Iglesia y beneficia a
todos sus miembros.

*¿Has probado con tu modo de vivir, algo de lo que crees? ¿Si tuvieras que pasar por
vivencias difíciles, tienes de dónde aferrarte?*

San Pablo Chong Hasang

Pues yo les digo: Amen a sus enemigos, oren por sus perseguidores. Así serán hijos de su Padre del cielo, que hace salir su sol sobre malos y buenos y hace llover sobre justos e injustos.

—Mateo 5:44–45

San Pablo Chong (1795–1839) nació en Mahyón, Corea, en el año 1795. Su familia tuvo nobles, sabios y también mártires. Siendo niño fue testigo del martirio de su padre y su hermano, y experimentó la pobreza, porque a su familia le confiscaron todo. Pero su madre rescató un catecismo en coreano, que Pablo aprendió y sobre el que reflexionó. A sus veinte años se puso a las órdenes en la Iglesia en Seúl y trataba de traer sacerdotes católicos de China hacia Corea. En Pekín ofreció sus servicios como intérprete y conoció al obispo Imbert. Se calcula que hizo unos trece viajes en un tremendo afán de conectar a los católicos de patria con la Iglesia Universal. En 1837, el obispo lo preparó para el sacerdocio. Pablo siguió escondiéndose mientras catequizaba, administraba sacramentos y escribía. En 1839 fue detenido, recibió crueles torturas y las ofreció de lleno a la fe, seguro de la fe que predicó. Fue decapitado a las afueras de Seúl.

℘ ❖ ℘

Los grandes misioneros de la Iglesia parecen poseídos por un febril apasionamiento que los lleva a aprender lo que no saben de la otra cultura: lenguas, sus usos y costumbres, su idea del mundo. . . pero también los lleva a desafiar los defectos y problemas, para poderlos poner a prueba con los valores del Evangelio. Suportan sufrimientos, persecución cárcel y muerte, porque solo así los nuevos creyentes experimentarán el contraste y harán una opción por Cristo.

Cuando vas a llevar a otros el Evangelio, ¿piensas en el precio que han pagado los primeros en llegar para abrir camino?

San Mateo, Apóstol

Jesús vio a un hombre llamado Mateo, sentado junto a la mesa de
recaudación de impuestos. Le dijo: "Sígueme". Él se levantó y lo siguió.
—Mateo 9:9

Los Evangelios narran la vocación de Leví, que trabajó como recaudador de impuestos. San Mateo (c. 74), Apóstol, originario de Cafarnaúm, recolectaba en los pueblos del Lago. También en esta historia un encuentro le cambiará el nombre, como a otros, y a partir del llamado del Carpintero de Galilea, este contador abandona las monedas y los talonarios de cuentas y va tras Jesús. Es raro que un judío trabajara en esto, pero es seguro que si alguno cooperaba con los romanos, era mal visto por su gente. Si el trabajo consistía en exprimirle los impuestos a los suyos, era considerado un traidor. No tenemos detalles, sabemos que Jesús hizo su abierta invitación: "Sígueme". Mateo reaccionó y dio una respuesta perfecta, abandonó su trabajo, su vida cómoda, sus ventajas y se volvió no solo su acompañante y discípulo, sino sobre todo, su testigo. Después de la Resurrección misionó y dejó el Evangelio escrito en arameo.

ೞ❖ೞ

El Evangelio de san Mateo, articula las enseñanzas de Jesús en grandes discursos, no porque Jesús hubiera dado enseñanzas tan largas, sino porque presenta a Jesús como un Maestro semejante a los grandes del Antiguo Testamento y superior a los que se creían maestros en su tiempo. Es muy positivo para nuestra meditación conocer los discursos sobre el reino, las parábolas, los discípulos, los discursos a los escribas y fariseos o los del fin del mundo, y tomándolos como un paquete cuyo contenido fue articulado por la primera Iglesia, y permitir que esas enseñanzas toquen nuestro corazón.

¿Cuál de las enseñanzas de san Mateo es tu favorita? ¿Te transmite algo especial el
Jesús que revela su Evangelio?

San Mauricio Tebano

Mi escudo es el Dios Altísimo que salva a los de recto corazón.
—Salmos 7:11

San Mauricio Tebano (c. 302) fue un comandante de la legión del ejército romano en tiempos del emperador Maximiliano. En la legión de Mauricio había bastantes cristianos de Egipto y cumplían tareas de vigilancia en las comunidades cuando llegaron órdenes de que cerca de la Galia deberían aplacar una revuelta *bagauda*, así llamaban a levantamientos donde varias bandas se organizaban contra los romanos. Mauricio acudió y toda su gente luchó con valentía. Enseguida les ordenaron acabar con un grupo de cristianos, pero Mauricio y su legión se negaron a ponerse en contra de su propia fe. Dos veces se negaron y fueron sacrificados en Agaunum por su desobediencia. En Valais, Suiza, se encuentra el monasterio que se edificó después en el lugar de la muerte de estos mártires. Aunque hay información tardía, en la tradición de la Iglesia, san Mauricio ha sido patrono de los soldados de infantería, y de guardias, ha sido representado en diversas épocas de la historia en imágenes y estandartes.

❧ ✣ ☙

San Mauricio es un modelo de lo que significa obedecer a la recta conciencia, dentro del cumplimiento de nuestro deber. Una y otra vez encontramos vidas que deben hacer opción entre agradar a Dios o a los hombres; entre cuidar de las vidas inocentes o quedarse con el cumplimiento de órdenes superiores. Justificarnos solo porque "obedecemos autoridades" no es suficiente. Para el cristiano, está primero la voz de la recta conciencia.

¿Tienes en tus intenciones a los jefes que dan órdenes? ¿Pides por los que disciernen las órdenes de sus superiores?

San Andrés Fournet

Sé que el Señor defiende al humilde, hará justicia a los pobres.
—Salmos 140:12

San Andrés Fournet (1752–1834) vivió una infancia y juventud llena de travesuras. Su madre tuvo que dar la cara en escuelas, en el ejército y en trabajos fallidos, porque sencillamente no lo aguantaban por inquieto. Cuando su familia acudía a la Iglesia él protestaba, e insistía que lo último en su vida era ser sacerdote. Pero al verse rechazado de todas partes, su madre lo mandó con un viejo tío sacerdote, que era paciente y positivo, para ayudarlo. Allí, Andrés miró las cosas de manera diferente, entró al seminario y se ordenó. Ya sacerdote, hizo relaciones con gente importante. En su casa se reunían ricos y él los agasajaba, hasta que una vez un pobre pidió sustento y ante su negativa, el pobre se asomó a su mesa y le preguntó en qué Evangelio inspiraba él su manera de vivir. El padre Andrés recordó los buenos ejemplos de caridad de su madre y arrepentido, se determinó a servir a los pobres. En 1789, cuando estalló la persecución religiosa en Francia, los labradores y empobrecidos se las ingeniaron para esconder al padre Andrés. Cuando pudo regresar, se estableció en Maillé, dedicado a servir con alegría a los pobres y fundó una congregación de atención a los huérfanos.

❧ ❖ ☙

"Es posible que ustedes piensen: el amor no es obligatorio, sino libre. No es una ley, sino solo una sugerencia. No. Pienso que la mano de Dios no nos condenará por haber robado algún bien ajeno, u otros delitos. . . . sino porque se han olvidado de Cristo, olvidando a los pobres" (Gregorio de Nacianceno).

¿Por qué nos dejamos llevar de la tendencia a hacer lo más cómodo? ¿Qué necesitamos para una conversión como la que vivió san Andrés?

San Gerardo Sagredo

Cuando tú vayas a orar, entra en tu habitación, cierra la puerta y reza a tu Padre a escondidas. Y tu Padre, que ve lo escondido, te lo pagará.

—Mateo 6:6

De una noble familia veneciana, san Gerardo (986–1047) fue desde niño a estudiar a un monasterio benedictino, y gozó de una atención privilegiada, respondiendo con su vida de piedad. Cuando tenía dieciocho años, su padre murió y su madre lo trajo de regreso a Venecia para consolarse, y como lo encontraba tan piadoso, soñaba colocarlo en algún cargo importante en la Catedral de San Marcos. Pero Gerardo no quería tratos especiales, extrañaba el silencio y la paz del monasterio. Llegó a él la noticia de que los carmelitas tenían un monasterio en Tierra Santa y fue en peregrinación, y allá hizo votos. Tiempo después, el Papa lo mandó llamar para que ayudara con asuntos diplomáticos y estuvo en varios conflictos entre oriente y occidente. Oyendo de su fama, el rey san Esteban lo solicitó en Hungría y le encomendó la educación de su hijo. Cerca de Budapest, fundó un monasterio y dedicó sus energías a evangelizar y reformar monasterios. Todas sus fundaciones las consagró a la Virgen María. En diversas partes fundó ermitas, y se retiraba a la soledad y a la penitencia. Después de que murió el rey Esteban, vino al poder su sobrino que se alejó de la fe y no aceptaba las correcciones. Enojado con Andrés, lo mandó matar y los soldados lo sacrificaron cerca del Danubio.

❧ ✠ ☙

Los grandes misioneros son también espíritus de oración. No se puede llevar la tarea de la evangelización sobre los dones humanos de la persona. El misionero está conectado profundamente con lo que cree, y esa fe, siempre avivada por la oración, lo conduce a ser testigo de la verdad.

Y tú, ¿oras antes de anunciar el Evangelio?

San Sergio de Radonezh

¡Feliz la nación cuyo Dios es el Señor, el pueblo que se eligió como heredad!
—Salmos 33:12

El tiempo de san Sergio de Radonezh (1315–1392) fue un periodo en el que Rusia fue dominada por pueblos tártaros, que sometieron a sus habitantes a la humillación y a la miseria. Nació en una noble familia de Rostov, pero al crecer el principado de Moscú, su familia fue desplazada. Se movieron a Radonezh, donde vivieron una vida entre los campesinos. Al crecer, Sergio se decidió por una vida en la soledad y buscó a Dios. Se identifica a Sergio por la pobreza, la soledad y su amor a los bosques, montañas, ríos y animales, particularmente a los osos. Vivió semejante a los padres del desierto en su oración y pruebas, pero su escenario fueron las nieves, las heladas y los peligros por las manadas de lobos. Muchos comenzaron a buscarlo; se extendió la noticia de que sanaba y daba consejos que llenaban de paz. Comenzó a tener discípulos y en poco tiempo se levantó un gran monasterio. Su hermano Esteban también vino a este monasterio y con el tiempo surgieron problemas y la comunidad se dividió entre los dos hermanos. Sergio de nuevo huyó a la soledad pero el patriarca mandó buscarlo y lo hizo volver como abad. El príncipe Dimitri Donskoy vino desde Moscú a buscar su consejo sobre expulsar a los tártaros de Rusia por lo que Sergio lo animó y prometió sostenerlo con oraciones. Después de ganar la independencia de los tártaros, la memoria de san Sergio se ha asociado a la identidad nacional rusa.

෨ ✣ ౿

La fe del pueblo ruso incluye una espiritualidad para el cuidado de la creación, la belleza del arte y la devoción a sus santos. Sus grandes hombres y mujeres de fe han sostenido la fe probada, que ha sobrepasado distintos gobiernos, crisis y desolaciones.

¿Conoces algunas de las dificultades del pueblo ruso para vivir su fe? ¿Identificas a alguno de sus maestros espirituales?

Santos Cosme y Damián

Señor, si quieres, puedes sanarme.
—Marcos 1:40

Los santos Cosme y Damián (c. 380) han sido identificados como patronos de los médicos y los farmacéuticos en la tradición popular. La devoción de estos mártires hizo leyendas. Se sabe que eran gemelos, que habían viajado a otros países y tenían muchos conocimientos para curar a personas y animales. En un relato se encuentra la palabra "amarguri", lo que indica que eran médicos del pueblo que buscaba la salud gratuitamente. Desde el siglo IV se extendió ampliamente una devoción grande en oriente y occidente. Sus nombres aparecen en el canon romano y se sabe que la iglesita en Roma siempre fue muy visitada. Durante la persecución de Diocleciano, al norte de Siria, Cosme y Damián predicaban el Evangelio y sanaban con sus propias medicinas. Cuando el prefecto Licias los interrogó sobre sus posesiones, se grabó la respuesta en las actas: "No codiciamos bienes terrenales porque somos cristianos". Aunque las primeras comunidades celebraron siempre esta memoria, entre las invasiones de los bárbaros se perdieron los archivos.

෨ ✤ ෬

El desprendimiento ha sido una de las "credenciales" que identifican el camino a la santidad. Es difícil el desapego, especialmente cuando somos ciegos a esa tendencia de adherirnos a lo que suponemos poseer. Jesús propuso en las bienaventuranzas, (Mt 5:3) otra perspectiva del Reino. No seremos felices teniendo o abrazando posesiones, personas, cargos. . . . sino soltándolas. El desprendimiento se ejercita cuando compartimos: cuando ponemos por delante la generosidad.

¿Has caído en la cuenta de algún apego en tu vida? ¿Ejercitas tu generosidad para dar gratuitamente a otros servicios?

San Vicente de Paúl

El Señor responde por los sollozos del humilde, por el lamento del pobre,
ahora me levanto y daré la salvación a quien la ansía.
—Salmos 12:6

Quizá sorprenda que san Vicente de Paúl (1581–1660) hubiera estudiado con esmero para ser sacerdote, pero su primera motivación era ayudar de ese modo a su familia que era muy pobre en un pueblecito de Francia. Cuando lo ordenaron, había un hombre que le debía dinero y él lo mandó a la cárcel. De regreso, unos piratas tomaron a Vicente y lo vendieron como esclavo. Allí meditó su conducta y se arrepintió. Años después regresó a París y la princesa Ana de Austria se compadeció y le encargó las limosnas a los pobres. Entonces tuvo como director espiritual a un sacerdote que lo llevó a cambiar radicalmente y comenzó organizando misiones populares rurales. Con su predicación, motivaba a todos a preocuparse de los enfermos, ayudar a los desvalidos, y compartir sus cosas. Cuando pudo organizar mejor este despertar, surgieron las Siervas de los Pobres (vicentinas) y los Ayudantes de los Pobres (isabelinas). También predicó en las cárceles y el rey lo nombró Capellán de las Galeras. Pidió ayuda a todos los sacerdotes que quisieran apoyar las obras de los pobres. No quiso hacer una congregación, sino una asociación, y en poco tiempo tuvo 622 miembros.

෨ ❖ ෬

Dos cosas constantes de la santidad son una profunda relación con Dios y un comprometido trabajo por la caridad en favor de los más necesitados. El que ayuda a los pobres consistentemente, solo puede hacerlo, perseverando en la oración. La vida que se entrega a los más necesitados, está anclada en Dios, desprendida de todo interés personal.

¿Por qué nos cuesta tanto sostener nuestro compromiso en ayudar a los más frágiles? ¿Te cuesta pedir al que tiene para ayudar al que no tiene? ¿Has pedido a Dios la gracia de lograrlo?

San Lorenzo Ruiz

Sondea mi corazón, revísalo de noche pruébame en el crisol, no hallarás tacha en mí.
—Salmos 17:3

San Lorenzo Ruiz (1633–1637) fue un laico martirizado en Japón en un grupo valeroso de dieciséis, una misión de dominicos. Lorenzo fue el único filipino; aprendió el tagalo de su padre, el chino de su padre y el japonés lo estudió con esmero para el propósito de misionar. Desde que los primeros misioneros entraron a Japón con Francisco Javier, se dieron varias persecuciones. Soñar en misionar en Japón era arriesgarse a un martirio casi seguro. Lorenzo se ofreció como voluntario con un sincero celo por confirmar la fe de sus hermanos conversos. Los tormentos y sufrimientos que recibieron fueron terribles y lentos, por muchos días, y finalmente, los decapitaron. Quizá surja la pregunta: "Si Lorenzo era un sirviente, un laico, un voluntario, ¿por qué encabeza la lista de mártires?".

❧ ✤ ☙

El Evangelio no se transmite solo porque una generación predique a la siguiente. Se debe arraigar en la vida, en su conducta y sus costumbres, y eso ocurre cuando las vidas dan testimonio. El Evangelio no es aislante, no nos aferramos a él como si se tratara de una posesión para nuestro propio beneficio. Nos anima siempre a hacer cosas buenas por la comunidad, incluso las que pueden parecer locuras y exageraciones, y al hacerlas, nos damos cuenta de que no son en vano.

Cuando se habla de "testimonio" en tus comunidades, ¿se refieren a algo parecido a la vida de Lorenzo Ruiz?

Santos Arcángeles Miguel, Gabriel y Rafael

Te doy gracias Señor, de todo corazón, delante de los ángeles, cantaré para ti.
—Salmos 138:1

La Sagrada Escritura menciona en diferentes momentos la existencia de criaturas espirituales que están en constante presencia de Dios (Dn 8:15–25, Dn 10:21, Ap 12:10, Lc 1:26, Tb 12:15). La terminación *"el"*, en sus nombres, indica que le pertenecen a Dios: Miguel: Fuerza de Dios; Gabriel: Mensajero de Dios y Rafael: Medicina de Dios, que están a su servicio. Los arcángeles aparecen en momentos claves de la Historia de la Salvación, y están relacionados con el culto a Dios y la Liturgia celestial. El mensaje de la Escritura nos señala los momentos esenciales: Dios envía su auxilio, nos da fortaleza, nos anima su promesa, nos envía su mensaje de salvación y nos cura de nuestras heridas y enfermedades.

೧ ❖ ೨

El Papa Benedicto afirmó que las bestias son números y convierten en números, mientras que Dios tiene un nombre y nos llama a cada uno por nuestro nombre. El Dios de los cristianos tiene un rostro y un corazón. La protección de estos seres es de gran consolación para los creyentes. No luchamos solos, y los poderes terrenales son vencidos por el poder de Dios (Ratzinger, *El Dios de los Cristianos*, 23).

¿Has pedido a Dios la protección de sus arcángeles en alguna necesidad particular?

San Jerónimo

¡Qué magníficas son tus obras, Señor, qué insondables tus pensamientos!
—Salmos 92:5

San Jerónimo (347–420) nació en Estridón, actual Capadocia. No fue bautizado de niño, y a los doce años se fue a Roma a estudiar. Fue un prodigio con la gramática, particularmente dominó los autores clásicos, y toda la literatura lo cautivaba. A los veinte años recibió el Bautismo y se fue a Tréveris, donde descubrió el valor del monacato y se fascinó con el libro de los Salmos comentado por Hilario de Pointiers. No se sabe cuánto tiempo estuvo de monje, y decidió hacer un viaje a oriente y se quedó en Antioquía, donde vivió un largo periodo en soledad y penitencia. Comenzó a aprender el hebreo y se fue a Alejandría donde estudió más los Evangelios con san Gregorio Nacianceno. En ese tiempo había diversidad de escritos y con algunos sabios hizo consulta sobre los más auténticos. Siguió un estudio bíblico en hebreo, griego y latín. Regresó a Roma, y el Papa Dámaso lo nombró su secretario y le encargó la traducción completa de la Biblia al latín. El Papa dio una lista de los libros del Antiguo y del Nuevo Testamento, que llamamos Canon, a fin de que solo hubiera una lista aceptada por toda la Iglesia. Fue ordenado a los cuarenta años y regresó a oriente. Decidió vivir en una cueva en Belén donde terminó sus días estudiando y orando la Sagrada Escritura.

❧✦☙

Además de ser un magnífico traductor, Jerónimo fundó un grupo de mujeres que conocían y oraban con la Escritura. *Verbun Domini* (38) recomienda la necesidad de pasar de la letra al espíritu. San Jerónimo no se quedó en ser un estudioso, sino que enseñó a orar la Palabra, a amarla, a ir más allá de lo literal para comprender lo que nos dice el Espíritu en ella.

¿Tienes interés por estudiar y orar la Palabra de Dios? ¿La Palabra de Dios te dirige a compromisos reales?

Octubre

Santa Teresita del Niño Jesús

Como un padre se enternece con sus hijos, así se enternece el Señor con sus fieles.
—Salmos 103:13

Santa Teresa de Lisieux (1873–1897) nació en Normandía. De pequeña perdió a su madre y fue enviada a un convento de benedictinas para su educación, donde siguió a sus hermanas hacia la vida contemplativa. En la rutina de la vida del Carmelo vivió la entrega en los trabajos conventuales y sus horas de oración. Gracias a su diario, llenó de asombro a los lectores, porque encontraron las radiografías de un alma luminosa que irradia profunda espiritualidad. Cada aspecto de su vida lo asoció al Cuerpo de Cristo; se sentía capaz de vivir por la Iglesia cualquier ocasión si era humillación, dolor o alegría. Por nueve años padeció de tuberculosis, lo que acabó con su vida a los veinticuatro años. Teresita mantuvo la certeza de que su entrega fortalecía a los misioneros y cooperaba en la salvación de las almas. Es considerada una de las Patronas de las Misiones. "En el corazón de la Iglesia, que es mi madre, quiero ser el amor". Santa Teresita del Niño Jesús nos enseñó lo que es una vocación de resistencia.

৪০ ❖ ର

Diario de un Alma transluce los ejercicios de profunda conciencia que esta joven vivió en los escenarios de su modesto convento. Su propósito no era el propio bienestar: Teresita fijó su causa en la Salvación. "Dios quiere que agradezcamos la salvación, no solamente a él, sino también los unos a los otros, para que en el Cielo, no encontremos ninguna mirada indiferente".

¿Encuentras el valor de vivir a plena conciencia tu vida cotidiana unida a Cristo?

Santos Ángeles de la Guarda

A sus ángeles ordenará que te guarden en tus caminos. Te llevarán en sus palmas, para que tu pie no tropiece en la piedra.
—Salmos 91:11–12

Los ángeles custodios o ángeles guardianes reciben por parte de Dios la tarea de cuidar a niños y jóvenes. Nuestra fe considera que en el alma de cada cristiano está la semilla de la gracia recibida en el Bautismo. También sabemos que esa semilla enfrentará obstáculos, y en cada alma hay batallas, el enemigo quiere arrebatar la gracia. El demonio trata de pervertir las facultades cuando las almas comienzan a hacer opciones por el bien y la virtud. Entonces viene el auxilio de estos espíritus que infunden en el creyente sus inspiraciones. Gracias a estas inspiraciones, el cristiano desarrolla el discernimiento, para ser mejores personas. Los ángeles de la guarda nos acompañan a lo largo de la vida para hacer frente el mal. La Iglesia los invoca en nuestra muerte y se les pide que nos ayuden a llegar a la presencia de Dios.

෧ ❖ ଓ

La devoción a los ángeles de la guarda viene desde los primeros cristianos. Orígenes escribió bastante sobre ellos: "Hay un ángel particular de cada cual, aun de los más insignificantes, están contemplando el Rostro de Dios, y se unen a nuestra oración y colaboran con lo que pedimos" (*Tratado de la Oración*, 11:5). Y san Jerónimo dijo: "Grande es la dignidad de las almas, pues a cada una, desde el instante en que nace Dios le designa un ángel para que la guarde" (*Comentario a san Mateo*, 18:99).

¿Eres consciente de esta compañía en tu vida cotidiana? ¿Cómo transmitimos esto a las nuevas generaciones?

San Francisco de Borja

Dios ungió a Jesús de Nazaret con Espíritu Santo y poder: El pasó
haciendo el bien. . .
—Hechos de los Apóstoles 10:38

San Francisco de Borja (1510–1572) fue un noble al servicio de la princesa Catalina, hermana de Carlos V. La leyenda cuenta que a esta dama la sorprendió la muerte, Francisco la cubrió y llevaron el cadáver por las principales ciudades. El cuerpo se descompuso y él reflexionó sobre la fugacidad del poder temporal y la vanidad. Después de haber pasado su vida en la corte se dijo: "Juro no servir a un rey que muera". Desde entonces buscó la vida espiritual. Quedó viudo con ocho hijos y tuvo un encuentro con fray Pedro de Alcántara y otro con el jesuita Pedro Fabro, quien lo animó a vivir los Ejercicios Espirituales. Así lo hizo y partió a Roma decidido a seguir a Ignacio de Loyola. Renunció a su ducado e hizo sus votos. Rápidamente lo comisionaron para cargos eclesiásticos, pero él se mantuvo en el servicio de su Orden. Fue general de los jesuitas por seis años hasta su muerte.

ഇ ✣ ന

En Francisco de Borja se cumplen las palabras que Jesús oró al Padre: "Mis discípulos están en el mundo sin ser del mundo". Vivir en el mundo sin pertenecer al mundo hace que los servidores del Evangelio no se dejen llevar de la vanidad, de la pasión por el éxito, del ansia de poder, y que nunca hagan uso de la violencia para sus fines.

¿Te asusta una vocación en el mundo sin ser del mundo? ¿Cómo podemos
permanecer entregados y libres?

San Francisco de Asís

Señor dueño nuestro, ¡qué admirable es tu Nombre en toda la tierra!
—Salmos 8:2

San Francisco de Asís (1182–1226), hijo único de Piero Bernardone, se fue a la guerra a poner a prueba su valor y a traer más fortuna. Estuvo prisionero, tuvo sueños y halló la paz en la iglesita casi destruida de San Damián, donde Cristo le pidió reparar su Iglesia. Entonces vinieron "las locuras": repartió sus cosas entre los pobres y comenzó a mendigar. Llevó una vida solitaria, en oración, compartió lo que le daban con otros más pobres y se acercaron más jóvenes a imitarlo. Predicó un mensaje básico del Evangelio, llevando su saludo: paz y bien. Desde dentro de la Iglesia hubo recelo hacia el rigor de esta orden y Francisco buscó la aprobación del Papa. Francisco predicó el Evangelio y llegó a Tierra Santa y a Egipto. Varias veces reunió a su comunidad para dirigir el verdadero sentido por las tendencias de algunos por buscar bienes temporales o intelectuales, y con frecuencia se retiró a buscar la luz de Dios. Inspirado en su sentido de fraternidad, escribió el *Cántico de las Criaturas*.

❧ ❖ ☙

San Francisco de Asís es el ejemplo del cuidado de lo que es débil, de una ecología integral, vivida con alegría y autenticidad. En él se advierte hasta qué punto son inseparables la preocupación por la naturaleza, la justicia hacia los pobres, el compromiso social y la paz interior. La reacción de Francisco fue más allá de lo intelectual o económico: cualquier criatura era una hermana unida a él con lazo de cariño, por eso se sentía llamado a cuidar todo lo que existe (*Laudato Si*, 12:13).

¿Te preocupa la suerte de nuestro planeta Tierra? ¿Cuáles son los principales problemas que enfrentamos como parte de la creación?

Santa Faustina Kowalska

¿Puede una madre olvidarse de su criatura, dejar de querer al hijo de sus entrañas? Pero, aunque ella se olvide, yo no te olvidaré.
—Isaías 49:15

Santa Faustina Kowalska (1905–1938) nació en una familia campesina católica en Glogowiec, Polonia. Su infancia estuvo centrada en los sacramentos de iniciación y todos se dieron cuenta de su particular sensibilidad hacia la espiritualidad y la ayuda a los más pobres. A los dieciséis años tuvo que irse a trabajar para ayudar a su familia. En una ocasión, buscando distracciones en una fiesta, vio a Cristo en la cruz que la invitaba a ir a Varsovia y seguirlo. Fue tan intensa su experiencia que tomó el tren y se fue a la capital, esperando que se le manifestara la voluntad de Dios. Entró a la comunidad de las Hermanas de la Misericordia. Allí vivió trece años, cumpliendo tareas y meditando siempre en la Misericordia de Dios. Encontró en el Antiguo y en el Nuevo Testamento el gran amor de Dios como el fundamento de todo. Faustina comprendió que la tarea de los creyentes era confiar: si no sostenemos nuestra fe en ese corazón de Dios lleno de gracias, no podemos abandonar el pecado y las fuerzas del egoísmo nos hundirán. La vida de Faustina se consumió pronto. A sus treinta y tres años había empelado sus energías en orar por la conversión del mundo.

శు ❖ ౧

Santo Tomás de Aquino afirmó que la omnipotencia de Dios se manifiesta en su Misericordia y no tanto en su poder. Su misericordia no es signo de debilidad, porque "Dios es amor" (1 Jn 4:8). Jesús, su persona, su doctrina, su conducta, no son más que el amor de Dios visible y palpable.

¿Qué es para ti la Misericordia? El corazón de un Dios que nos acoge a todos, ¿te compromete a algo?

San Bruno

El Señor es bueno para los que esperan en él y lo buscan; es bueno esperar en silencio la salvación del Señor.
—Lamentaciones 3:25

San Bruno (1030–1101) nació en Colonia, perteneció a los nobles Hartenfaust, recibió una sólida educación en Reims y a los veintiséis años fue nombrado director de la escuela catedral. Por veinte años fue un prestigioso maestro, destacándose por su conocimiento en Filosofía y la Sagrada Escritura. El Papa Gregorio VII inició una reforma y desconoció "a los eclesiásticos comprados". Bruno apoyó al Papa y tuvo tanta contradicción que dio todo a los pobres y se marchó. Roberto de Molesmes lo invitó a su monasterio que acababa de fundar en Císter. Pero Bruno quería más apartamiento; comenzaron a llegar amigos suyos, deseosos de una vida genuina. Buscó a san Hugo de Grenoble, cerca de los Alpes, quien lo recibió con hospitalidad y luego los llevó a las apartadas tierras de Chartreuse, donde fundaron la Cartuja. Los monjes cartujos viven individualmente en pequeñas cabañas, y tienen una capilla con un lugar común de reunión. Bruno tuvo que dejar la paz de su cabaña, porque el Papa Urbano II le pidió que fuera su consejero. Después de un tiempo, Hugo pidió regresar a Francia y el Papa le permitió fundar la cartuja en Italia, donde murió.

కశ ❖ ಐ

La decepción de las instituciones humanas y religiosas puede dirigirnos a mayor bien si pedimos a Dios su gracia. Cuando realizamos trabajos que no son valorados y cosechamos críticas en lugar de reconocimiento, nos embarga un sentimiento de devaluación. El silencio y la soledad devuelven la paz interior.

¿Cuál es tu capacidad de silencio? ¿Puedes dejar de usar medios sociales y ponerte en una total soledad con Dios?

Santos Sergio y Baco

No temas, que contigo estoy yo; desde oriente traeré a tu descendencia, desde occidente te reuniré. Diré al Norte: Entrégalo; al Sur: No lo retengas; tráeme a mis hijos de lejos y a mis hijas del confín de la tierra; a todos los que llevan mi Nombre, a los que creé para mi gloria, a los que hice y formé.
—Isaías 43:5–7

Los santos Sergio y Baco (s. IV) eran soldados que prestaban su servicio en Roma al emperador Maximiano. En una ocasión el emperador presentó ofrendas en el templo de Júpiter y observó que Sergio y Baco se quedaron afuera. Los quiso obligar a entrar y ellos se negaron a hacerlo. Entonces el emperador los degradó, ordenó que los vistieran de mujer para que los mofaran en la ciudad. Los entregó a otro de sus generales y los llevaron a Siria, allí los mandó azotar. Baco no sobrevivió los azotes; tiraron su cadáver y los cristianos se arriesgaron para darle sepultura. A Sergio lo torturaron hasta que finalmente murió decapitado. La comunidad de Siria hizo un sepulcro para ambos. Esta tumba fue venerada y hay testimonios desde los siglos V y VI.

෨ ❖ ෬

Hay una pregunta que el cardenal Newman se hizo sobre el valor de los primeros mártires: ¿Fue confianza o duda, celo o frialdad, decisión o irresolución lo que distinguió a los primeros mártires? La religión de Cristo no se propagó mediante argumentos filosóficos, sino por impulso de la fe y del amor (*Discurso sobre la Fe*, 188). Nuestra fe ha caminado en la historia como la antorcha que los atletas pasan de mano a mano. La calidad de nuestras obras de amor alimenta esa llama.

¿Te esfuerzas por alimentar el fuego de tu fe? ¿Te interesa transmitir la fe que has heredado?

Félix de Como

A los creyentes acompañarán estas señales: en mi nombre expulsará
demonios, hablarán lenguas nuevas, agarrarán serpientes; si beben algún
veneno, no les hará daño; impondrán las manos sobre los enfermos y
se sanaran.
—Marcos 16:17–20

El lago Como, en el norte de Italia, no estaba evangelizado en el tiempo del obispo Ambrosio de Milán. Fue el obispo Ambrosio el que ordenó en 386 a Félix (s. IV) como nuevo obispo para comenzar esta tarea. La diócesis de Como inició pequeña; Félix los reunía a orar y les daba enseñanzas. Se conserva una carta donde san Ambrosio le recomienda persistencia, y lo anima a no desalentarse ante la dificultad de la evangelización. Siglos después la fe floreció en toda la región y dio varios santos a la Iglesia.

෨ ❖ ෬

Los grandes pastores experimentaron una decisión libre y total para aceptar a Cristo como la luz verdadera. San Gregorio de Niza nos pide valorar el valor inestimable no solo de conocer la Luz verdadera del Evangelio, sino tener otros rayos de ese sol que es el testimonio de quienes entregaron su vida. Obraron así "para que nosotros nos convirtamos en luz e iluminemos a los demás con nuestras obras" (*Tratado sobre el ejemplo cristiano*, 65).

¿Algún buen ejemplo te ha hecho comprender mejor en qué consiste el Evangelio?
¿Te sientes motivado a dar tu mejor ejemplo a otros?

Santo John Henry Newman

Hermanos, yo he procedido ante Dios con conciencia limpia e íntegra.
—Hechos de los Apóstoles 23:1

El santo John Henry Newman (1801–1890), originario de Inglaterra, fue el hijo mayor de un banquero anglicano que rodeó su familia de cuidados y le dio la mejor educación. Una crisis económica familiar y una enfermedad lo llevaron a hacerse preguntas sobre la fe y lo dirigieron hacia la vocación magisterial y eclesiástica. Pasó un tiempo considerando al catolicismo un enemigo, pero gracias a la lectura sobre los Santos Padres creció en él el interés por comprender la conexión entre el catolicismo y las raíces de la verdadera Iglesia de Cristo fundada por los apóstoles. También hizo un estudio de los santos de Inglaterra. Su conversión le dio muchos frutos a nuestra fe, atrajo a diversos intelectuales con sus escritos, enseñanzas y ejemplo de vida. También significó un avance en la unidad y en la comprensión del catolicismo.

ഔ ✧ ൙

El cardenal Newman compartió su extenso conocimiento en sencillas reflexiones y oraciones. En sus plegarias, asoma la sinceridad del creyente: "Señor, no te pido ver el horizonte lejano, un paso es suficiente para mí". Nos devolvió la necesidad de una oración tanto para animar la vida cotidiana ante las pruebas de la vida como para el cumplimiento de la misión que la Iglesia nos ha encomendado. "Jesús mío, ayúdame a esparcir tu fragancia dondequiera que vaya".

¿Haces un esfuerzo por profundizar tu fe con todas tus facultades? ¿Tu oración se mantiene en búsqueda?

Beata Ángela María Truskowska

Dios es nuestro refugio y fortaleza, socorro siempre a punto en la angustia.
—Salmos 46:1

La beata Ángela María Truskowska (1825–1899) nació en Kalisz, Polonia, bautizada como Sofía Camila. Creció conociendo su fe y en un viaje, al pasar por la catedral de Colonia, experimentó el deseo de dedicar su vida a los pobres y buscó servir en la sociedad de san Vicente de Paúl. Pasó su juventud trabajando intensamente por los pobres. Se hizo miembro de la Tercera Orden Franciscana, y recibió el nombre de Ángela. Atendió a niños y ancianos abandonados en Varsovia. Con el apoyo de su padre, fundó una casa donde recibió seis niños. Esto atrajo voluntarias comprometidas, nació un instituto y llegaron más niños. Ángela y una prima decidieron iniciar la comunidad de San Félix de Cantalicio, y fueron llamadas felicianas. Estas religiosas evangelizaron en centros rurales de Polonia y visitaron las cárceles. En la insurrección de Polonia de 1863 estos pequeños centros rurales se volvieron hospitalitos de emergencia. La comunidad fue suprimida por el gobierno ruso en 1864. Ángela dirigió en secreto a sus hermanas fieles, animó la esperanza y la fidelidad de las llamadas comunidades secretas, hasta que, agotada y enferma de cáncer, entregó su vida a Dios.

❧ ❖ ❧

El torrente de gracias alcanzadas por Cristo para cada uno de nosotros, no resulta creíble, porque con mayor facilidad, los pesares de la vida nos hacen sentir que nuestras bendiciones son escasas. A pesar de sentirnos rotos, frágiles, empobrecidos, si nos entregamos al servicio con la mirada puesta en Dios, se multiplican las fuerzas y vienen mayores bendiciones.

¿Te han faltado las fuerzas en el cumplimento de un servicio a la Iglesia? ¿Identificas como una gracia la energía para servir?

San Juan XXIII, Papa

Porque el Espíritu que Dios nos ha dado no es un espíritu de cobardía, sino de fortaleza, amor y templanza.
—2 Timoteo 1:7

Angelo Giuseppe Roncalli (1881–1963) creció en una familia campesina. Ayudó en la iglesia siendo muy pequeño y aprendió las oraciones en latín. Manifestó una extraordinaria capacidad de aprender y una vocación tierna, por lo que el párroco sugirió que podría buscarle ayuda para que fuera al seminario. Cuando se ordenó sacerdote, su familia no pudo viajar a Roma debido a la pobreza. Fue un notable profesor en el seminario y se sintió profundamente interpelado por los problemas sociales, especialmente las injusticias laborales y la falta de protección de los marginados. En un tiempo particularmente difícil por la Segunda Guerra Mundial, realizó tareas diplomáticas en Bulgaria, Grecia, Turquía y Francia. Le ayudó su conocimiento de lenguas, su interés por las relaciones ecuménicas y, sobre todo, su trato amable. Representó al Vaticano en la UNESCO y fue Patriarca de Venecia. Fue elegido papa y con el nombre de Juan XXIII convocó el Concilio Vaticano II. Dirigió un poderoso mensaje para la paz y la justicia en sus encíclicas *Paz en la Tierra* y *Madre y maestra*. Por su preocupación en favor de los derechos humanos lo llamaron "el párroco del mundo".

৪০ ❖ ৫৪

El Concilio Ecuménico Vaticano II, fue identificado como "una primavera para la Iglesia", en el sentido que tuvo un propósito diferente a otros. Este concilio no confrontó herejías, sino que fue una renovación, invitó a la Iglesia a dialogar con el mundo, a conocer sus problemas para servir mejor, a abrir las puertas para todas las personas de buena voluntad.

¿Qué aportes del Concilio Vaticano II valoras más? ¿Motivas a quienes no lo conocen a familiarizarse con sus documentos?

Beato Jacobo Griesinger de Ulm

¡Qué magníficas son tus obras, Señor, qué insondables tus pensamientos!
—Salmos 92:6

El beato Jacobo Griesinger de Ulm (1407–1491) nació en una familia noble de Ulm, Alemania, lo que le permitió desarrollar sus talentos artísticos, particularmente trabajar el vidrio y la pintura. A los veinte años fue en peregrinación a Roma y como era un joven lleno de deseos de conocer el mundo, siguió conociendo Italia. Vivió en varias cortes y conoció diversos ambientes hasta que experimentó de nuevo la necesidad de paz y en Bolonia entró con los dominicos. Allí desarrolló una espiritualidad de alabanza y recogimiento a través de su trabajo en el vidrio. En Bolonia todos lo conocían como "el vidriero alemán" y lo apreciaron mucho. Contaban que dejaba en el horno sus vidrios para ir a auxiliar a moribundos y que la Virgen se los cuidaba. Cuando volvía de sus ministerios, los vidrios estaban perfectos. También las leyendas cuentan que se concentraba espiritualmente tanto en sus trabajos, que llegaron a verlo envuelto en la misma luz que emanaban sus ventanas.

ഇ ✤ ⌀

Los vitrales en las iglesias fueron un recurso para enseñar la contemplación. En épocas donde había tantos pobres sin posibilidad de leer en libros, la contemplación del arte vino a dar a los cristianos un conocimiento básico de los principales misterios de nuestra fe. La gente acudía a "ver" esos vitrales a las horas que la luz los hacía transparentes y fácilmente podían elevar sus pensamientos a Dios.

¿Aprovechas los recursos que tienes a tu alcance para comprender más lo que crees?
¿Qué te ayuda más para poner en práctica la contemplación?

San Eduardo, el Confesor

Yo soy la puerta: quien entra por mí se salvará; podrá entrar y salir y encontrar pastos.
—Juan 10:9

San Eduardo, el Confesor (1003–1066) fue elegido rey de Inglaterra a sus cuarenta años. Anterior a esto, pasó diversas pruebas. A los diez años salió de Inglaterra, un país abatido por discordia. Dieron muerte a su padre Etelberto y a su hermano Edmundo. Su madre se fue con un noble de Dinamarca y dejó a Eduardo con un tío en Francia, donde lo criaron los monjes. Afortunadamente, en Bretania estaba la mejor educación y Eduardo creció en conocimiento de la cultura, de la fe y la piedad. Su madre misma quiso quitarle el trono para dárselo a otro hijo hasta 1042, cuando Eduardo regresó como rey. Encontró tendencias y rencores, pero él fue conciliador, vivió una vida austera y recta, no subió impuestos y mantuvo la paz a todo su pueblo. Mostró interés por las necesidades de su gente y fueron famosas sus acciones de caridad. Tuvo una buena relación con el papa y los pastores de su época. Eduardo construyó la famosa abadía de Westminster. Se le considera uno de los patronos de Inglaterra.

ഇ ✤ ര

Cuando un gobernante se excede en promesas más allá de las realidades, llamamos "mesianismo" a ese estilo. Es raro hallar lo contrario. Eduardo hizo demasiado prometiendo casi nada. La tarea de gobernar comunidades o pueblos es de las más difíciles. Constantemente la Iglesia ha dado directrices tanto a los que gobiernan, como a sus colaboradores y ciudadanos, para poner en sus propósitos los valores del Evangelio. Así sí podemos afirmar: la política es la mejor expresión de la caridad.

¿Tu fe te lleva al interés por la política? ¿Te preocupan los gobernantes de tu comunidad?

San Calixto

El justo florecerá como la palmera, crecerá como cedro de Líbano.
—Salmos 92:13

San Calixto (c. 122) fue uno de los primeros papas de la Iglesia primitiva. Se sabe que él fue esclavo en las minas, y las penalidades pasadas le hicieron una persona compasiva y paciente. El cristiano Carpóforo pago su libertad y la comunidad cristiana de Roma lo acogió con afecto. El Papa Ceferino lo hizo diácono y le encomendó el cuidado de las tumbas de los mártires. Fue elegido sucesor del Papa cuando le vino una gran contradicción, por un hombre letrado e influyente: Hipólito. Calixto sobrellevó los ataques y humillaciones por parte de Hipólito, y su comunidad lo apoyó, porque sabían que un buen papa no es el que tiene mucho conocimiento, sino el que vive el Evangelio y siempre encontraron en él rectitud y nobleza. Los soldados tomaron prisionero a Calixto y lo metieron a un pozo dejándolo sin comer por días. Cuando vieron que estaba en oración, preguntaron la razón y él dijo que ya había acostumbrado su cuerpo. Entonces llenaron de tierra y piedras el pozo y allí murió. Actualmente, estas catacumbas siguen llevando su nombre.

✥

La carta a Diogoneto (5) ofrece un perfil de los cristianos que siempre nos desafía: "Aman a todos y son perseguidos por todos. Son matados, pero siguen viviendo. Son pobres, pero hacen ricos a muchos. No tienen nada, pero abundan en todo. Son despreciados, pero en el desprecio encuentran la gloria ante Dios".

¿Has visto actualizadas estas contradicciones? ¿Cómo podemos sostener nuestra fe cuando somos signos de contradicción para el mundo?

Santa Teresa de Ávila

Por la entrañable misericordia de nuestro Dios, nos visitará desde lo alto un amanecer que ilumina a los que habitan en tinieblas.

—Lucas 1:78

Santa Teresa de Ávila (1515–1586) era una monja carmelita joven asaltada por una enfermedad, que la llevó a una crisis semejante a la muerte. Solo su padre estaba seguro que ella vivía. Teresa escuchó los arreglos para su propio funeral, afligida de que a sus veintitrés años, sentía las manos vacías. En su corazón gritaba por auxilio a san José. Finalmente, pudo mover un dedo y evitó su entierro. Teresa escribe esto con detalle en su autobiografía y también narra el comienzo de un proceso de conversión que la determinó, años después, a recuperar la autenticidad para la Orden del Carmen. Teresa dejó un monasterio acomodado y comenzó un movimiento de fundaciones pobres donde se recuperó el sentido de la oración, de la pobreza y de la verdadera comunidad.

❧ ❖ ☙

Teresa de Ávila tuvo un liderazgo inusual en mujeres del siglo XVI. Desde pequeña convenció a su hermano Rodrigo para irse de mártires, después a su hermano Lorenzo a regresar de Perú y dedicarse a una vida santa, a Juan de la Cruz para reformar a los varones carmelitas. Teresa siempre tuvo seguidores y sus dones de comunicación fueron fascinantes; fue confidente de muchos: amigos religiosos, laicos y hermanas. Teresa supo que cuánto fue, o realizó, era un don. Parecía inmune a la vanidad por la sencilla razón de que su centro de gravedad era Cristo. Por él soportó la enfermedad, los conflictos, los malos entendidos y hasta a la persecución. Su liderazgo fue para la gloria de Dios.

¿Buscas un liderazgo centrado en Cristo? ¿Valoras el liderazgo femenino que influye positivamente?

Santa Eduviges

¿Quién es el sirviente fiel y prudente, encargado por su señor de repartir a sus horas la comida a los de casa? Dichoso el sirviente a quien su señor, al llegar, lo encuentre trabajando así.

—Mateo 24:45–46

Santa Eduviges (1174–1243) creció en una noble familia de Baviera; era una adolescente cuando la comprometieron con el príncipe Enrique de Silesia y Polonia. Su vida no se parece a los cuentos, porque pasó por muchas dificultades. Su marido fue un hombre difícil, gobernaba en medio de tensiones, pero le permitía preocuparse por los pobres. Ella trabajó para dotar de ropa de abrigo a los servidores, se preocupó por los enfermos y los huérfanos. Mandó a traer de Alemania diversas órdenes religiosas que dieron enseñanza y mejoraron la agricultura. Su esposo fue asesinado y entre sus hijos hubo discordias. Uno murió accidentado, el otro en batalla. Solo su hija Gertrudis entró al monasterio cisterciense de Trebnitz. Allí cobijó Eduviges su vejez, dejando palacios y buscando la oración y el servicio a sus pobres.

৪০ ❖ ෬

Eduviges experimentó constantemente la muerte por las guerras y las desgracias. Ella misma arriesgó todo y caminó toda una noche para recoger el cadáver de su hijo Enrique. Esto la llevó a buscar sentido en la muerte de Cristo. La muerte que nos llena de miedo. La muerte que sí debemos temer es la de la pérdida de la caridad y la compasión. Muchos vieron a Eduviges con sus pies descalzos en la nieve, llevando comida a los huérfanos. Numerosos santos nos enseñan que el miedo a la muerte solo paraliza y no nos permite dar nuestros dones.

¿Temes a la muerte física? ¿Identificas la muerte de la compasión y la caridad y sus efectos?

San Ignacio de Antioquía

Por eso me ama el Padre, porque doy la vida.
—Juan 10:17

Se sabe que san Ignacio de Antioquía (c. 107) fue discípulo del apóstol san Juan. Por haber conocido a los apóstoles, pertenece a los que llamamos Padres Apostólicos. Fue un hombre marcado por el discipulado del amor, obispo de la gran comunidad de Antioquía por cuarenta años. Fue condenado a morir en Roma por la profesión de su fe cristiana en tiempos del emperador Trajano. En su viaje, escribió varias cartas, y diversas delegaciones de Asia Menor se dieron a la tarea de verlo antes de su muerte, lo cual dio emotivos encuentros y ocasión para la enseñanza. Al pasar por Esmirna, se hospedó con su amigo san Policarpo. Las comunidades de Éfeso, Magnesia y Trades, llegaron a saludarlo. Todos lo llamaban "Theoforo", el portador de Dios. Pese a su edad avanzada y al cansancio del viaje, aprovechó todo momento para convocar a la unidad, para rogar por el cese de enemistades y no dejarse llevar de las herejías. Parecía no temer la suerte que le esperaba y animó a todos a anhelar la suerte de los mártires. Murió en el Coliseo de Roma, arrojado a las fieras durante los juegos públicos.

ಉ❖ಐ

San Ignacio asoció el martirio a la Eucaristía, dándole a nuestra entrega la dimensión de "oblatio", sacrificio. "Moriré de buena gana por Dios, dejad que sea pasto de las fieras, ya que ello me hará posible alcanzar a Dios. Todo mi deseo y voluntad están puestos en Aquel que por nosotros murió y resucitó. Soy trigo de Dios, y he de ser molido por los dientes de las fieras, para llegar a ser pan limpio de Cristo" (*Carta a los Romanos*, 5).

Y tú, ¿te preocupas por llevar tu propia ofrenda? ¿Dejas en el altar eucarístico algo de lo mucho que Dios te da?

San Lucas, Evangelista

*El Espíritu Santo vendrá sobre ti, y el poder del Altísimo te cubrirá con
su sombra.*
—Lucas 1:35

San Lucas, Evangelista (c. 1649) es el ejemplo no solo de un buen médico griego, sino de toda la cultura helénica, evangelizada. Otros evangelistas escribieron de su experiencia. Lucas, en la dedicatoria a su amigo Teófilo, nos dice a todos que investigó a conciencia y que buscó la mayor cantidad de testigos. Esto nos hace dudar si estamos frente a un médico o, a un periodista. Sin embargo, en Colosenses 4:14 lo señalan como un médico muy querido. Lucas viajó más de quince años con san Pablo. De sus enseñanzas interiorizó a Jesús y se hizo un verdadero discípulo misionero. Acompañó a Pablo hasta la prisión y fue de los pocos amigos que permaneció con él hasta la muerte.

ഇ ❖ ര

La tradición afirma que san Lucas también tuvo contacto con la Virgen María y que documentó la infancia con tan maravillosos relatos gracias al testimonio de María. San Lucas nos regaló los preciosos textos de la Navidad. Su manera de contar es casi como si pintara, su palabra es elocuente y acertada, y al escuchar sus relatos numerosos artistas se han inspirado. Por eso, en muchas comunidades se le considera patrono de los artistas.

*¿Te has dibujado internamente al Jesús de san Lucas? ¿Le has dado expresión a su
misericordia y su compasión?*

San Juan de Brebeuf y compañeros, mártires

Pero, gracias a Cristo Jesús los que un tiempo estaban lejos, ahora están cerca, por la sangre de Cristo.
—Efesios 2:13

El Evangelio se extendió hacia el Noreste de los Estados Unidos de América y Canadá con grandes dificultades. San Juan de Brebeuf (c. 1649) fue un jesuita francés deseoso de misionar a los iroqueses y hurones que descubrió con sencillez el poder de la Encarnación. Se hizo solidario en todo con los nativos, aprendió su lengua y su cultura y vivió como otro más de la tribu. Pasó veinte años acompañando a los nómadas, tratando de comprender sus valores y costumbres e identificando los obstáculos para la conversión de algunas prácticas incompatibles con el Evangelio. Fue repatriado por unos soldados ingleses y después de un tiempo logró volver, pero ya unos soldados holandeses habían vendido armas a los iroqueses para vencer a los hurones. Los hurones buscaron venganza y se fueron contra la misión de los jesuitas, torturaron terriblemente a los misioneros y les dieron muerte.

❧ ✦ ☙

El Evangelio entró a un canon, no se le debe añadir ni quitar una sola letra. Sin embargo, san Pablo nos animó a pensar que hay algo inacabado. No solo falta una parte, sino que me toca a mí completarla. Los santos han tomado en serio la Encarnación, la Pasión, la Pascua, el Pentecostés. . . ¿qué queda para completar? Si faltan en la Mesa del Señor los pueblos nativos o los enfermos o los marginados, hay que acercarlos, aunque esto suponga completar la Pasión de Cristo, ofrecer el propio sacrificio para que la complete.

¿Qué falta completar en tu comunidad? ¿Sientes que para completar el Evangelio tus dones tienen que ser entregados?

Beato Jerzy Popieluzco

Los que trabajan por la paz, siembran la paz y cosechan la justicia.
—Santiago 3:18

El beato Jerzy Popieluzco (1947–1984) nació en Okopy, Polonia, y experimentó la vocación sacerdotal en su juventud, pero lo sacaron del seminario para enviarlo al servicio militar. Al terminar su servicio, el cardenal Wyszynsky lo ordenó sacerdote. En 1979 trabajó como consejero de estudiantes, perdió su salud y lo internaron. En su convalecencia quedó consejero también del personal médico. Fue enviado a otra parroquia y allí comenzó la huelga en la siderúrgica de Varsovia. Celebró una gran misa en el puerto de Danzig. También fue enlace en la huelga de los bomberos. Organizó a cuatro mil trabajadores en peregrinación hacia el santuario de la Virgen Negra y comenzó a celebrar la "misa por la patria" mensualmente. El padre Jerzy recibía muchas cartas de agradecimiento por sus mensajes en estas misas, pero también comenzó a recibir ataques y amenazas, hasta que lo detuvieron por subversivo en 1984. Lo torturaron y lo arrojaron a una presa para que se ahogara.

∞ ❖ ∞

La Santidad se hace muy visible cuando se ejerce la caridad o cuando se confiesa la fe con la propia sangre o con las obras. Pero a veces es difícil valorarla cuando se busca la solidaridad en la lucha de causas sociales. No toda lucha social se inspira en los valores del Reino, pero hay luchas justas, donde el trabajo, los derechos laborales y el trato, se convierten en una exigencia para garantizar la dignidad de la persona humana.

¿Conoces las leyes laborales que protegen a los trabajadores? ¿Se promueven esas leyes en la membresía de tu comunidad parroquial?

Santa Úrsula

Cumpliré al Señor mis votos, en presencia de todo su pueblo.
—Salmos 116:14

La historia de santa Úrsula (c. 452) se tejió como una leyenda por su popularidad, pero debió ser real, ya que en la actualidad, el escudo de Colonia, su patria, lleva diez llamas doradas en recuerdo de las vírgenes sacrificadas con ella. Se sabe que Úrsula fue hija de un rey alemán y recibió el cortejo de un príncipe bretón, fascinado por sus dones. Ella era profunda cristiana y él no. Comenzaron los trámites para pedir la mano y Úrsula puso condiciones: un plazo de tres años para que su novio conociera la fe y se decidiera a recibir el Bautismo, mientras quiso peregrinar a Roma acompañada con otras diez vírgenes. Los testimonios afirmaron que se unieron tantas jóvenes a esta peregrinación que cada una llevaba mil y el Papa recibió a las jóvenes con muchos honores. Las jóvenes regresaron a Colonia, todo parecía normal, el novio venía a recibirlas, pero los Hunos sitiaron la ciudad, y al ver el gran cortejo de jovencitas, se lanzaron sobre ellas y las acabaron. El jefe de los Hunos quiso a Úrsula para él, pero ella lo rechazo y él, muy enojado, le disparó una flecha que la atravesó. Muchos años después, Ángela Merici tomó de modelo a Úrsula para la educación de la adolescencia y juventud femeninas.

❧ ✤ ❧

San Agustín apreció mucho la virginidad consagrada a Dios y decía que una virgen no merece honor por ser virgen sino por dedicarse a Dios. Decía que la virginidad tiene unos guardias que la cuidan: la caridad y la humildad (*Sobre la Virginidad*, 33).

¿Has pensado que la virginidad consagrada a Dios no se queda sola? ¿Por qué crees que se contagia este deseo?

San Juan Pablo II, Papa

Grita de alegría, cielo; alégrate, tierra; prorrumpan en aclamaciones, montañas, porque el Señor consuela a su pueblo y se compadece de los desamparados.

—Isaías 49:13

Karol Wojtyla (1920–2011) fue el primer papa polaco que dirigió la Iglesia por veintisiete años. Procedía de un país sacudido por las guerras mundiales, las invasiones y las ideologías. Conjugó en su juventud una intensa vida intelectual con una sólida espiritualidad. Vivió gustoso el estudio y el alpinismo. Sus reflexiones teológicas sobre los sacramentos manifiestan su profundidad. Gustó de las lecturas de san Juan de la Cruz. Después de estudiar en Roma, volvió a Polonia como maestro de la Universidad y después fue arzobispo de Cracovia. Participó del Concilio Vaticano II, y para 1978 fue nombrado papa. Juan Pablo II desarrolló una intensa tarea evangelizadora, volviéndose él mismo en mensajero ante un mundo fascinado por el modernismo. Viajó incansablemente a diversos países y comenzó a citarse con audiencias claves, como la juventud y las familias. Impulsó los movimientos de laicos y escribió importantes mensajes. Se reconoce que su voz fue una gran abogacía por diversas causas, entre ellas la libertad de expresión y de conciencia para quienes vivían bajo el impacto del socialismo.

☙ ❖ ❧

En diversas homilías que san Juan Pablo II dirigió por el mundo, animó a sus audiencias a poner a Cristo en el centro de los sentimientos y los pensamientos. Si sus palabras, sus acciones, están constantemente en nosotros, nos sentiremos impulsados por el amor de Dios y seremos dóciles al Espíritu que movió a Jesús a entregarse a la gente y sus necesidades.

¿Temes entregarte? ¿Te agobian las necesidades de la gente? ¿Has probado poner delante cada necesidad a Jesús?

San Juan Capistrano

Quien entre ustedes quiera llegar a ser grande que se haga servidor de los demás; y quien quiera ser el primero que se haga sirviente de los demás.
—Mateo 20:26–27

San Juan Capistrano (1386–1456) nació cerca de Acquila y estudió Derecho Civil y Eclesiástico. Se destacó tanto que lo nombraron gobernador de Perusa, cargo que ejerció con esmero al aplicar la justicia y que le atrajo enemigos y venganzas. Acabó encerrado y encadenado en una mazmorra, donde tuvo una revelación de san Francisco que lo confortó. Al salir, buscó a los franciscanos y estuvo bajo la dirección espiritual de san Bernardino de Siena, quien le transmitió el espíritu de san Francisco y la pasión por predicar el Santo Nombre de Jesús. Juan, a cambio, le enseñó Derecho Civil. Después empeñó mucho talento en reformar el clero y fue consejero de tres papas. Realizó trabajos diplomáticos con varios países y finalmente el Papa Calixto III le pidió que predicara armando una defensa contra la invasión de los turcos en Constantinopla. Juan Capistrano estuvo en la línea de fuego hasta que se retiraron los turcos. La gran cantidad de muertos provocó una peste y Juan también se contagió y murió.

☙ ✤ ❧

La devoción al Santo Nombre de Jesús viene de la revelación del arcángel Gabriel a María: "Jesús significa que salva a su pueblo". San Pablo afirmó que no se nos ha dado otro nombre que invocar. Los franciscanos recomendaban repetir este nombre a quienes se les dificultaba orar. San Buenaventura pedía: "Si lees, escribes o enseñas, que nada tenga mayor dulzura que el Santo Nombre de Jesús".

¿Has probado decir Jesús con tu boca, con tu mente, con tu corazón?

San Antonio María Claret

Él me dijo: Ve, que yo te envío a pueblos lejanos.
—Hechos de los Apóstoles 22:21

San Antonio María Claret (1807–1870) fue originario de Sallanet, España. Creció entre la cultura agrícola e industrial, que allí se desarrollaba. Su familia tenía telares y él aprendió los oficios. Entró al seminario con gran deseo de ser misionero, y ya ordenado, se fue a Roma a prepararse para las misiones extranjeras. Por falta de salud, regresó a su tierra y allí desarrolló una intensa labor misionera. Por catorce años recorrió a caballo todas las parroquias catalanas predicando y animando la conversión, y cruzó el mar hacia las islas Canarias, extendiendo su apostolado. Publicó hojas semanales que eran buscadas por personas y grupos que deseaban avivar su fe en una sociedad constantemente agitada. Fue gran apóstol de la pluma, con abundantes folletos y libros, algunos dirigidos al pueblo, otros a los sacerdotes. Fundo la Congregación de los Claretianos. En 1850 lo nombraron obispo de Santiago de Cuba. Allí hizo innumerables visitas, denunció la explotación de los trabajadores, la extrema pobreza y tuvo muchos problemas. La reina de España lo trajo a su corte, pero no era su sitio. Fundó un centro de estudios y cuando la reina fue expulsada, Antonino se retiró a un monasterio donde termino sus días.

෨✜ଔ

Generalmente, la proclamación de la Escritura tiene la expresión: *En aquel tiempo. . .* El padre Claret ayudó a sus oyentes a cambiar: *hoy, Jesús me dice. . . .* Así conectamos la Palabra a nuestra historia personal. Si pensamos que esta Palabra está dirigida a mi persona en su concreta circunstancia, dará más fruto.

¿Escuchas la Palabra como algo antiguo o te resuena como algo actual? ¿Puedes dirigirla a tu vida y circunstancias?

Santos Crispín y Crispiano

No se alegren de que los espíritus se les sometan, sino de que sus nombres estén escritos en el cielo.
—Lucas 10:20

Cuentan que los santos Crispín y Crispiano (s. III) fueron dos hermanos que acompañaron a san Quintín en la evangelización de Francia, llamada entonces las Galias. Eran famosos porque tenían bonita manera de predicar y vivían de su trabajo, curtiendo pieles, haciendo buenos zapatos. También ayudaban a los pobres y les arreglaban su calzado sin cobrar. Cuando el emperador Maximiano visitó Soissons, los sacerdotes paganos acusaron a los zapateros de hacer cristianos a gente de sus cultos. El emperador mandó darles un escarmiento y les aplicaron diversos tormentos. El mismo gobernador ordenó quemarlos dentro de un caldero, pero no les hacía daño el fuego. Este atizó el fuego con burlas y sarcasmos, pero él mismo fue quemado por el fuego. Cuando el emperador supo esto, ordenó que los degollaran. Estos mártires fueron muy venerados y se organizaron cofradías entre los que trabajan pieles y los zapateros.

❧ ❖ ☙

Los santos redescubren, desde el comienzo de la Iglesia, los valores del Evangelio del trabajo y la espiritualidad; la evangelización y el servicio a los más necesitados; la humildad. . . la fraternidad y el perdón. El martirio viene a sellar esta autenticidad haciendo palpable la coherencia de vida.

¿Encuentras tu vida coherente? ¿En qué necesitas poner más atención?

San Eata de Hexham

Jesús los quedó mirando y les dijo:
—Para los hombres eso es imposible, para Dios todo es posible.
—Mateo 19:26

San Eata de Hexham (s. VII) pertenece a los grandes evangelizadores ingleses que fundaron las diócesis de lo que actualmente es Escocia. Se sabe que primero fue monje en Aidan, Lindisfarne. En los cenobios templó su alma dedicándola al estudio y la oración en soledad. Existen testimonios de él de san Beda, que se refiere a él como un monje manso y sencillo. Fue elegido abad de Melrose y tuvo diversas salidas con el propósito de animar la vida de los monjes. Cuando recibió el nombramiento de obispo, le fue encomendado implementar el rito romano y lo hizo con profunda obediencia. Convocó sínodos que ayudaron la evangelización y la unidad. Fue elegido obispo de Lindisfarme y después se trasladó a Hexham, donde trabajó hasta su muerte.

❧ ✤ ☙

Podríamos decir que la principal tarea pastoral que se encomienda a un obispo es la de cuidar la unidad de su rebaño y mantenerlo fiel al papa. Uno de los signos elocuentes de nuestra unidad es la Liturgia. Nuestras culturas influyen en nuestra alabanza, le dan colorido, ritmos y gestos, pero la Iglesia siempre regresa a la unidad refiriéndonos al origen de nuestras celebraciones. Tertuliano escribió en su *Apologética* (38, 18): "Somos un Cuerpo unido por un credo común, por una disciplina divina, por una comunión de esperanza, como una asamblea que es agradable a Dios. . .".

Nuestro modo de celebrar, ¿refleja la unidad de la Iglesia? ¿Guardamos el espíritu de los ritos, o solo repetimos rituales mecánicamente?

Beata María de la Encarnación Rosal

¡Dichosa tú que creíste! Porque se cumplirá lo que el Señor te anuncio.
—Lucas 1:44

La beata María de la Encarnación Rosal (1820–1886), cuyo nombre de pila era Vicenta, nació en Quetzaltenango, Guatemala en una familia que le enseñó la fe católica. Entró a la fundación de los betlemitas en Guatemala, fundada por san Pedro Betancourt, donde cambió su nombre a María de la Encarnación. Poco tiempo después se mudó a la comunidad de catalinas, pero las bethlemitas que quedaban le pidieron que devolviera a la comunidad el espíritu del fundador y se fue a su tierra natal con su comunidad, a reconstruir el espíritu de Belén. El misterio de la Encarnación animó este carisma, y para nutrir esta espiritualidad, dedicaron el 25 de cada mes a la adoración. Llegaron nuevas vocaciones y floreció la atención a los pobres y la educación religiosa en escuelas para niños. Entonces se desató la persecución religiosa de 1873–85 y fueron expulsadas las comunidades religiosas. Fue la razón por la que las bethlemitas se trasladaron a Costa Rica, donde fundaron colegios de niñas, orfanatos y asilos. Posteriormente realizó fundaciones en Colombia y en Ecuador, donde finalmente falleció.

ΕΟ ❖ ΟΆ

En la homilía a los jóvenes de Ecuador, el Papa Francisco pregunta a los jóvenes si han llorado y los invita a aprender a llorar, pero no el llanto que viene del enojo por no lograr un capricho, sino el llanto de ver a los niños abandonados, hambrientos, abusados o sin porvenir. Ese es el llanto de la Encarnación, que hace fecunda a la Iglesia en obras y proyectos.

¿Te han hecho llorar las necesidades de los desvalidos?

Santos Simón y Judas Tadeo, Apóstoles

Y les dijo:
—Vayan por todo el mundo proclamando la Buena Noticia a toda la
humanidad. Quien crea y se bautice se salvará; quien no crea se condenará.
—Marcos 16:15–16

Celebramos dos apóstoles que están al final de la lista que dan los Evangelios: san Simón y san Judas Tadeo (s. I). De Simón sabemos que tenía el apodo "el cananeo" o "el fanático", y esto lo identifica con un grupo extremista que odiaba a los romanos y quería la liberación de Israel. Y de Judas, sabemos que hay que diferenciar entre el traidor y el Judas pariente de Jesús quien se mantuvo fiel. Tadeo significa "el que se esfuerza". Por la tradición oral sabemos que Judas Tadeo fue un misionero imparable. Desde antiguo se le atribuyen ministerios en Siria, Armenia, y Arabia. También se pensaba que san Simón y san Judas terminaron sus días en Persia. Murió en el reino de Armenia, ahora el norte de Irán. Desde muy antiguo se le consideró un intercesor en cosas difíciles y un ayudante para recobrar la esperanza perdida.

☙ ❖ ❧

La carta de san Judas es un documento corto, que lleva una advertencia fuerte a los cristianos de su tiempo a no dejarse engañar de quienes toman como pretexto la gracia de Dios para no hacer su propio esfuerzo de dejar el pecado y seguir una vida a su placer. San Agustín decía (*Sermón 171*) que el gozo del placer mundano se extingue, mientras que el gozo en el Señor crece continuamente.

¿Experimentas la alegría que viene de recibir el Evangelio y ponerlo en práctica?

Beata Clara Luz Badano

Hermanos, tengan paciencia hasta que vuelva el Señor. Fíjense en el labrador:
cómo aguarda con paciencia hasta recibir la lluvia temprana y tardía,
con esperanza del fruto valioso de la tierra. Ustedes también,
tengan paciencia y anímense.
—Santiago 5:7–8

El movimiento de los focolares marcó un resurgimiento de la fe en familias y sobre todo en jóvenes del siglo XX. Uno de sus miembros fue la beata Clara Badano (1971–1990), a quien la fundadora llamó Clara Luz. Con una vida cristiana en su familia, a sus diecisiete años, estudiaba con el sueño de ser médico y hacía deporte como otras jovencitas. Un día, un dolor en la espalda la llevó a la consulta médica y le diagnosticaron un tumor óseo. Necesitó un rato de silencio y procesó con increíble aceptación que aquel diagnóstico marcaba para ella un modo de contribuir en la salvación y de identificarse con Cristo. Se tiene material grabado y fotográfico de una sonrisa persistente y una mirada serena, "Si Jesús lo quiere, yo también lo quiero", fue su lema. Clara pese a morir a sus diecinueve años, dejó una fuerte impresión en quienes la conocieron porque nunca se enojó con Dios. Sus sufrimientos fueron grandes, vivió el proceso de la enfermedad con lucidez y sin desesperación, segura de que se desposaría con Jesús y que iba a una boda.

❧ ✣ ☙

San Ambrosio (*Sobre las Vírgenes*, 1) cuenta la historia de una joven con fuerte vocación a la virginidad, y cuando sus padres le proponen un esposo, ella contesta: "Yo quiero al mejor de todos: si el que ustedes han buscado es rico, noble y poderoso, no será tanto como el que yo ya elegí". La Iglesia reconoce en las jóvenes como Clara Luz una particular predestinación.

¿No debería despertar admiración una vida así?

San Serapión de Antioquía

Señor, amas a todos los seres y no aborreces nada de lo que has hecho; si
hubieras odiado alguna cosa, no la habrías creado.
—Sabiduría 11:24

Afamado monje del Monte Carmelo, conocido desde joven por su dedicación al estudio y a la oración, san Serapión de Antioquía (s. II) fue uno de los antiguos obispos; se cree que fue ordenado por el Papa Ceferino. Como pastor tuvo que discernir diversas herejías: los que esperaban inminente el juicio final, la de llegada de la Jerusalén celestial (milenaristas), la aparición de textos apócrifos, etcétera. Escribió constates enseñanzas y mantuvo correspondencia con obispos y superiores para mantener la unidad. Finalmente trabajó intensamente para clarificar las herejías del docetismo, que negaban el cuerpo de Jesús como un cuerpo real, y afirmaban que Jesús no sintió la Pasión. San Atanasio y san Jerónimo tienen referencias a sus escritos.

❧ ❖ ☙

San Irineo, en su obra *Contra las Herejías* (III, 24, 1) afirma que la fe la recibimos en la Iglesia y en la Iglesia la custodiamos como un depósito precioso: "Donde está la Iglesia, allí está el Espíritu de Dios; y donde está el Espíritu de Dios, allí está la Iglesia y toda gracia". En todos los tiempos se corre el riesgo de desviar la verdad revelada a conveniencias o de adaptarla a otros criterios. Los santos nos enseñan el valor tan grande de no sucumbir ante las viejas o modernas herejías.

¿Valoras nuestra fe como ese depósito que se nos ha confiado? ¿Estás atento para
identificar desviaciones y reorientarlas?

San Alonso Rodríguez

Pero el centurión le replicó: —Señor, no soy digno de que entres bajo mi techo.
Basta que digas una palabra y mi muchacho quedará sano.
—Mateo 8:8

San Alonso Rodríguez (1531–1617) se quedó viudo y sus tres hijos habían muerto también, pasados sus treinta años. Aunque tenía su telar y sus trabajadores, eso no bastaba. Un recuerdo de su niñez, cuando en su casa hospedaron al padre Pedro Fabro, lo atraía como un imán. Y se decidió por buscar a la Compañía de Jesús, no solo como un feligrés de sus parroquias o simpatizante de su obra, sino como un hermano. Alonso llegó pasados los cuarenta años a solicitar su entrada y encontró muchas dificultades por su falta de formación. Los estudios de los jesuitas eran difíciles y él se sentía viejo para el aprendizaje, pero ágil para servir. Fue aceptado como hermano y se entregó en cuerpo y alma a atender la recepción de un colegio en Mallorca. El modesto oficio de portero le dio ocasión para hacer santa conversación con todo tipo de personas. Muy pronto fue consejero y tuvo gran fama por su sencillez y humildad.

❧✤☙

Cuando preguntaban a san Agustín qué era lo más esencial para seguir a Cristo, (*Epístola 118*), el decía: "Os responderé: primero la humildad, segundo la humildad y tercero la humildad [. . .] porque solo a pasos de humildad se sube a lo alto de los cielos. . .".

¿Por qué tenemos miedo de los trabajos más modestos? ¿Valoras escuchar a los demás como un ejercicio humilde que nos permite poner al otro primero que a nosotros mismos?

Noviembre

Todos los Santos

Caminarán pueblos numerosos. Dirán: vengan, subamos al monte del Señor,
a la casa del Dios de Jacob: él nos instruirá en sus caminos y marcharemos por
sus sendas, porque de Sion saldrá la ley; de Jerusalén, la Palabra del Señor.

—Isaías 2:3

Hay santos señalados e identificados por nuestra Iglesia, unos son conocidos y populares, algunos son documentados y otros anónimos. La expresión Día de Todos los Santos reúne un enorme número de personas maduras en la fe, en quienes el don de su Bautismo llegó a plenitud. Desde nuestro Bautismo, recibimos en regalo esa semilla a la santidad. En esta celebración valoramos a las personas extraordinarias por su fe, y caben aquí tanto los santos universales y conocidos como los menos conocidos. ¿Cuántas personas se expresan de alguien con la afirmación: "¡Era un santo!" o "¡Era una santa!"? Testimoniamos que Dios obra la santidad en sus hijos. La santidad es una invitación por parte suya, y es un destino para cada bautizado. La meta de cada una de nuestras vidas es acercarnos a la santidad de Dios y compartirla.

ଇ ❖ ଔ

En el prefacio de este día decimos: "Tu gloria resplandece en la asamblea de los santos, ya que, al coronar sus méritos, coronas tus propios dones. Con su vida, nos proporcionas ejemplo; ayuda con su intercesión, y por la comunión con ellos, nos haces participar de sus bienes, para que, alentados por testigos tan insignes, lleguemos victoriosos al fin de la carrera y alcancemos la corona inmortal de la gloria".

Haz una lista de personas santas que tú has conocido. ¿Qué ejemplo te dieron? ¿A qué te animan sus vidas?

Conmemoración de los fieles difuntos

Sabemos que, si esta tienda de campaña, nuestra morada terrenal, es destruida, tenemos una vivienda eterna en el cielo, no construida por manos humanas, sino por Dios.

—2 Corintios 5:1

La conmemoración de los fieles difuntos no es un "recuerdo" de nuestros muertos, con nostalgia, sino con fe. La Iglesia nos invita a pensar en ellos como comunidad, ellos ya han entrado en el misterio pascual. El Evangelio nos dice: "Esta es la voluntad de mi Padre, que todo el que contempla al Hijo y crea en él, tenga vida eterna, y yo lo resucitaré en el último día" (Jn 6:40). Estas son palabras muy consoladoras y por eso decimos "los fieles", porque los sabemos receptores del abrazo de Cristo. Esta memoria de su partida, es una afirmación de la vida transformada. Por eso oramos: "Acuérdate también, Padre, de nuestros hermanos que durmieron en la paz de Cristo, y de todos los difuntos, cuya fe solo tú conociste; admítelos a contemplar la luz de tu rostro y dales la plenitud de la vida en la resurrección." Vale la pena una conciencia de que nuestros fieles difuntos han cruzado ya por un encuentro de salvación.

⊱ ❖ ⊰

Hay muchas ideas sobre lo que es morir. El *Catecismo de la Iglesia Católica* (410–421) nos anima a pensar que nuestra vida terrenal tiene un final, pero debemos llegar a ese momento, acompañados de la esperanza en la vida verdadera que Cristo nos ha alcanzado con su entrega. La muerte es una dura experiencia de separación entre nuestra realidad material y espiritual. Pero esa unidad está marcada también por las obras que hemos realizado y que nos forjaron nuestro camino de vida.

Cuando se ha muerto una persona que amas, ¿sientes que se ha ido a un lugar? ¿Quieres volver a estar con los que amas que están en el cielo? ¿Sientes que los que están con Dios te cuidan y ayudan?

San Martín de Porres

La sabiduría que procede del cielo, es ante todo pura; además es pacífica, comprensiva, llena de piedad, y buenos resultados, sin discriminación ni fingimiento.
—Santiago 3:17

San Martín de Porres (1569–1639) nació doblemente marcado: por ser mulato, hijo de un noble blanco con una mujer de color en la sociedad de la Lima del virreinato español, y por ser bastardo, en un ambiente donde las castas y los apellidos repartían discriminación a manos llenas. Martín se aferró a su identidad de hijo de Dios, hizo constante oración y fue fiel a la Eucaristía. Trabajó como ayudante de un médico español y aprendió a hacer curaciones, preparaba remedios y a su consultorio asistían los pobres, que le hablaban de sus dolores físicos y de los dolores del alma. Martín se volvió un reconciliador de familias y abogado de situaciones difíciles que habló a los corazones devolviéndolos a la sensatez. Pidió entrar con los dominicos, pero solo fue aceptado como hermano lego. En el convento fue enfermero, realizó las labores más modestas con notable alegría. Su atención a los empobrecidos no cesó y ganó tanta fama que los nobles y el virrey solicitaron su consejo. Se contagió de tifus, y a su muerte, en Perú, lo declararon "Martín de la caridad".

༄ ❖ ༄

En la enseñanza de la Iglesia afirmamos que la santidad es una gracia de Dios, pero esa gracia no anula las consecuencias del pecado, como el racismo o la discriminación. Cada uno de nosotros se esfuerza en no excluir o rebajar la dignidad de sus semejantes. Como cristianos, fundamos nuestra dignidad en Dios, que nos une, y la segregación o marginalidad nos desvían de la santidad.

¿Te has sentido impotente ante las consecuencias del pecado? ¿Puedes disculpar los errores de los demás?

San Carlos Borromeo

El que ha puesto la mano en el arado y mira atrás no es apto para el
reino de Dios.
—Lucas 9:62

Si se visitara el Vaticano a mitad del siglo XVI extrañaría encontrar a un joven de veintiún años, medio tímido, con amplias facultades para tomar decisiones importantes. Era Carlos Borromeo (1538–1584), sobrino directo del Papa Pío IV, que le organizaba negocios, asuntos de estado, festejos y visitas. Carlos nació noble en el castillo de Arna, gozó de buenos estudios en Derecho Civil y Religioso. Gracias al Papa, organizó la última sesión del Concilio de Trento y fue uno de los redactores de las conclusiones. Hizo ejercicios espirituales antes de ser ordenado sacerdote y comenzó una profunda conversión. Lo nombraron arzobispo de Milán y Carlos dejó el Vaticano. Se le considera el pionero en estadística pastoral porque hizo en su diócesis sínodos y visitas para identificar los grandes problemas y localizó personas, órdenes y ministerios donde podía apoyar una pastoral que devolviera a Cristo a aquellas comunidades abandonadas. Llegó a Milán la peste, y por seis años, Carlos salió a los hospitales a llevar auxilio, gastó su fortuna personal en construir más hospitales y en víveres para las familias. Murió extenuado a los cuarenta y seis años.

ಶಲ ❖ ಲ೭

Sin duda que Carlos Borromeo tuvo un "antes y un después". De ser tímido, motivado más a la política, pasó a ser un valeroso pastor decidido al cambio y un espiritual que despertó almas a la conversión. Carlos se dio cuenta de que la Iglesia no se renovaría con decretos y recomendaciones. Renovó al clero, impulsó la formación para laicos y seminaristas, renovó las órdenes, implementó obras de caridad. . . . devolvió la credibilidad de la Iglesia.

¿Identificas en nuestra Iglesia actual personas que se han ido y ya no creen en ella?
¿Qué contribución puedes hacer tú para ayudarles a volver?

Santos Zacarías e Isabel

Isabel exclamó con voz fuerte: —Bendita tú entre las mujeres y bendito el fruto de tu vientre.

—Lucas 1:42

El relato de san Lucas (Cap. 1) afirma que los santos Zacarías e Isabel (s. I a. C.) venían desde las raíces sacerdotales de Israel, no tenían hijos, y ya eran mayores de edad. Con palabras tan sencillas como: "eran justos y cumplían todos los mandamientos", nos resumen la calidad de personas a donde Dios dirige su promesa de vida y alegría. Casi todo el diálogo está centrado en Zacarías como servidor del tempo. Al escuchar la promesa de Dios de darle descendencia, él duda, y como señal de Dios, se queda mudo. En reacción opuesta, el ángel Gabriel anuncia a María que concebirá un hijo y ella sí cree, canta y alaba a Dios, y cuando conoce la noticia del embarazo de Isabel, corre hasta el lugar donde estaba su prima. Las dos mujeres son señal una para la otra, los dos vientres se saludan en un encuentro de fe gozosa. Cuando Isabel da a luz, Zacarías obedece llamando *Juan* al niño. Este niño evidenció la misericordia de Dios no solo para aquella pareja, sino para todos los creyentes.

☙ ❖ ❧

El poeta Tagore escribió: "Cada niño que viene al mundo, nos dice cuánto Dios espera de la humanidad". El nacimiento de Juan el Bautista nos dice cuánto podemos esperar de Dios. María afirma que "nada es imposible para Dios", y Zacarías e Isabel son un ejemplo: un matrimonio estéril y pasado de edad, un sacerdote enmudecido y una virgen embarazada.

¿Has puesto en manos de Dios tus propios imposibles? ¿Has experimentado en tu vida que nada es imposible para Dios?

San Severo

Nada hay encubierto que no se descubra, nada oculto que no se divulgue.
Porque lo que digan de noche se escuchará en pleno día; y lo que digan al
oído en el sótano se proclamará desde las azoteas.
—Lucas 12:2–3

Se conoce a san Severo (s. IV) por las actas de su martirio, ubicadas en el tiempo de Diocleciano, cuando el emperador manifestó con diferentes edictos el propósito de eliminar el cristianismo e identificó a los buenos pastores con el propósito de dar un escarmiento a todo su rebaño. Cuando se fue a Barcelona, le pidieron al obispo Severo que huyera y trataron de esconderlo entre los sembrados. Pero el obispo se entregó para que no hicieran males a su pueblo, lo torturaron y le enterraron un clavo en la cabeza.

෨ ✤ ෬

Quizá nos preguntamos por qué los mártires padecieron tantas cosas. San Teófilo (*Libro a Autólico*, 5:8) animaba en tiempos difíciles: "La fe va delante de todas las cosas. ¿Qué labrador puede cosechar si no confía antes en la semilla y en la tierra? ¿Quién puede viajar si no confía antes en la embarcación y en el piloto? ¿Qué enfermo puede curarse si no confía en el médico? ¿Quién puede aprender ciencia o arte si no confía primero en el maestro? ¿Y tú no quieres confiarte a Dios del cual has recibido tantas gracias y prodigios?". Jesús se preguntó si cuando el Hijo del hombre volviera, encontraría fe en la tierra. Afortunadamente, el testimonio de estos santos puede confirmar que la fe sigue viva.

¿Las verdades de nuestra fe, despiertan en ti confianza? ¿Te abandonas
interiormente en un acto de confianza en lo que Dios quiere para ti?

7 DE NOVIEMBRE

San Ernesto

En esto conozco que me quieres: que mi enemigo no cantará victoria a mi costa. Tú me sostendrás en mi integridad y me mantendrás siempre en tu presencia.
—Salmos 41:12–13

Se sabe que san Ernesto (c. 1148) fue abad en un convento de benedictinos en el suroeste de Alemania, cerca del lago Constanza. En esa época estaban las cruzadas como guerras a las que convocaba la Iglesia y en este caso fue el emperador Conrado III estaba urgido de liberar a Tierra Santa del dominio de los musulmanes. El obispo Otto pidió al abad Ernesto que se uniera a su destacamento. El abad se despidió de su comunidad, con la sensación de que no volvería, y se fue con el obispo. No se tiene certeza de las batallas que vivió; lo que se sabe es que lo llevaron preso y fue trasladado hasta La Meca, y allí fue martirizado. Existen antiguas representaciones pictóricas de su martirio.

❦ ❖ ❧

¿Por qué muchos santos han caminado hacia compromisos que los han llevado a la muerte? San Agustín nos pide "observar cómo cuando estamos sanos no tenemos los temores que tienen los enfermos. Cuando pensamos en la inmortalidad de nuestras almas se nos van los miedos propios de la vida temporal y corruptible" (*Homilía sobre el Aleluya*, 255). San Pablo animaba a los cristianos a que desde ahora, "suspiramos con el deseo de revestirnos de aquella morada celestial; una vez revestidos de ella, ya no estaremos desnudos. . . tenemos siempre confianza y sabemos que mientras el cuerpo sea nuestra patria, estaremos en el destierro, lejos del Señor" (2 Cor 5:2,6). Ya no es tiempo de ir a guerras santas, pero hay muchas circunstancias actuales, que nos detienen solo en lo material.

¿Qué significa para ti vivir solo al nivel del cuerpo? ¿Por qué tememos tanto la muerte?

Santa Isabel de la Trinidad

Mi Señor me ha dado una lengua de discípulo, para saber decir al abatido una palabra de aliento. Cada mañana me despierta el oído, para que escuche como un discípulo.

—Isaías 50:4

Santa Isabel de la Trinidad (1880–1906), cuyo nombre original era Isabel Catez, fue una niña portentosa, nacida en Francia, hija de un militar. Tocaba el piano y, a sus catorce años, ganó el concurso en Dijon. Fue sensible y atenta a todo lo espiritual. Mantuvo en su adolescencia el sueño de ir al Carmelo, y cuando entró, como si avanzara por un bosque, se adentró en la meditación, confirmando cada día más que Dios habita en el interior de cada persona. Recibió numerosas experiencias espirituales, particularmente la certeza de que la Santísima Trinidad acompaña nuestra vida. Ella reflexionó constantemente sobre la unidad de las tres divinas Personas y su misterio, reflejado en la Iglesia y en cada alma. Una combinación de tuberculosis con problemas de salud la llevaron a la muerte a sus veintiséis años; de ellos solo seis vivió en el Carmelo.

❧ ❖ ☙

Los testigos a los últimos días de santa Isabel la escucharon decir: "Todo se pasa, solo permanece el amor, hay que hacerlo todo por amor". Esto fue lo último que Isabel escribió a su madre (*EP* 110): "Madre, siento a mis 'Tres' tan cerca de mí, que estoy más llena de felicidad que de dolor. Ya no puedo elegir mi sufrimiento, porque el Señor ha llenado de dolor mi aposento. . . . He hallado el cielo en la tierra, pues el cielo es Dios, y está en mi alma".

¿Qué nos impide llegar a nuestro interior y encontrar allí a Dios? ¿Te comunicas con Dios dentro de ti?

340

San Rafael Kalinowsky

Como anhela la cierva corrientes de agua, así, mi alma te anhela a ti, oh Dios.
—Salmos 42:2

San Rafael Kalinowsky (1835–1907), cuyo nombre de pila era José, nació en una familia católica de Vilma, hoy Lituania, que por entonces era parte del imperio ruso. José estudió exitosamente y muy joven fue a la universidad militar de San Petersburgo, donde se graduó de ingeniero y lo contrataron en la construcción del ferrocarril. Pero él se sentía vacío interiormente, hasta que leyó *Confesiones* de san Agustín y recuperó un anhelo espiritual. Comenzó el levantamiento de polacos para recuperar su patria, cuando vio la persecución se reveló. Lo tomaron prisionero y estuvo diez años terribles de trabajos forzados en Siberia. Luego, trabajó como maestro del príncipe en exilio y se decidió entrar al Carmelo de Grantz, Austria, a sus cuarenta y dos años. Allí tomó el nombre de Rafael de san José. Se le encomendó reestablecer en Polonia la vida carmelita. Fundó un convento en Wadowice, e identificó a los Carmelitas de la Tercera Orden dispersos, los reavivó con sus charlas y sus escritos. Murió dando dirección espiritual y acompañamiento a sus obras.

℘ ❖ ℜ

El psicólogo Víctor Frankl afirmó que la experiencia de los trabajos forzados fue de un total despojo. "Y concluí que te pueden quitar todo, menos la decisión personal de cómo vas a reaccionar ante aquello". El padre Rafael dijo algo más: "El mundo me puede privar de todo, pero siempre quedará un lugar que le será inaccesible: ¡La oración!".

Cuando pierdes algo o te lo quitan, ¿sientes que tienes algo internamente que nadie te puede despojar? ¿Eliges tú las actitudes con las que reaccionas, o solo te dejas llevar del sentimiento?

San León Magno, Papa

Hermanos míos, si uno de ustedes se aparta de la verdad y otro lo endereza, el que convierte al pecador del mal camino, salvará su vida de la muerte y obtendrá el perdón de una multitud de pecados.
—Santiago 5:19–20

San León Magno (390–461) afrontó durante su papado diversas dificultades con respecto a la doctrina de la fe y la situación política de su pueblo. El liderazgo de Eutiques, un famoso monje con muchos seguidores, que confundió a los creyentes al negar las dos naturalezas de Cristo, le trajo muchos problemas. El Papa escribió una carta dogmática y numerosas catequesis para dejar claro que Jesús fue Dios y hombre verdadero. Al mismo tiempo afrontó el avance de los hunos, cuyos ejércitos eran poderosos, y el Papa León viajó al norte de Italia para dialogar con Atila, jefe de los ejércitos bárbaros y logró que no incendiaran Roma y respetaran los tesoros espirituales. Sin embargo, no pudo evitar que otros bárbaros, bajo Genserico, saquearan Roma. Fue un gran escritor y con su palabra animó a los creyentes y amonestó a los que sembraban errores. Todavía conservamos homilías y cartas que reflejan su sabiduría.

ಬ ❖ ಐ

Cuando el Papa León terminó el Concilio de Calcedonia y proclamó la doctrina, los padres exclamaron: "Esta es la fe de nuestros padres, esta es la fe de los apóstoles; el mismo Pedro ha hablado por la boca de León". La Iglesia llama al Papa León, "el Grande". Sus catequesis invitaron a valorar la inmensa dignidad que confiere el Bautismo. En su homilía de la Navidad nos invita a la unidad: "Reconoce cristiano tu dignidad, has sido partícipe de la naturaleza divina [. . .] piensa de qué cabeza y de qué cuerpo eres miembro".

¿Has experimentado la confrontación de un líder fuerte que desvía de la verdad? ¿Cómo ayudas a volver a la unidad cuando se rompe?

San Martín de Tours

Porque la promesa ha sido hecha para ustedes y para sus hijos y para todos aquellos que están lejos a quienes llamará el Señor nuestro Dios.
—Hechos de los Apóstoles 2:39

Sin duda, los inmigrantes recuerdan la imagen de un soldado romano que con su espada divide en dos su capa para compartirla con un pobre. Este es san Martín de Tours (316–397) y protector de los comercios. Es bueno saber que Martín creció en Italia y todavía era catecúmeno, cuando tuvo que ir al servicio en el ejército. Un invierno, cruzando un camino encontró a ese mendigo y después en sueños vio a Jesús cobijado con la mitad de su capa y escuchó sus palabras de agrado por aquella acción. Fue así que se decidió a seguirlo, abandonó el ejército y se dirigió a Poitiers, donde pidió al obispo san Hilario que fuera su mentor. Hilario lo recibió con hospitalidad y le enseñó a llevar una vida de oración, caridad y servicio hasta su sacerdocio. A la muerte del obispo, eligieron unánimemente a Martín como su pastor. Evangelizó, visitó sus comunidades, abogó por los débiles, llevando casos hasta el mismo emperador. Cuando murió fue memorable la manifestación de respeto y cariño de parte de su rebaño.

❧ ✦ ☙

San Clemente Romano dijo: "Roguemos a Dios por su misericordia nos permita vivir en caridad. . . . Que el fuerte sea protector del débil; que el pobre dé gracias a Dios cuando recibe remedio en su necesidad y el sabio manifieste su sabiduría no con palabras sino con buenas obras; que el humilde deje que otros hablen bien de él y el casto sepa que es Dios quien le regala ese don. . ." (*Carta a los Corintios*, 36).

¿Pides a Dios vivir la verdadera caridad cristiana? ¿Cuáles con las barreras para ponerla por obra?

San Josafat

El Hijo del Hombre tiene que padecer mucho, ser rechazado por los ancianos, sumos sacerdotes y letrados, tiene que ser condenado a muerte y resucitar al tercer día.

—Lucas 9:21

San Josafat (1580–1623) nació en la actual Lituania, en una familia griego-ortodoxa. Trabajó en el comercio cerca de Polonia y entró en el Monasterio de San Basilio, con entusiasmo por la Liturgia. Comenzó a sentirse atraído hacia la Iglesia católica, por su espíritu universal. En ese tiempo había tensión entre católicos y ortodoxos, pero Josafat sentía el llamado a la reconciliación. Obtuvo permiso del Papa para celebrar el rito oriental en unidad con Roma, y este se lo concedió. Se reconoció que las iglesias orientales guardan ritos antiguos que tienen conexión con los apóstoles. Fue nombrado el primer archimandrita de su monasterio y después lo hicieron obispo de Poloyzk. Utilizó su conocimiento sobre las iglesias orientales como un puente. Trabajó en un catecismo y otras obras espirituales. Un enemigo hizo creer a los ortodoxos que Josafat era un ladrón de almas, encendió tanto odio que asaltaron al obispo y lo mataron brutalmente.

❧ ✤ ☙

Trabajar por la unidad es un don del Espíritu Santo. San Irineo dijo: "Las iglesias de Germania creen y transmiten lo mismo que los iberos, los celtas, los de Egipto, Libia o de Oriente. El sol, que es criatura de Dios, es uno para iluminar el mundo, también la verdad, es una, resplandece e ilumina a quienes quieren conocerla" (*Contra los herejes 1*, 10:1–3). A san Josafat lo llamaron "restaurador de la unidad" en el documento *Eclesiam Dei*.

¿Te interesa la unidad? ¿La fomentas en tus relaciones interpersonales y comunitarias?

Santa Francisca Javier Cabrini

Pidan y se les dará, busquen y encontrarán, llamen y se les abrirá...
—Mateo 7:7

De niña, santa Francisca Javier Cabrini (1850–1917) era delgada y enfermiza, pero tenía el sueño de ser misionera en China. En su juventud estudia para maestra y entra con unas religiosas que atienden un orfanato, pero sale con siete hermanas y funda la comunidad Misionera del Sagrado Corazón. Conoce a Monseñor Carlos Scalabrini, que le habla de los inmigrantes y la anima a ir a América. Francisca tiene una audiencia con el Papa León XIII y le consulta sobre sus sueños de ir a China y la propuesta de ir a los Estados Unidos. "A Oriente no, a Occidente", es la sugerencia papal. Francisca, quien sufre de vértigo en barco, en nombre de Dios se dirige hacia Nueva York, donde encontrará miles de inmigrantes italianos, desempleados, pobres y confundidos. Organiza comidas colectivas y cuidado de niños. Escucha sobre el rechazo de los hijos de los inmigrantes, y se determina a iniciar escuelitas parroquiales. Lo mismo hace por los enfermos iniciando dispensarios. Todavía sorprende la fortaleza de la que parecía mujer frágil; aunque nunca logró un buen inglés, dejó obras en Nueva York, Chicago, Seattle, Nueva Orleans, Denver, Los Ángeles, Nicaragua y Argentina.

ഔ ❖ ര

Santa Francisca Cabrini ha sido llamada la patrona de los inmigrantes. Ella ha dado rostro a una Iglesia que debe ser acompañante y hospitalaria con los que viven la movilidad, ya sea por las guerras, las hambrunas, los desastres naturales, o por la necesidad de buscar la sobrevivencia para sus familias. La Iglesia no puede excluir a nadie de su abrazo maternal.

¿Has preguntado a los inmigrantes sus razones de migrar? ¿Participas en dar algún acompañamiento a los que han tenido que trasladarse?

San José Pignatelle

Dios es nuestro refugio y fortaleza, socorro siempre [. . .] en la angustia. Por eso no tememos aunque tiemble la tierra y los montes se hundan en el [. . .] mar.
—Salmos 46:2–3

San José Pignatelle (1737–1811) nació en una familia católica, con parientes en la nobleza española. Originario de Zaragoza, realizó excelentes estudios y entró con los jesuitas. En 1767, Zaragoza tuvo varias revueltas, lo que enojó al rey Carlos III y preocupó a los nobles. Enemigos de los jesuitas los culparon argumentando que ellos incitaron a los rebeldes. El rey presionó con sus familiares a los Borbones que reinaban en varios países y pidieron al Papa Clemente IV que suprimiera la orden. Y así ocurrió. Los jesuitas fueron expulsados de Europa y América, confiscaron sus pertenencias y por un tiempo no los recibió el Papa en Italia. José Pignatelle fue responsable de movilizar a estos jesuitas en medio del rechazo y la vergüenza, hacinados en barcos y hospedados por caridad. Rusia y Austria no los expulsaron, manteniendo viva a la Compañía. Otros sobrevivieron escondidos, como "exjesuitas". Pignatelle mostró especial caridad y prudencia para ayudarlos, buscó familias que los recibieran, trabajos y medicinas, mientras que al tiempo siguió las negociaciones para levantar tan increíble pena. Esto duró más de treinta años. Después de múltiples padecimientos, el Papa Pío VII reconoció a la orden organizada desde Rusia. Al padre José no le tocó ver el restablecimiento total, porque falleció tres años antes.

❧✦☙

Cuando observamos el trabajo de los restauradores de arte, impresiona la delicadeza de su trabajo. Se concentran en cada detalle para recuperar colores y formas. Restaurar una orden religiosa es obra del Espíritu; es alentar la fidelidad a un carisma, más que una obra de arte, como obra sagrada de Dios.

¿Has restaurado algo material? ¿Y algo espiritual?

San Alberto Magno

Voy a derramar agua sobre el suelo sediento y torrentes en la tierra seca; voy a derramar mi aliento sobre tu descendencia y mi bendición sobre tus retoños.
—Isaías 44:3

San Alberto Magno (1200–1280) nació en Alemania y fue hijo de un conde. Desde su juventud se destacó por su curiosidad científica, especialmente por la observación. Sus escritos son una sorprendente enciclopedia de temas espirituales, filosóficos y científicos; escribió sobre medicina, geografía, astronomía, física. Tuvo especial fascinación por el estudio de las Ciencias Naturales. Fue un maestro famoso por sus enseñanzas amenas y profundas. Se ganó fama de "magno" porque en París tuvo que enseñar en la plaza Maubert, ya que no cabían sus estudiantes en las aulas. Santo Tomás de Aquino fue su estudiante; juntos profundizaron en Aristóteles y demás filósofos de la antigüedad y elaboraron la *Teología Escolástica.* Cuando murió santo Tomás, san Alberto dio a conocer su obra. También fue un hombre fascinado con el pueblo: le gustaba predicar y confesar a la gente sencilla. El Papa le pidió a Alberto ayuda con la diócesis de Ratisbona, llena de conflictos, y Alberto le devolvió la diócesis saludable pastoralmente. Caminó largas distancias a pie, conversando espiritualmente con su gente. Cuando falleció, todas las campanas enviaron señales y en muchos lugares de la cristiandad se hizo duelo por la pérdida de un maestro extraordinario.

කෟ ❖ ಣ

El tiempo actual valora, quizá demasiado, el saber académico. Alberto, teniendo dominios en el conocimiento, los compaginó con la virtud y las obras de misericordia. "¿Quieres descubrir los misterios de Dios? Pregunta a un hombre que por amor a él, vive con pobreza evangélica y manifiesta alegría. Ese hombre te sabrá decir más de Dios, que los teólogos eruditos" (*Vivieron el evangelio*, 488).

Lo que sabes de Dios, ¿es porque te interesa la revelación de los sencillos?

Santa Gertrudis

Que Cristo habite en sus corazones por la fe, que estén arraigados y cimentados en el amor, de modo que logren comprender, junto con todos los consagrados, la anchura y la longitud, la altura y la profundidad, en una palabra, que conozcan el amor de Cristo, que supera todo conocimiento.
—Efesios 3:17–19

En Helfta, región de Turingia, Alemania, hay una abadía muy antigua, habitada en la Edad Media por monjas benedictinas, preparadas en diversos modos. Allí era abadesa santa Matilde, famosa por su sabiduría. Le encargaron a Gertrudis (1256–1302), cuya procedencia no se conoce exactamente; lo que es seguro es que su conocimiento era asombroso: era copista de manuscritos, experta en latín, música y canto. Lectora de los autores clásicos, ella misma tradujo las Escrituras y explicaba partes a la gente que acudía a la abadía. A sus veinticinco años tuvo una crisis y la invadió una profunda insatisfacción. Cristo se le presentó, preguntando por su tristeza, y la invitó a acudir a él para encontrar la miel de la sabiduría. A Gertrudis se le cayeron de las manos las letras y las ciencias porque quedó fascinada después de la Liturgia de las Horas con todo lo que allí encontraba. Podía saborear cada versículo, o antífona. Santa Gertrudis escribió muchas de sus reflexiones y sentimientos. No se conserva todo, se perdieron muchos de sus escritos, pero permanece el ejemplo de su sencillez en todos los servicios, especialmente por los más pobres.

ᙄ❖ᙁ

San Gregorio Nacianceno animaba a los que se deciden por un camino espiritual: "Tienes una tarea: encontrar la verdadera luz, encontrar la verdadera altura de tu vida. Y tu vida consiste en encontrarte con Dios, que tiene sed de nuestra sed".

¿Por qué son tan pocos los que se acercan al conocimiento de Dios? ¿Le pides a Dios que te de sed de él?

Santa Isabel de Hungría

Vendan sus bienes y den limosnas. Consigan bolsas que no se rompan, un tesoro inagotable en el cielo, donde los ladrones no llegan ni los roe la polilla. Porque donde está el tesoro de ustedes, allí estará también su corazón.
—Lucas 12:33–34

Santa Isabel de Hungría (1207–1231) tuvo parentesco con varias familias reales. Por su familia de Hungría, hubo santos, y en Alemania, por su esposo Ludovico IV, se le identificó como Isabel de Turingia. Se le vio poco en la corte porque se dedicó al cuidado de sus hijos y a un intenso trabajo por la caridad. No le impresionaron las críticas de los nobles. Se preocupó de los niños huérfanos y fundó hospitales. Su esposo no se opuso a su generosidad, pero fue a la guerra y murió. Todos animaban a Isabel a casarse de nuevo, pero ella decidió ser franciscana laica, hizo penitencias y su sobriedad fue admirable. Sirvió como enfermera en un hospital que ella había fundado, trató directamente a los enfermos sin importarle sus males o su condición y en sus ratos libres trabajó la lana para cubrir a los niños huérfanos. Murió a los veinticuatro años, impresionado a todos por su bondad y dulzura.

ഽ❖ര

El testimonio de Isabel de Hungría traspasó fronteras y muy pronto fue invocada en diferentes países. Es patrona de las viudas, los huérfanos, los vagabundos, los pordioseros y de las organizaciones de caridad. Es bueno mirar nuestras sociedades, donde la pobreza coexiste con la abundancia, y preguntarnos quién se inclina para atender las heridas de los que sufren.

¿Analizas los valores de nuestra sociedad de consumo que se basa las poseciones? ¿En tu corazón le das un lugar a los que sirven a los pobres?

San Odón de Cluny

Cantaré al Señor mientras viva, tocaré para mi Dios mientras exista.
Suba hasta él mi poema, y yo me alegraré con el Señor.
—Salmos 104:33–34

San Odón (879–942) fue un canónigo estudiado; llegó a Cluny movido por una promesa que hizo a Dios debido a un padecimiento de migrañas. Cuenta la tradición que prometió a Dios si se le retiraba aquellos dolores de cabeza, dedicaría su vida a su servicio, y así lo hizo. Cuando conoció la regla de san Benito, se vio a sí mismo lejos de aquel ideal, y por eso se dirigió a Cluny. Quedó fascinado por la música litúrgica y el canto, y pronto fue director del coro. En 927 lo eligieron abad y por quince años Odón dio esplendor a Cluny tanto en guardar las reglas como en la cantidad de vocaciones que llegaron de diversas partes. Se hizo famoso por su hospitalidad, por su apoyo a los pobres y su benevolencia con los prisioneros. Le pidieron ayudar en la renovación de otros monasterios en Italia, hizo sentir sus dones para la pacificación en tensiones políticas en las que sirvió como mediador.

❧ ✤ ☙

La música litúrgica y el canto no son decoraciones en la espiritualidad. Son un factor decisivo en las celebraciones de nuestra fe, nos permiten expresar la plegaria, la alabanza y nos permiten gustar del cambio de cada tiempo litúrgico. Las buenas épocas eclesiales tienen también la aportación musical que caracteriza las espiritualidades.

¿Eres consciente de la conexión entre la música y la espiritualidad? ¿Qué cantos son los que asocias a tu experiencia de fe?

San Federico Janssoone

Reconozcan el momento en que viven, que ya es hora de despertar del sueño: ahora la salvación está más cerca que cuando abrazamos la fe. La noche está avanzada, el día se acerca: abandonemos las acciones tenebrosas y vistámonos con la armadura de la luz.
—Romanos 13:11–12

San Federico Janssoone (1838–1916) nació en el área de Lila, Francia. Su infancia transcurrió con una familia que pudo proveerle buenos estudios y decidió entrar al seminario, pero su propósito se interrumpió por una mala situación económica familiar y tuvo que salir para vender telas por los pueblos. Retomó su vocación y entró con los hermanos franciscanos menores. Estuvo unos años como capellán en el ejército y después fue responsable de los santuarios, que en Tierra Santa tienen encomendados los franciscanos. En la Tierra de Jesús desarrolló una tarea muy especial de acogida, de cuidado de la comunidad católica y de mantenimiento de las obras. Siempre se mantuvo austero y dio un ejemplo de verdadero hijo de san Francisco, en su amor a la pobreza y en su trato amable y caritativo. Después pasó un tiempo en Canadá, donde ayudó a la Orden. En todas partes Federico fue amigo de instalar la *Vía Crucis* para que toda la comunidad meditara la Pasión del Señor.

 හ ✧ ලි

En la regla franciscana (1 RlX) se invita: "Que todos los hermanos y hermanas se empeñen en seguir la humildad y la pobreza de nuestro Señor Jesucristo. . . . Deben estar contentos cuando conviven con gente de baja condición, despreciada, débil y pobre, con enfermos y leprosos, con mendigos de los caminos. Y cuando sea necesario, salgan a pedir limosna a los caminos y que no les de vergüenza hacerlo. . .". Federico llevó este ejemplo de lo que significa hacer del Reino de Dios tu tesoro.

¿Alguna vez has pedido para dar a otros? ¿Qué forma tomó esa ayuda?

San Edmundo

La vida del hombre es como la hierba, florece como la flor campestre; el viento la azota, y ya no existe, ni siquiera su casa lo recuerda.
—Salmos 103:15

San Edmundo (s. IX) tiene una historia probada con documentos muy antiguos, pero también hay parte que es leyenda. No se sabe exactamente el nacimiento de este rey, pero se sabe que vivió en la actual región de Suffolk, (este de Inglaterra), con un reinado que comenzó siendo él un adolescente de quince años. El rey Edmundo sorprendía a todos por su sensatez y siempre se encomendaba a Dios para tomar decisiones. Cuentan que se encerró en una torre para meditar los salmos y recitaba de memoria muchos de ellos. Era un gobernante apreciado por su pueblo, puso cuidado en los débiles de su reino y no quería que las viudas y los huérfanos quedaran desamparados. Pero tuvo un gran problema, porque constantemente fue amenazado por piratas. Los pueblos daneses atacaban y en una de sus intervenciones, el rey se escondió, pero cuando lo encontraron, lo tomaron prisionero para insistir que renunciara a su fe. El rey Edmundo confesó su fe con toda convicción. Entonces lo martirizaron, a semejanza de san Sebastián: le dispararon flechas y finalmente lo degollaron. Esto ocurrió en Suffolk en el año 870.

෨ ✠ ෬

La pregunta sobre la muerte de los jóvenes buenos viene desde el libro de la Sabiduría. San Ambrosio declaraba que a cualquier edad se puede servir a Dios y que no hay que mirar el número de años, sino los talentos que ha trabajado un alma.

¿Has encontrado grandes valores como la fidelidad y la valentía en la gente joven? ¿Animas a los jóvenes que atraviesan crisis o momentos de prueba a mantenerse fieles a sus principios?

Beata María de Jesús del Buen Pastor

El Señor protege a los emigrantes; sustenta al huérfano y a la viuda y anula el poder de los malvados.
—Salmos 146:9

La beata María de Jesús del Buen Pastor (1842–1902), cuyo nombre de pila era Francisca Siedliska, nació en una familia noble, cerca de Varsovia. Recibió una esmerada educación y sus padres buscaban casarla, como era la costumbre, pero ella conoció al sacerdote capuchino Ladislao Lendsian, lo que inició una nueva conversión en ella en la que buscó la voluntad de Dios. Bajo la dirección de su guía espiritual decidió ella misma iniciar una obra, y su madre, entonces ya viuda, se unió a la fundación. Determinadas a imitar la Vida Oculta, decidieron ser una ayuda para las familias en la formación. Quisieron ir a Polonia, pero estaba invadida por alemanes y entonces se dirigieron a Roma. Recibieron la autorización de iniciar fundaciones, y Francisca tomó el nombre de María de Jesús del Buen Pastor. La enorme migración de polacos hacia los Estados Unidos despertó el anhelo de apoyarlos, y realizó varios viajes para diferentes fundaciones. También abrió casas para inmigrantes en París y Londres. Debido a su intensa actividad y a los caminos recorridos, terminó sus días con agotamiento, pero con una gran satisfacción.

𝕾 ❖ 𝕮𝕽

A través de personas como la beata María de Jesús del Buen Pastor, la Iglesia se ha vuelto compañera de inmigrantes. Las penalidades de los que dejan su patria son enormes y la experiencia de recomenzar presenta un tremendo desafío: entrar a otras culturas, costumbres, lenguas, y entre ellos, reconstruir la identidad. La fe se vuelve patria prima donde los inmigrantes experimentan el consuelo y el orgullo de ser quienes son.

¿Has preguntado a los inmigrantes cuántas veces han vivido procesos de adaptación? ¿Te interesa ayudar a los inmigrantes a conocer la cultura de tu comunidad?

Santa Cecilia

De día el Señor me brinda su amor, de noche me acompaña su canción, la canción al Dios de mi vida.
—Salmos 42:8

La historia de santa Cecilia (s. III) está encuadrada en la comunidad de Roma. Se sabe que estuvo prometida a un noble llamado Valerio. Al parecer, ella le dio a saber su deseo de permanecer virgen y tanto Valerio como su hermano se convirtieron al cristianismo como ella lo había hecho y fueron martirizados primero. Cecilia los sepultó y después la tomaron también a ella prisionera, la condenaron a morir ahogada en un baño porque se negó a adorar a los ídolos, pero no murió. Entonces un soldado la degolló. En la iglesia del Trastevere, bajo el altar mayor, está su sepultura. Cuando la abrieron en 1500 estaba incorrupta, así: una mujer, atada de manos, con cortes en el cuello. El escultor Esteban Maderno realizó una escultura en mármol replicando el hallazgo, que tiene una elocuencia muy particular.

❧ ✤ ☙

La fama de santa Cecilia como patrona de la música es muy antigua. El arte ha multiplicado imágenes inspiradas en la tradición oral: que en su martirio se escucharon cantos. Otras leyendas aseguraban que el canto la fortalecía y de la alabanza a Dios le vino su resistencia. En la Tradición católica hay un gran aprecio por el canto y la música sagrados en la vida cristiana. El Papa Benedicto animó a los creyentes no solo a expresar su fe, y participar de la acción de "cantar", sino "que ese canto se alimente primero del silencio, porque el silencio antecede la fe, se vuelve canto y anima a las obras hasta que la vida misma, es un canto que alaba a Dios" (*Homilía de santa Cecilia*).

¿Distingues entre un canto popular y el canto sagrado? ¿Hay un canto con el que expresas a Dios algo que solo saben tú y él?

San Miguel Agustín Pro

Cristo nos reconcilió con Dios en un solo cuerpo, por medio de la cruz, dando muerte en su persona a la hostilidad.
—Efesios 2:16

San Miguel Agustín Pro (1891–1927) es uno de los personajes más emblemáticos de lo que llamamos la guerra cristera en México. Nació en Guadalupe, Zacatecas, en una familia que tenía tierras; su padre era agente minero. Agustín convivió con los trabajadores, aprendió sus expresiones y su manera de compartir la vida. Entró con los jesuitas en 1911, en tiempo de la Revolución mexicana. Estudio en varios lugares pero una enfermedad del sistema digestivo lo llevó a perder la salud y le ordenaron regresar a México. Rezó a nuestra Madre que le diera fuerzas para realizar su ministerio. Sabía que el gobierno del presidente Elías Calles había restringido el catolicismo y obligaba a huir a los sacerdotes, dejando a los católicos sin sacramentos. El padre Pro llegó a México con muchas energías, organizó "estaciones" en casas de confianza y lugares claves para confesar y dar la comunión, tuvo muchas ideas para disfrazarse y burlar las vigilancias, incluso, visitó a los presos. . . . Sus fugas se volvieron hazaña popular. Fue acusado injustamente de un atentado político y sin juicio lo condenaron. Las imágenes de su fusilamiento son impactantes: murió declarando su inocencia y aclamando a Cristo Rey.

☙ ❖ ❧

San Gregorio Nacianceno cuando reflexiona sobre la muerte de su querido hermano pide a los creyentes que oren para que, llegado el momento de dejarlo todo, estemos preparados, para que la muerte no signifique para nosotros una expulsión de este mundo y nos haga sentir desesperados, sino al contrario, que la muerte nos encuentre bien dispuestos, alegres y seguros de que nos espera una vida eterna y feliz junto a Jesucristo (*Homilía de su hermano Cesáreo*, 23).

¿Estarías dispuesto a profesar tu fe si llegara un gobierno que lo prohibiera?

San Andrés Dung-Lac y compañeros, mártires

Gracias y paz a ustedes de parte de Dios nuestro Padre y del Señor Jesucristo,
que se entregó por nuestros pecados, para sacarnos de la perversa situación
presente, según el deseo de Dios nuestro Padre.

—Gálatas 1:3–4

San Andrés Dung-Lac (1975–1839) fue el primer nombre de 117 mártires, algunos sacerdotes españoles y franceses, pero todos honraron la evangelización de Vietnam. Ya desde el siglo XVI, misioneros de Corea, Filipinas y Macao habían sido invitados a predicar por un príncipe. Surgieron algunas vocaciones y los enviaron a estudiar a seminarios en el extranjero; es de admirar que Vietnam comenzara a tener su clero propio. También tuvieron religiosas establecidas en barcos, verdaderos conventos flotantes, y cuando comenzó la persecución, iban de puerto en puerto. Los mártires representan el conjunto de fe que este país ha desarrollado. En su historia se han registrado cincuenta y un edictos de persecución. En los diversos tiempos de desafíos, el catolicismo se ha sostenido con pruebas y lealtad.

ຄ ❖ ຕ

San Agustín pensaba que para llegar al martirio se comienza por vivir el amor a los hermanos. "Si todavía no sientes disposición de morir por tus hermanos, disponte al menos a compartir con ellos lo que tienes. Que la caridad comience a conmover tus entrañas" (*Comentario a 1ª Juan 1:12*). Cuando vemos en las comunidades la mutua ayuda, la solidaridad y la ayuda, podemos ver que la caridad se extiende y siempre nos anima a un "más" cada día.

¿Identificas en tu comunidad signos de amor y caridad aunque sean pequeños? ¿Te atreves a motivar a tus hermanos hacia ese "más" en un proceso de entrega más comprometido?

Santa Catalina de Alexandría

Me glorificarán las fieras salvajes, chacales y avestruces, porque ofreceré agua en el desierto, ríos en el arenal, para apagar la sed de mi pueblo, de mi elegido.
—Isaías 43:20

Santa Catalina de Alexandría (s. IV) ha sido muy representada en el arte, casi siempre con una triple corona, una rueda y una espada. Las coronas representan su sabiduría, su virginidad y su martirio. Es venerada por las Iglesias ortodoxas también. Recibió un culto tardío en una tumba encontrada en el Monte Sinaí. La leyenda cuenta que era una cristiana noble muy sabia cuando Maximino dominaba el imperio de oriente. El Espíritu Santo la había llenado de valentía y cuando el emperador envió filósofos a convencerla de que el cristianismo no valía la pena y aceptara ser su esposa, discutió uno a uno los argumentos y dejó a todos asombrados. La encarcelaron y la misma emperatriz fue a conocerla junto con su guardia. Porfirio era el capitán de los soldados y Catalina animó a todos a tomar a Cristo como Salvador. Ellos se bautizaron, lo cual puso furioso al emperador y los mandó matar. Finalmente lanzó contra Catalina la rueda de cuchillos. La leyenda dice que la rueda se deshizo antes de llegar a ella; entonces el verdugo la arremetió a golpe de espada y terminó con su vida.

☙ ❖ ❧

Algo que impresiona de los primeros cristianos es que tenían una determinada intención de convertir a otros. Su esperanza en la conversión era porque deseaban verlos dirigidos al mismo Dios. San Ignacio de Antioquía animaba: "Oren sin cesar por los demás hombres, vuélvanse hacia ellos con buenas obras y háganos discípulos. Si ellos se molestan, reaccionen con dulzura, si ellos se muestras arrogantes, ustedes sean humildes. Si ellos blasfeman, ustedes oren. Ante su violencia, sean pacíficos y no les imiten" (*Carta a los Efesios* 9).

¿Crees que a los cristianos actuales nos interesa "convertir a otros"?

Beato Santiago Alberione

Grita de alegría, cielo; alégrate, tierra; prorrumpan en aclamaciones, montañas, porque el Señor consuela a su pueblo y se compadece de los desamparados.
—Isaías 43:13

Desde niño, el beato Santiago Alberione (1884–1972) fue reflexivo. Creció en una familia campesina y de adolescente encontró en Monseñor Chiesa un guía, hasta que fue sacerdote. El pensamiento del Papa León XIII lo iluminó en el deseo de servir; asombrado por los descubrimientos de la tecnología del siglo XX, los cambios en las ideas, y en las sociedades, creció en Santiago el ímpetu de anunciar el Evangelio con los nuevos medios. En 1914 comenzó su obra la Sociedad de San Pablo con la tarea de formar hombres y mujeres para los nuevos ministerios. En 1923 padeció una severa enfermedad y Santiago sintió que por intercesión de san Pablo se recuperó para servir. Trabajó intensamente en las ediciones populares de la Sagrada Escritura. Elaboró revistas como *Vida Pastoral*, *Familia Cristiana*, *Camino Verdad y Vida*, panfletos y hojas parroquiales para animar la vida de un pueblo desorientado. Estuvo presente en el Concilio Vaticano II, ya muy abatido por la esclerosis y con la pena de perder a sus más cercanos colaboradores. A su muerte, dejó diez congregaciones religiosas a la Iglesia.

❧✦❧

Los medios de comunicación son una gran preocupación para la Iglesia: su crecimiento y avances rebasan los límites, tienen gran capacidad de influir para bien y para mal. La Iglesia tiene medios de comunicación católicos como un ministerio al servicio de la verdad, y necesita buenos comunicadores cristianos tanto dentro como fuera de ella. Los comunicadores que trabajan en medios deben ser personas muy auténticas y leales a Dios antes que a poderes temporales.

¿Identificas en tu comunidad personas que trabajan en los medios? ¿Cuál es la diaconía que los comunicadores deben ejercer en la Iglesia?

Santa Catalina Laboure

El ángel le respondió: —El Espíritu Santo vendrá sobre ti y el poder del Altísimo te cubrirá con su sombra.
—Lucas 1:35

Santa Catalina Laboure (1806–1876) nació en Francia, en una familia muy numerosa. Con dificultad para sostener a tantos, su madre murió cuando Catalina tenía nueve años. Ayudó en las labores de la casa y de la granja con una responsabilidad mayor a su capacidad. De joven, entró con las Hermanas de la Caridad, fundadas por san Vicente de Paúl, y allí entrega sus días atendiendo enfermos, preparando comidas, lavando y curando. Intercalaba todas sus tareas con un gran afecto por la Inmaculada, consagrando a ella cada acto y dedicando sus peticiones a su buena madre, cuando un día, sin más, la vio resplandeciente. La Virgen le transmitió su deseo de hacer una imagen como Catalina la veía con una combinación de rayos largos y cortos de luz que emanan de sus manos. Catalina preguntó por qué, y la Virgen contestó que hay gracias que no llegan a quienes las necesitan porque no las piden. Catalina guarda el secreto de estas representaciones y solo se lo dice al padre Aladel, quien manda hacer la medalla tal y como Catalina la describió, y comienzan a reportarse muchas gracias y favores de quienes se encomiendan. Hasta su muerte no se supo que fue Catalina quien recibió estas revelaciones y llamamos La Medalla Milagrosa a esta imagen.

❧ ✤ ☙

La Medalla Milagrosa representa lo que san Jerónimo comenta del saludo del Ángel: "Dios te salve, llena de gracia. Y de verdad que está llena de gracia, porque a los demás, la gracia se nos da con medida, pero en María, se derramó toda la plenitud de la gracia, porque fue inundada con la lluvia abundante del Espíritu Santo" (*Sermón de la Virgen* 3).

¿Has pedido con fe algo a María? ¿Has pensado en lo mucho que ella quiere ayudarnos como hijos?

Santa Teodora de Rossano

*Gracia y paz a ustedes de parte de Dios nuestro Padre y del Señor Jesucristo,
que se entregó por nuestros pecados, para sacarnos de la perversa situación
presente, según el deseo de Dios nuestro Padre.*
—Gálatas 1:3–4

Santa Teodora de Rossano (c. 980) vivió al sur de Italia, en Calabria. Se sabe poco de su familia; la leyenda dice que perteneció a una familia noble, y siendo joven conoció al famoso monje Nilo el Joven, que la animó a seguir a Cristo. Ella dejó todo y se consagró en el Monasterio de San Basilio. Tiempo después, Nilo el Joven la nombró abadesa y la puso al frente del Monasterio de Santa Anastasia, en Rossano. Allí tuvo fama de ser una gran mujer muy crecida en todo lo espiritual y se le consideró una maestra de la vida monástica.

℘❖℃

En una de sus meditaciones se pregunta Teodora si al morir, "¿podría decepcionarme de Dios?". A lo que contesta rotundamente: "Creo que no. Conoceré su amor, su ternura, su misericordia [. . .] tanto que solo he sabido como hipótesis. Iré ante él y le diré: 'solo me glorio de haber creído en tu bondad. De creer en tu amor me ha venido la fuerza. Yo sé que tu amor es lo único que es cierto'".

¿Por qué crees que mucha gente se decepciona de Dios? ¿Cuáles son las hipótesis que te haces de él?

Sierva de Dios Dorothy Day

El Señor ha estado grande con nosotros. ¡Estamos alegres!
—Salmos 126:3

Dorothy Day (1897–1980) nació en Brooklyn, hija de un periodista deportivo. Creció en una familia episcopal, que después se mudó a Chicago. Vivió una juventud con los cambios de mentalidad que surgieron con las Guerras Mundiales. Estudió periodismo con una beca y se apasionó por los cambios sociales que se vivían en ese tiempo; comenzó a participar de la política y de actividades pacifistas. Después, se enlistó como enfermera de la Cruz Roja. Se casó con Buttermann y vivió su conversión al catolicismo, tuvo una hija y la bautizó, y por diversos conflictos se separó de su esposo. Fundó su periódico *El Trabajador Católico*. En los años siguientes a la depresión económica, documentó los abusos a los trabajadores y apoyó diversas luchas y huelgas. Viajó para conocer diferentes modelos sociales y apoyó las causas justas, como fue la lucha de los campesinos hispanos con César Chávez. Se consagró como laica benedictina.

ഉ❖ങ

La vida de Dorothy no es fácil de comprender y se le juzga desde extremos políticos. Ella tomó muy en serio las Encíclicas Sociales, y se dio cuenta finalmente de que no son los sistemas políticos o sociales los que dan sociedades justas, sino la fe llevada a la práctica. Dorothy encontró en el cristianismo suficiente levadura para cambiar al mundo. Su influencia atrajo a numerosos trabajadores a la comunidad de fe.

¿Conoces el trabajo de los organizadores comunitarios? ¿Colaboras en las propuestas que hacen los grupos de trabajadores buscando la justicia?

San Andrés, Apóstol

Jesús dijo a sus discípulos:
—El que quiera seguirme que se niegue a sí mismo, cargue con su cruz y que
me siga. El que quiera salvar su vida la perderá; pero quien pierda la vida por
mi causa la conservará.
—Mateo 16:24

San Andrés, Apóstol (c. 5–60) fue un pescador que sabía de las nuevas esperanzas de Israel porque era un seguidor de Juan Bautista. Estaba en aquella cultura de frustración por las autoridades civiles y religiosas, germinaba en él la esperanza por el mensaje que el Bautista había sembrado. Entonces, conoció a Jesús. Sabemos que Jesús lo invitó a su grupo porque aparece en todas las listas de sus discípulos. Como hermano de Pedro —líder de los discípulos— Andrés no destaca. Sin embargo, mostró una fe especial cuando motivó a un niño a presentar a Jesús sus cinco panes y sus pescaditos, y de aquella humilde ofrenda, Andrés fue testigo de uno de los mayores milagros (Jn 6:8). También animó a los griegos a ver a Jesús (Jn 12:20–22). Después de la Resurrección, surgieron varias tradiciones sobre la labor misionera de Andrés en Grecia, hacia los Balcanes, y se dijo que fue crucificado en una cruz con los brazos en forma de X. Se creía enterrado en Patras y sus reliquias han estado en varios lugares, entre ellos Constantinopla y Amalfi.

ಐ❖ಲ

En el arte cristiano, la cruz en forma de X representó la dinámica de la nueva vida. Es una cruz que gira: su movimiento la convierte en hélice, termina siendo una rueda. Los grandes círculos de luz que se desarrollaron en las catedrales, (rosetones), son en realidad cruces de luz, que más que desarrollar el camino de la Pasión, nos invitan a pensar en la meta del seguimiento: la resurrección.

¿La cruz te hace pensar en ganar la vida verdadera? ¿Las ruedas de luz, te transmiten
algo especial?

Diciembre

Beato Carlos de Foucauld

Mi Dios, colmará todas sus necesidades según su riqueza y generosidad por medio de Cristo Jesús.
—Filipenses 4:19

La juventud del beato Carlos de Foucault (1858–1916) tomó lugar en Nancy y en París, y estuvo guiada por el placer del estudio y la cultura. A sus veinte años fue al ejército y lo enviaron a Argelia, pero la vida militar no era lo suyo. Se escapó para investigar las costumbres de las tribus del desierto. Quedó impresionado de la devoción de los musulmanes y logró publicar un atlas como resultado de sus aventuras. Deseaba la paz y un día hizo una confesión general de todos sus pecados; de allí siguió una conversión radical. Peregrinó a Tierra Santa y se quedó como ermitaño en Nazaret, desarrollando la espiritualidad del buen ejemplo y decidió ser sacerdote. Regreso a su país a estudiar Teología y, después de su ordenación, decidió ser misionero en África. En el oasis argelino de Beni Abbés era buscado por los soldados franceses como sacerdote y por los árabes como médico, pero ninguno pedía el Bautismo; era difícil predicar el Evangelio. El padre Carlos se mudó al Sur, a Tamanrasset, para acercarse a los tuaregs. Fue un misionero solitario. La tribu de los senissi declaró guerra contra los cristianos y llegaron a la capillita del padre Carlos y le dispararon. Terminada la guerra, comenzó la semilla a dar frutos en conversión y en discípulos de Carlos, llamados Hermanitos de Jesús.

❧✣❧

El padre Carlos de Foucault aportó a las ciencias diccionarios, conocimientos geográficos y culturales, pero a la Iglesia le devolvió la espiritualidad del desierto. "El desierto está lleno de gracias infinitas y sublimes. En el desierto Dios mismo nos nutre y nos viste. En el desierto, Dios vence milagrosamente a nuestros enemigos, con tal que uno sepa orar y ponerse bajo su guía".

¿La soledad del desierto te atrae o te atemoriza? ¿Qué significa para ti el desierto?

Beato Rafael Chilinzky

*Que esto, queridos hermanos no les quede oculto: que para el señor un día es
como mil años y mil años como un día. El Señor no se retrasa en cumplir su
promesa, como algunos piensan, sino que tiene paciencia con ustedes,
porque no quiere que se pierda nadie, sino que todos se arrepientan.*

—2 Pedro 3:8–9

El beato Rafael Chilinzky (1694–1741) nació en una familia noble polaca
de Poznan. Fue enviado a estudiar con los jesuitas y después se enlistó en el
ejército. Cuando terminó, entró con los franciscanos conventuales haciendo
opción por una vida sencilla entre los pobres. Dedicó muchas horas a la
confesión y a la dirección de almas. Era el tiempo barroco, con mucho
refinamiento y aprecio por las cosas recargadas. Las predicaciones eran muy
elaboradas y sin embargo, Rafael optó por un estilo sencillo de predicar, con
palabras del pueblo dejaba enseñanzas concisas para todos. Llegó la peste y
muchas familias polacas lo llamaron al lecho de sus enfermos. Fue incansable
en socorrer y acompañar hasta su muerte.

❧ ✤ ☙

Una de las carencias pastorales de nuestro tiempo es la falta de
acompañamiento. Hay quienes dejan semillas tanto en movimientos y acciones
misioneros. Pero no basta con sembrar: el arte de acompañar es esencial para
quien cultiva el Evangelio. Hace falta la presencia que no abandona, la palabra
que anima, la sugerencia que confronta, el ejemplo que inspira. Cuando Jesús
evangelizó a sus discípulos dijo: "Pedro, rema mar adento" (Lc 5:4). Hay que
acompañar a nuevos horizontes.

*¿Has tenido la experiencia de ser acompañado por alguien que va delante de ti? ¿Tú
ofreces tu presencia a lo que comienzas en otros?*

San Francisco Javier

No nos anunciamos a nosotros, sino a Jesucristo como Señor, y nosotros no somos más que servidores de ustedes por amor de Jesús.
—2 Corintios 4:5

La vida de san Francisco Javier (1506–1552) estuvo marcada por un radical encuentro con Cristo, gracias a la amistad con Ignacio de Loyola, quien lo invitó a vivir sus Ejercicios Espirituales. Gracias a ellos, analizó su vida prometedora: estaba a punto de obtener la maestría en la Sorbona, podría vivir su vida de noble. . . . o bien, cambiar de dirección y ponerse al servicio de Dios. Ordenado sacerdote, recibió el nombramiento de "delegado papal" para las islas portuguesas. Francisco comenzó su trabajo misionero en Goa (India), donde encontró numerosos cristianos bautizados que desconocían su fe, y se dio a la tarea de instruirlos. Siguió a Cabo Comorín, Sri Lanka y otras islas, hasta Japón en 1549. Allí pasó muchas dificultades y fundó comunidades en Kagoshima y Yamaguchi, donde dejó 2000 cristianos. Regresó a la India para preparar lo que era el anhelo de su vida: misionar en China. En la isla de Sanchón se enfermó de fiebres y murió viendo las costas de Cantón. Tenía cuarenta y seis años.

❧ ✧ ❧

San Francisco Javier, es uno de los Patronos de las Misiones. La Iglesia valora su herencia espiritual y sus consejos misioneros: "Es importante aprender la lengua de los que se va a evangelizar, sus costumbres y su cultura. En Japón eran bienvenidos los misioneros muy preparados que podrían entrar al corazón de la cultura; en la India eran bienvenidos los misioneros de gran testimonio de humildad y compasión, que atendían enfermos y no temían los leprosorios". Se calcula que Francisco Javier bautizó a unas 300,000 almas.

Si piensas en las culturas actuales, ¿cómo se te ocurre que deberían ser evangelizadas? ¿Cómo hablar de la Buena Nueva a través de los nuevos lenguajes a las realidades más urgentes?

San Juan Damasceno

¿Puede una madre olvidarse de su criatura, dejar de querer al hijo de sus entrañas? Pero, aunque ella se olvide, yo no te olvidaré.
—Isaías 49:15

San Juan Damasceno (690–750) era administrador del califato de Damasco. Estuvo en una situación difícil porque los territorios del Imperio romano comenzaban a ser tomados por los árabes. El emperador León III quiso tomarse facultades de papa, ordenando que se destruyeran las imágenes para ganarle a los musulmanes. Juan entró al Monasterio Mar Sabbá en Jerusalén y estudió a conciencia sobre Cristo. Exploró cada dogma y tuvo el apoyo del Patriarca de Constantinopla. El Papa Gregorio II, apoyado en los escritos de Juan, defendió la veneración de imágenes: "Lo que es un libro para los letrados es una imagen para los que no saben leer; lo que se enseña con palabras al oído, se enseña con imágenes a los ojos; las imágenes son el catecismo de los que no leen". El emperador condenó al patriarca y a Juan Damasceno le cortaron una mano. San Juan Damaceno es reconocido en Oriente y Occidente como un gran teólogo.

శ❖ca

San Juan Damasceno se preguntaba: "La Iglesia ha rechazado la adoración de las imágenes; pero si el Hijo del Hombre se hizo hombre para redimirnos, ¿por qué no podemos representar su naturaleza humana por medio de imágenes? ¿Por qué no podemos hacer una imagen de la Virgen María, que es la verdadera madre de Cristo? ¿Por qué no podemos hacer imágenes de los apóstoles y de los mártires como ayuda para nuestra fidelidad en la fe a ejemplo de ellos?"

¿Cuáles son los actuales enemigos de las imágenes sagradas? ¿Qué imagen evangelizadora necesitan las generaciones que crecen con la era tecnológica y digital?

Beato Nicolás Steensen

Hacia él confluirán las naciones, [. . .] dirán: Vengan, subamos al monte del Señor, [. . .] él nos instruirá en sus caminos y marcharemos por sus sendas; porque de Sión saldrá la ley, de Jerusalén la Palabra del Señor.
—Miqueas 4:2

El beato Nicolás Steensen (1638–1686) fue un afamado científico. Profundizando en sus investigaciones sobre rocas, suelos y cristales, estaba en Livorio cuando la solemnidad de la procesión de Corpus Christi lo transportó a otro mundo. Aquel danés nacido de una familia luterana que lo envió a estudiar a Ámsterdam, Leyden, París y Florencia se formó como un reconocido hombre de ciencias, que recibió premios por sus aportaciones a la Anatomía. El científico, que había estudiado las glándulas, los músculos, reconocido por sus aportaciones a los estudios de animales, de las rocas, los mantos marinos, los suelos, pasaba de las Ciencias Naturales al estudio del último sentido de las cosas. Nicolás se convirtió al catolicismo después de estudiar con esmero la teología y fue consagrado sacerdote para Florencia. Luego el Papa lo envió a Alemania del norte como obispo haciendo una difícil labor pastoral en medio de luteranos. Murió confesando públicamente sus pecados, encomendándose a la misericordia de Dios. Recibió honores, tanto de luteranos como de católicos.

☙ ❖ ❧

Laudato Si (89) nos recuerda que las criaturas de este mundo no pueden considerarse como seres sin dueño, sino que al estudiar la creación vamos comprendiendo que todos los seres del universo estamos unidos por lazos invisibles y conformamos una especie de familia universal, y que una sublime comunión nos mueve a un respeto sagrado, cariñoso y humilde.

¿Conoces personas a quienes les cuesta unir la ciencia y la fe? ¿Cuáles crees que son los resultados de separarlas? ¿El estudio de la naturaleza despierta más tu fe y tu compromiso de trabajar por su conservación?

San Nicolás de Myra

Yo llegaré pronto llevando la paga para dar a cada uno lo que merecen sus obras.
—Apocalipsis de Juan 22:12

San Nicolás de Myra (c. 350) ha sido un santo sostenido por la fe del pueblo. Numerosos testimonios en el arte de distintos países prueban la popularidad del obispo de Myra, —actual Licia, Turquía—, a lo largo de los siglos. En la Edad Media, san Nicolás era conocido hasta los países Bálticos: en Islandia había cuarenta capillas dedicadas a él y Rusia lo consideró su patrón. Se sabe de Nicolás que fue un pastor muy compasivo, y hubo muchas leyendas sobre su generosidad, como la del hombre desesperado que estaba a punto de dedicar a sus hijas a la prostitución: las jóvenes pusieron su ropa a secar, entonces Nicolás les dejó caer por la chimenea unas monedas que quedaron en sus medias, y eso las salvo de la vergüenza. En los árboles de las casas más pobres dejaba ropa abrigadora o juguetes para los niños más pobres. Sus reliquias eran muy queridas por el pueblo. En 1087, por la invasión musulmana, llevaron sus reliquias a Bari, Italia, que era el centro de los inmigrantes griegos. Por eso recibe ambos nombres.

🙰❖🙾

San Nicolás es un santo identificado con la alegría. Su gran compasión hacia la necesidad, vergüenza o soledad fueron motivadas por su amor pastoral. San Agustín nos pregunta: "¿Qué no hace el amor? Todo lo duro que nos pueden parecer los mandamientos lo suaviza el amor. Vean cómo trabajan los que aman, no sienten lo que padecen, redoblan sus esfuerzos a tenor de las dificultades" (Sermón 96).

¿Qué clase de amor es el que nos impulsa a solucionar las necesidades de otros? ¿Te motiva ayudar a cambiar las aflicciones del prójimo en alegría y gozo?

San Ambrosio

Cielos, destilen el rocío; nubes, derramen la victoria; abrase la tierra y brote la salvación, y con ella germine la justicia: yo, el Señor, lo he creado.
—Isaías 45:8

En la ciudad de Milán hubo un enfrentamiento entre católicos. Acababa de morir el obispo Auxencio y había dos bandos: arrianos y romanos, con diferentes candidatos. San Ambrosio (339–397), que por entonces era gobernador romano de Liguria y Emilia, nombrado por el emperador, recurrió a fuerzas militares para separarlos hasta que una voz gritó: "¡Ambrosio debería ser nuestro obispo!". Hubo silencio, se paró en seco la avalancha y todos estuvieron de acuerdo. Pero Ambrosio huyó. Andaba cerca de sus cuarenta años, era parte del jurado romano, le gustaba la justicia y la equidad como buen administrador y solo tenía simpatía por el catolicismo romano. Pero no más. Todos lo sitiaron en su palacio, hasta que aceptó. Ambrosio inició su catecumenado y fue bautizado, consagrado sacerdote y obispo casi en el mismo año, 374. Lo primero que hizo como obispo fue vender sus pertenencias e iniciar obras para los pobres. Estudió mucho para profundizar la teología que le faltaba y preparó con tal esmero sus homilías que bajo su púlpito miles de creyentes lo escuchaban con fervor. El animó la conversión de muchos, el principal: san Agustín.

❧ ❖ ☙

Una famosa frase que repitió san Ambrosio fue: "¡Cristo es todo para nosotros! Si quieres curar la herida, él es el médico; si estás ardiendo en fiebre, él es la Fuente; si estás oprimido por la inequidad, él es la justicia; si tienes necesidad de ayuda, él es la fuerza; si tienes miedo de la muerte, él es la vida; si deseas el cielo, él es el camino; si estás en tinieblas, ¡él es la luz!" (*De virginidad* 16, 99).

¿Identificas la virtud en personas no-católicas? ¿Conoces nuevos caminos por donde Dios nos llama actualmente?

8 DE DICIEMBRE

Beata Narcisa de Jesús Martillo

Por eso el Señor mismo les dará una señal: Miren: la joven está embarazada y dará a luz un hijo, y le pondrá por nombre Emanuel.
—Isaías 7:14

La beata Narcisa de Jesús (1832–1879) creció en una familia católica de Ecuador, con un profundo sentido de lo que es la vida cristiana. A los seis años perdió a su madre y recibió apoyo de sus hermanos mayores. Viendo sus talentos, su padre buscó quién le enseñara los quehaceres, pero también a coser, tejer y bordar con esmero. Aprendió a escribir y tuvo dotes para la música y el canto. Cuando tenía diecinueve años murió su padre y se mudó a Guayaquil, vivió cerca de la catedral y allí puso su pequeño taller de costura mientras era buscada para dar catequesis; daba excelentes consejos y sobre todo hacía mucha oración por todas las necesidades. Se fue a Perú y estuvo cerca de un convento de dominicas; ella siempre fue laica y solo como terciaria se mantuvo unida a la comunidad. Unas fiebres la consumieron, y en su muerte, las hermanas percibieron manifestaciones extraordinarias. Su cuerpo sigue incorrupto y todos la llaman la niña Narcisa.

❧✦☙

En la Iglesia se han desarrollado muchas vocaciones. *Christi Fidelis Laice* (56) afirma: "Cada uno es llamado por su nombre, como una historia irrepetible y personal a contribuir al advenimiento del Reino de Dios. Ningún talento, ni siquiera el más pequeño, puede permanecer escondido o quedar inutilizado".

¿Conoces vocaciones particulares en la Iglesia? ¿Qué piensas cuando encuentras caminos nuevos con expresiones pastorales que no conocíamos antes?

San Juan Diego

Derriba del trono a los poderosos y eleva a los humildes, colma de bienes a los hambrientos y despide vacíos a los ricos.
—Lucas 1:52–53

San Juan Diego (1474–1548) fue un indio de Cuautitlán, México que en 1531, una década después de la conquista española, se encontró con Nuestra Señora. Su historia fue recogida en un texto llamado *Nican Mopohua*. Juan Diego tenía cincuenta y siete años, era viudo y acudía a la catequesis. Los encuentros con Nuestra Señora tienen especial encanto por la manera tierna y compasiva como ella hizo al indio su embajador y solicitó del obispo Zumárraga un templo para consolar y mostrar su compasión. Juan Diego cumplió su petición entre problemas y dificultades y cuando le pidieron una prueba, Nuestra Señora lo envió por rosas al Cerrito del Tepeyac. Las cortó y las llevó al obispo en su tilma, una capa de trabajo rudo. Al dar las rosas, apareció en su tilma la imagen que todavía se venera en la Basílica del Tepeyac, y todos la identifican como Santa María de Guadalupe.

❧ ❖ ☙

La existencia de Juan Diego se cuestionó argumentando que era una leyenda para la conversión de los indios. La prueba de las rosas no fue para los indios, sino para el obispo y sus servidores. Guadalupe es una imagen y una historia para la conversión de la Iglesia. Todo templo debe ser un espacio de amor y compasión que devuelva la dignidad a los humillados de la tierra. "Este mensaje revela a María como discípula misionera", dijo el Papa Francisco.

¿Qué despierta en ti la narración de las apariciones de Guadalupe a Juan Diego? ¿Cómo podemos ser "templo" para mostrar compasión y dar consuelo a los que sufren?

Santa Eulalia de Mérida

El ángel le dijo:
—No temas, María, que gozas del favor de Dios. Mira, concebirás y darás a luz
un hijo, a quien llamaras Jesús.
—Lucas 1:29–30

Santa Eulalia de Mérida (c. 304) fue una adolescente en tiempo de Diocleciano que hizo opción por el cristianismo. Vivió en la entonces llamada ciudad de Augusta, actualmente Mérida, España. Cuando se conoció el edicto que prohibía el cristianismo, sus padres la llevaron a vivir al campo, pero ella supo que vendría el pretor para exigir dar culto a los dioses y acudió a dar su testimonio. Los escritos de san Agustín hicieron famoso el testimonio de Eulalia y también los versos del poeta Prudencio. Eulalia declaró que un gobierno no puede imponer dioses en nombre de la patria. Quisieron amenazarla, pero ella tiró al suelo las ofrendas a los dioses para gritar su fe en Cristo como su Salvador. Un grupo de soldados la torturaron y le lanzaron antorchas encendidas para quemarla. Ella oraba: "Escriben tu nombre en mi cuerpo y mi sangre exprimida habla de tu santo Nombre". Finalmente la mataron. El poema relata que al morir Eulalia, su último aliento apagó el fuego y de su boca salió una blanquísima paloma que voló hacia el cielo. Su cadáver quedó expuesto en la plaza y empezó a nevar, como si una blanca sábana cobijara su cuerpo torturado.

℘❖ℜ

Christus Vivit (124) nos invita a no ver a Jesús como algo del pasado: eso no nos dejaría iguales. El que nos llena con su gracia, el que nos libera, el que nos transforma, el que nos sana, el que nos consuela, es alguien que vive. Y los mártires son testigos de ello.

¿Crees que los jóvenes son capaces de dar testimonio de Cristo Vivo? ¿Les estamos
enseñando a conocer la Salvación que él nos ganó con su sangre?

San Dámaso, Papa

El Señor es compasivo y clemente, lento a la ira, y rico en amor. No nos trata según nuestros pecados, ni nos paga conforme a nuestras culpas.
—Salmos 103:8–10

San Jerónimo admiró a san Dámaso (304–384), de ascendencia española, que gobernó a la Iglesia dieciocho difíciles años. Dámaso primero sirvió al Papa Liberio, y a su muerte, heredó su responsabilidad en el año 366. Para comenzar, le tocó lidiar con un antipapa llamado Ursino y sus seguidores que le hicieron la guerra. Después recibió la confrontación de grupos de herejes: arrianos, novacianos, donatistas, apolinaristas. Defendió el Credo de Nicea y convocó otro Concilio romano en el 388, con la presencia de grandes pastores como san Ambrosio y san Jerónimo. Tuvo gran aprecio por conservar las sepulturas de los mártires y mandó hacer grabados en los sepulcros. Pidió al emperador Teodosio que nombrara al cristianismo la religión tanto de Roma como de Alejandría. Retuvo a san Jerónimo en Roma para la traducción de la Biblia Vulgata. Murió buscando la sencillez y la humildad, con una profunda certeza en la resurrección de los muertos.

❧ ❖ ☙

Experimentar dentro de Iglesia las divisiones y comprometerse a restaurar la unidad, es una de las pruebas de la santidad más difíciles. La Iglesia puede fraccionarse por distintos pareceres ante los dogmas, por roces en la relación humana y desacato de la autoridad, o, por el protagonismo de personas. La unión de mentes y corazones es fruto de una espiritualidad verdadera que se afianza en la oración y en la humildad.

¿Has liderado alguna vez la división en un grupo o comunidad? ¿Qué has visto que ocurre cuando las diferencias no se resuelven? ¿Qué haces en tu comunidad cuando se presentan indicios de división?

San Finian de Clonard

Pero retoñará el tocón de Jesé, de su cepa brotará un vástago sobre el cual se posará el Espíritu del Señor: espíritu de sensatez e inteligencia, espíritu de conocimiento y respeto del señor. Lo inspirará el respeto del Señor. No juzgará por apariencias ni sentenciará solo de oídas.

—Isaías 11:1–3

San Finian de Clonard (470–549) también es conocido como san Fionán. Es uno de los doce fundadores del catolicismo en Irlanda, y fundador de la vida monástica. Nació en Carlow, de padres nobles. Pasó treinta años en Gales estudiando y aprendiendo espiritualidad. Tuvo mucha fama y ha sido dibujado con pájaros por una leyenda de que terminó milagrosamente con una plaga que devoraba las cosechas. Se contaban historias del poder de su oración. Regresó a Irlanda y fue fundando iglesias: algunas las comenzaba de barro y cañas, después de piedra. Pidió permiso a los reyes locales en Irlanda y estos le permitieron evangelizar e iniciar sus comunidades, impresionados de su personalidad. Fundó la escuela monástica de Clonard, donde venían de diversas partes a recibir enseñanzas y a escuchar su predicación. Se calcula que unos tres mil monjes pasaron por esta escuela.

∞ ✤ ∞

En los diferentes países y culturas donde se ha enraizado el cristianismo, parece impensable que la fe en Jesús de Nazareth haya logrado transformaciones en generaciones. Romano Guardini afirmó que "los grandes misioneros no llevaron el cristianismo ni como una doctrina ni como una interpretación de la vida, sino como la experiencia vital de una persona histórica" (*Esencia del Cristianismo*, 11).

¿Tenemos en nuestras comunidades una experiencia real de Jesús? ¿Nos relacionamos con él como una persona semejante a nosotros? ¿Así lo anunciamos y lo compartimos a otros?

Santa Lucía

La Sabiduría es luminosa y eterna, la ven sin dificultad los que la aman, y los que van buscándola, la encuentran.
—Sabiduría 6:12–13

Santa Lucía (s. IV) vivió en el tiempo de Dioclesiano. Está nombrada en el canon de la misa y tuvo mucha veneración desde el s. IV. Se le identificó como doncella de una familia noble de Sicilia, que según costumbre de la época, le tenían preparado un matrimonio con un joven de su clase. Lucía repartió su dote entre los pobres con el anhelo de consagrarse al Evangelio. Su novio, airado, la delató como cristiana y fue condenada a ser exhibida, la desnudaron para recibir azotes y la colocaron en un burdel. Lucía se manifestó segura de que su virginidad interior nadie podía arrebatársela, y mantuvo firme su fe. Hay varios tormentos descritos: cuando la quisieron despojar de su ropa, ella se volvió tan firme como un roble plantado, otros cuentan que sacaron sus ojos y recuperó la vista milagrosamente. Finalmente la daga de un verdugo atravesó su garganta. Lucía quedó para siempre en la memoria del pueblo como una joven que, iluminada desde dentro por la convicción de la fe, se volvió símbolo del poder de llevar tu propia luz.

☙ ❖ ❧

Santa Lucía es patrona de los invidentes, los oculistas, de lo que tiene que ver con la luz y con la vista. Se encomiendan a ella personas que sienten debilidad en la confianza en sí mismas, o que temen que otros les arrebaten sus convicciones. Lucía encontró ese espacio de poder en el interior de ella misma para enseñar a los creyentes cuánta fuerza viene si se pone en Dios nuestra confianza.

¿Alguna vez la confusión interior no te permite "ver"? ¿Ayudas a otros a ver mejor y ganar confianza?

San Juan de la Cruz

Los que siembran con lágrimas, cosechan con cantos alegres.
—Salmos 126:5

San Juan de la Cruz (1542–1591) nació en Fontiveros, Ávila, España. Quedó huérfano muy pequeño y trabajó en su juventud como enfermero mientras estudiaba Humanidades con los jesuitas. En 1563, entró al Carmelo, estudió Teología y lo ordenaron sacerdote. En 1568 tuvo un encuentro con santa Teresa de Jesús que en ese tiempo comenzaba los trabajos por la Reforma; intercambian sus comunes puntos de vista y Juan inicia la renovación en Durelo como maestro de novicios y otros conventos, al mismo tiempo que es el confesor del Convento de Santa Teresa. Los monjes, opuestos a la Reforma, enojados con el nuevo espíritu de Juan, lo tomaron prisionero y lo encerraron en Toledo, y por nueve meses le aplicaron tormentos físicos y emocionales. En esa dura prueba, él inició sus versos del Cántico Espiritual. Escapó y pasó sus últimos años en el sur de España, donde escribió *Subida al Monte Carmelo, Noche Oscura del Alma* y otros. Buscó la soledad y dejó en herencia una rica espiritualidad. Murió en gran pobreza, pidiendo escuchar los versos del Cantar de los Cantares.

∞ ❖ ∞

San Juan de la Cruz supo ir al interior de sí mismo para hallar a Dios en su ser. Le llamó a esto "llegar a la Fuente". Nosotros podemos repetir esa experiencia, pero asusta, y preferimos vivir distraídos. Para llegar a nuestra fuente hay que lograr la quietud sensorial y emocional de muchas apetencias. "Qué bien sé yo la Fuente que mana y corre, aunque es de noche".

Un viaje hacia tu propio interior, ¿te parece fascinante? ¿Hay algo nuevo que descubrir? ¿Puedes sortear las contradicciones de tus sentidos para "llegar a la Fuente"?

Beata Hadewijch de Bravante

¿A dónde me alejare de tu aliento? ¿A dónde huiré de tu presencia? Si subiera al cielo, allí estás Tú, si me acostara en el abismo, allí estas.
—Salmos 139:7–8

Hay poca información sobre esta poetisa y mística. La beata Hadewijch de Bravante (s. XIII) nació posiblemente en Amberes y murió hacia el 1250. En ese tiempo se despertó un movimiento de mujeres espirituales a las que llamaron beguinas. Se apartaban en soledad y también tenían comunidades. No había autoridades ni rangos. Hacían votos, pero no de por vida, sino que los renovaban. Estudiaban, escribían, hacían oración, sin ser exactamente monjas. La Iglesia las consideraba laicas y las observaban de cerca para evitar que cayeran en errores. Ayudaban a los pobres y servían a los enfermos. Hadewijch fue una mujer con diversas experiencias místicas. Se sabe que escribió muchísimo, pero se conserva poco. Escribía en la lengua del pueblo, cartas, poesías, canciones y reflexiones. Es posible que, por la fuerza del protestantismo en su región y la destrucción con las guerras, no se conservaron sus escritos. En todos sus temas habla del amor, y dirige a todas las almas a Cristo.

℘ ✣ ℭ

Las gracias que llegan a experimentar los místicos sorprenden y se puede pensar que son para personas específicas. *Christus Vivit* (156) invita a a los jóvenes a experimentar una unidad constante con Cristo, porque supera todo lo que podamos vivir con otras personas, y terminaremos comprobando que el cristianismo se resume en una Persona que me amó tanto que reclama mi amor.

¿Abres constantemente tu alma a Jesús? ¿Crees que él tiene una comunicación especial para ti?

Santa Adelaida

Pues nada es imposible para Dios.
Respondió María:
—Yo soy la esclava del Señor: que se cumpla en mí tu palabra.
El ángel la dejó y se fue.
—Lucas 1:37–38

Santa Adelaida (c. 931) fue hija del rey de Borgoña, Rodolfo II. Se casó en 947 con el rey Lotario de Italia, y quedó viuda con una niña después de tres años de matrimonio. Decidieron casarla con un hijo del rey de Italia, pero Adelaida huyó y la tomaron presa. Pidió ayuda al rey de Alemania, Otón I, quien la liberó y después se desposaron y fueron coronados por el Papa. Tuvieron tres hijos y quedó viuda. Pasó a ser ella la regente y adquirió fama por su preocupación por los empobrecidos de su reino. Benefició a los monasterios, especialmente a Cluny, y dio muchos de sus bienes para obras benéficas. Fue una mujer que luchó por unir a su familia. Cuando dejó el reino a su nieto Otón III, decidió pasar sus últimos días en un monasterio. Es considerada patrona de las viudas, de las mujeres víctimas de abuso y de la familia.

ॐ ❖ ॐ

La familia en el plan de Dios no es una utopía, sino una realidad que se construye con su gracia. En el corazón de la familia se experimentan dones preciosos como el respeto, la valoración, el amor y la confianza. . . que son los cimientos del sentido de *pertenencia*. Ninguna agencia o empresa puede generar tanto altruismo. Ninguna organización da sentido a la abnegación y al sacrificio que es capaz de generar una familia. La familia tiene la capacidad de reciclar la complejidad de la vida.

¿Miras a las familias con optimismo? ¿Valoras sus aportaciones independientemente de las posiciones sociales o las diferencias culturales? ¿Haces algo por las familias en crisis?

Santa Yolanda de Vianden

Por eso el Señor mismo les dará una señal: Miren: la joven está embarazada y
dará a luz un hijo, y le pondrá por nombre Emanuel.
—Isaías 7:14

Santa Yolanda de Vianden (1231–1283) fue la hija menor de una familia noble francesa: su padre era conde y su madre, marquesa. Era sencilla, interesada por lo espiritual y libre. Sus padres planearon casarla con el hijo de los condes de Luxemburgo y organizaron un viaje hospedándose en el convento de Marienthal, donde ella decidió quedarse de novicia y se amparó con los superiores. El prometido Valerán se quedó esperándola. Comenzó una pugna entre la familia y la orden para que la devolvieran. Al año, la madre llegó con soldados armados amenazando al convento y llevó a Yolanda por la fuerza. Yolanda de nuevo se escapó escondiéndose en una cueva. Su madre sufrió mucho al perderla. Por la firmeza de su hija, aceptó su vocación. Cuando la encontró, le permitió ir con las dominicas, donde hizo profesión y después fue una superiora ejemplar. Yolanda mantuvo correspondencia con otros grandes santos de su tiempo, como san Alberto Magno. Su vida de oración y caridad fue conocida por todos. Su madre quedó viuda y decidió terminar sus días como una hermana más en el convento de Yolanda.

଼ଠ ❖ ଠ଼

Es propio del joven sentirse atraído por lo infinito. Cuando los jóvenes se dirigen a la vida adulta, algunos abandonan sus ideales para buscar seguridades y comodidades y limitan sus horizontes. Lo propio del llamado cristiano es madurar, organizar la vida sin perder la amplia apertura (*Christus Vivit*, 160). Tanto el monje como el casado pueden "asentarse", pero al madurar, mantener el fuego de su corazón joven que se sigue renovando.

¿Cómo podemos apoyar a los jóvenes a no recortar sus ideales? ¿Mantienes un
equilibrio entre tus ideales y tus responsabilidades?

Beata Julia (Nemesia) Valle

Entonces el lobo y el cordero irán juntos, y la pantera se tumbará con el cabrito, el novillo y el león engordarán juntos; un chiquillo los patorea; la vaca pastará con el oso, sus crías se tumbarán juntas, el león comerá paja como el buey.
—Isaías 11:6–7

La beata Julia Valle (1847–1916) nació en Aosta, cerca de Turín, Italia. Su familia era muy cristiana, con dos niños y un negocio próspero. Sorpresivamente murió su madre y los dos niños se quedaron en la casa de los abuelos. Cuando llegó su adolescencia, enviaron a Julia al internado de las Hermanas de la Caridad en Francia. Julia sintió mucha soledad y encontró a Dios como *"Con quien está mi madre"*. Obtuvo de la oración fortaleza. Terminó con excelencia sus estudios y años después, al volver a su casa, todo era diferente. Su padre se había casado y su hermano se había marchado, los abuelos habían muerto. . . . Ella experimentó una segunda soledad, y buscó en Italia a las Hermanas de la Caridad. Dedicó su tiempo a acompañar a otros jóvenes que se sentían desorientados, participó en actividades de servicio a los jóvenes. Su padre recomendó que se casara, pero ella estaba decidida a ser una hermana. Así lo hizo, y la llamaron Nemesia. Fue mentora, catequista de jóvenes y maestra de novicias. Tuvo algunos escenarios en Tordona y Borgaro para manifestar una entrega sin límites traducida en amistad, comprensión y acompañamiento.

෫ ❖ ඣ

Christus Vivit (211) reconoce que son muchos los que quieren anunciar el Kerigma a los jóvenes: "Es necesario acercarse a los jóvenes con la gramática del amor, no del proselitismo. Los jóvenes necesitan sentir que quién está allí, está por ellos y para ellos. Y aunque tengan límites, tratan de vivir con coherencia su fe".

¿Te preocupa el gran número de jóvenes que no manifiestan necesitar una fe? ¿Identificas personas que saben acercarse a ellos ofreciendo verdadera amistad?

Beatas María Eva Noiszewska y María Marta Wolowska

Pero cuando se cumplió el plazo, Dios envió a su Hijo, nacido de mujer, nacido bajo la ley, para que rescatase a los que estaban sometidos a la ley y nosotros recibiéramos la condición de hijos.

—Gálatas 4:4–5

A las afueras del pueblo de Slonim, Polonia, fueron fusiladas dos religiosas de la Congregación de María (c. 1942): una fue médico y la otra maestra. La beata María Eva era lituana, y en su brillante carrera de médico había servido en la Primera Guerra Mundial. Conocida en los campos de batalla por su prontitud en atender emergencias y por invitar a los heridos a mirar hacia Dios. Terminada la guerra, entró con las Hermanas de la Inmaculada. La beata María Marta era una monja polaca, maestra, que recogió a huérfanos polacos, ucranianos y rusos de la guerra. Le interesaba la pedagogía y fue formadora de maestras. Trabajó con otras iglesias para comprender mejor los modos de educar. Las dos hermanas daban acogida tanto en el hospital como en la escuela a los perseguidos. Pero les tocó una doble persecución, primero por los bolcheviques y después por los nazis. Ellas sabían que las vigilaban, y aunque con sigilo acogieron y sirvieron a todos, fueron detenidas y la misma noche fusiladas.

≈ ❖ ≈

Cuando recordamos los genocidios, surge el lema: "¡Nunca más!". Al conocer el precio de dolor y de muerte de estos sucesos, recordamos las palabras de san Bernardo: "Dios mismo nos dará un signo que muestre la restauración: Una Virgen concebirá y dará a luz a un Emmanuel. Dios con nosotros. No temas hombre ni tiembles al oír el nombre de Dios" (*Sermón de Adviento*, 1).

¿Qué signos te ha dado el Señor ante las calamidades que padecen los seres inocentes? ¿Crees en la restauración que nos trae Emmanuel?

Santo Domingo de Silos

De ella saldrá su príncipe, de ella nacerá su jefe, y yo lo acercaré hasta mí;
¿quién, si no, se atrevería a acercarse a mí? Ustedes serán mi pueblo, y seré su
Dios, —oráculo del Señor—.
—Jeremías 30:21–22

Santo Domingo de Silos (1005–1073) nació en La Rioja, España. De niño fue pastor, con una natural inclinación por la soledad y el silencio. Ya joven, fue ermitaño y después entró al Monasterio Benedictino de Millán de la Cogolla. Por su vida tan virtuosa, lo nombraron superior y comenzó su cruz, porque el rey reclamó donaciones que habían hecho sus antecesores al monasterio y acabó por desterrar a Domingo. El rey de Castilla, Fernando I, lo invitó a renovar el Monasterio de San Sebastián, en Silos, Burgos, que estaba en decadencia espiritual y material. Entonces Domingo trabajó duro, confesó incasablemente y ayudó a los prisioneros. En unos años el monasterio se renovó, Domingo le dio belleza arquitectónica y se convirtió en una joya del arte que tomó su nombre: Santo Domingo de Silos. El poeta Berceo dijo en sus versos: "Bendita la grey que tiene tal pastorcillo".

℘ ✤ ℭ

Un refrán popular afirma que cuando una puerta se cierra Dios nos abre otra. Los santos nos enseñan cómo la voluntad de Dios se manifiesta de tantas maneras. San Cipriano (*Tratado del Padrenuestro*, 17) dice que cuando rezamos "hágase tu voluntad. . ." no significa que Dios haga tal o cual cosa, sino que nosotros seamos capaces de hacer lo que Dios quiere.

Cuándo se rompen planes y las cosas no son como esperabas, ¿ves la voluntad de Dios en ello? ¿Te has ido de algún lugar y después viste que era lo que Dios quería? ¿Ayudas a otros a aceptar la voluntad de Dios cuando no la entienden?

San Pedro Canisio

Aun los muchachos se cansan, se fatigan, los jóvenes tropiezan y vacilan; pero los que esperan en el Señor renuevan sus fuerzas, echan alas como las águilas, corren sin cansarse, marchan sin fatigarse.
—Isaías 40:30–31

San Pedro Canisio (1521–1597) nació en Nimega, Holanda, y estudió en Colonia y después estudió Derecho en Lovaina. Allí conoció a Pedro Fabro, quien lo invitó a hacer los Ejercicios Espirituales de san Ignacio. Pedro fue otro joven atraído por el espíritu misionero ignaciano, octavo jesuita que hizo votos solemnes. En 1542 fue ordenado y pasó a ser teólogo en el Concilio de Trento. Desplegó una intensa actividad para frenar el impacto del protestantismo. Fue maestro en Ingolstadt, administró la diócesis de Viena, provincial en Alemania y fue propulsor de la red de colegios en Europa Central. Elaboró un catecismo a tres niveles para impulsar la instrucción del pueblo. En diez años, los catecismos tuvieron cincuenta y cinco ediciones. Pedro no fue amigo de disputas con los protestantes: prefería elaborar cursos bien pensados, materiales sólidos, ofrecer dirección espiritual, preparar buenas predicaciones para retiros, ejercicios y misiones. Pasó otra década en Suiza donde fundó la Universidad de Friburgo. En los últimos años sufrió una parálisis que limitó su enorme actividad, y aun aquejado de males, siguió escribiendo hasta el final.

☙ ❖ ❧

Pedro Canisio equivale al buen constructor que hace cálculos y pone sólidos cimientos. El protestantismo se llevó numerosos católicos. Había una vida piadosa superficial. Hacer una casa sólida, fue una tarea basada en la buena formación y continuada por muchos. Que cada cristiano sea capaz de dar las razones de su esperanza es una tarea que nos toca continuar.

¿Cómo te sientes internamente cuando tu fe es puesta a prueba? ¿Valoras la formación sólida? ¿Estás dispuesto a poner los medios para adquirirla?

San Hunger de Utrecht

¿Quién de ustedes respeta al Señor y obedece a su siervo? Aunque camine en
tinieblas, sin un rayo de luz, que confíe en el Señor y se apoye en su Dios.
—Isaías 50:10

Se sabe poco de san Hunger (c. 866). Era canónigo en Utrecht, Holanda. Ya mayor y enfermo, lo nombran obispo con poco aprecio del clero. Gobernaba el rey Lotario II por parte de los francos, cuando los vikingos invadieron varias ciudades. El rey asignó al obispo Hunger a Odilienberg cuando se suscitó una situación difícil entre los obispos del reino, ya que el rey les pidió que le firmaran la anulación de su matrimonio con la reina, porque quería casarse con una amante. El rey pensó que por ser su huésped, Hunger sería el primero en apoyarlo. Se equivocó. Solo el obispo Hunger no firmó y le invitó a reflexionar sobre las enseñanzas sobre la indisolubilidad del matrimonio. Hunger es representado con un anillo matrimonial en su mano. El Papa lo apoyó y tiempo después, Hunger fue el mediador entre los vikingos y los francos, y quedó en la memoria como un pacificador.

❧ ✤ ☙

San Gregorio Nacianceno pide: "Purifiquémonos y aumentemos la pureza interior, porque nada alegra tanto a Dios como la corrección y la salvación de los hombres" (*Homilías sobre la Navidad*, 18). Es difícil hallar personas que se arriesgan para llamar la atención de alguien con poder. Pero si queremos el bien, y nuestro corazón es bien intencionado, lo haremos.

¿Te has animado a recordar a otro algún aspecto del camino recto?

Santa María Margarita de Youville

Su misericordia con sus fieles se extiende de generación en generación.
—Lucas 1:50

Santa María Margarita (1701–1771) nació en Varennes (Quebec). Cuando tenía siete años murió su padre y la familia pasó grandes necesidades. Estudio con las madres ursulinas y regresó a casa para ayudar con sus hermanos. Se casó y tuvo seis hijos, pero solo sobrevivieron dos. Su vida familiar fue muy difícil por la convivencia con su suegra, por el alcoholismo de su esposo y por el cuidado de los niños. Su esposo se enfermó y pese a los malos tratos recibidos, Margarita cuidó de él con diligencia hasta su muerte. Siguió apoyando la educación de sus dos hijos y fueron sacerdotes. Se entregó con otras amigas al cuidado de los necesitados hasta que se decidió a fundar las Hermanas de la Caridad de Quebec. Esta obra le trajo muchas críticas e incomprensiones. Pero entre los pobres las identificaban como "las hermanas grises". Tomaron un hospitalito en bancarrota y lo convirtieron en un albergue para los desamparados que lamentablemente después se incendió. María Margarita ya tenía sesenta y cuatro años; sin embargo, comenzó la reconstrucción del hospital con ánimo. A su muerte, muchos alabaron su confianza en la Providencia.

∞ ❖ ∞

San Gregorio Nacianceno, en su homilía sobre los modos de servir dice: "Sirvan al prójimo de maneras modestas como sean capaces: denles de comer, cédanles un vestido, procuren una medicina, curen sus heridas, escúchenlos cuando se desahogan, enséñenles con paciencia. . . No desprecien a los pobres ni los vean como criminales. Son miembros del Cuerpo de Cristo, al que ustedes mismos pertenecen. Pero son miembros, tocados por la desventura. . .".

¿Cómo ven en nuestras sociedades a los indigentes? ¿Qué argumentas cuando se culpa a los desamparados de sus males? ¿Tú puedes servirles en algo?

Santa Paula Isabel Cerioli

José subió de Nazaret, ciudad de Galilea, a la Ciudad de David en Judea,
llamada Belén —pues pertenecía a la Casa y familia de David—, a inscribirse
con María, su esposa, que estaba embarazada.
—Lucas 2:4–5

Santa Paula Isabel (1816–1865), cuyo nombre original era Constanza Cerioli, nació en Cremona, Italia en una familia acomodada. Se casó con un hombre de su condición social, tuvo cuatro hijos y solo uno vivió hasta la adolescencia; los otros tres murieron al nacer. Su último hijo, Carlo, se despidió de ella y le rogó: "Madre, no estés triste por mi partida, Dios te llenará de hijos". Poco tiempo después también murió su esposo. Constanza necesitó de toda su fe para sostenerse en tanta soledad y se determinó a usar su herencia en una obra de verdadero bien. Inició el instituto de la Sagrada Familia y tomó el nombre de Paula Isabel. Dedicó sus días a educar niños abandonados, huérfanos. También inició un instituto para varones dedicado a la atención de los hijos de los campesinos más pobres. Cuando llegó su muerte, su vida estaba llena de sentido.

❧✦❧

San Agustín decía: "Alaben a los ricos que se hacen pobres, alaben a los ricos que son humildes. . . La pobreza de Cristo nos ha hecho ricos, pero no de dinero, sino de santidad. ¿De qué modo siendo rico se hizo pobre? Haciéndose mortal. La inmortalidad es la verdadera riqueza, es la abundancia ilimitada" (*Servir a los pobres con alegría*, PL 38, 215).

¿Cónoces a personas ricas que son ejemplares en su compartir y en su solidaridad?

Nacimiento de Nuestro Señor Jesucristo

El ángel les dijo: —No teman. Miren, les doy una Buena Noticia, una gran alegría para todo el pueblo: Hoy les ha nacido en la Ciudad de David el Salvador, el Mesías y Señor. Esto les servirá de señal: encantararán un niño envuelto en pañales y acostado en un pesebre.

—Lucas 2:10–12

Nació Jesús en Belén de Judá, donde vinieron sus padres María y José, a empadronarse. Era el tiempo del emperador Augusto, y Quirino era el gobernador local. Jesús nació en un establo porque sus padres no tuvieron suficiente para pagar un cuarto reservado. Fue anunciado por ángeles a humildes pastores, que lo encontraron en un pesebre envuelto en pañales. También los sabios y los reyes, que vieron su estrella en tierras lejanas, dejaron regalos sorprendentes a sus pies. Jesús nació de una madre silenciosa, protegida por su esposo que escuchaba a Dios en sueños. Los tres huyeron por la noche de Belén, para poner a salvo la preciosa vida de su pequeño de la ira de un rey celoso de su poder, y se refugiaron en Egipto hasta que pudieron regresar a Galilea.

෨ ❖ ෬

San León Magno (*Homilía de la Navidad*) habló del "gran intercambio". Un niño trae para la humanidad su vida inmortal divina, aunque ese niño comienza una historia personal como la de cualquier humano. "Por él, hoy resplandece ante el mundo el maravilloso intercambio que nos salva, ya que al asumir tu Hijo nuestra fragilidad humana, no solo quedó nuestra carne moral honrada para siempre, sino que, al hacernos partícipes de su condición divina, nos hizo también partícipes de su eternidad. . .".

¿Qué significa para ti lo que decimos en la Profesión de Fe: "Se encarnó de María, la Virgen, y se hizo hombre. . ."? ¿Por qué tantos santos han defendido la humanidad de Cristo? ¿Expresas tu asombro ante el pesebre?

San Esteban

Como Dios ungió a Jesús de Nazaret con Espíritu Santo y poder: él pasó haciendo el bien y sanando a los poseídos del Diablo, porque Dios estaba con él.
—Hechos de los Apóstoles 10:38

San Esteban (c. 5–34) fue nuestro primer mártir. En los Hechos de los Apóstoles aparece como uno de los siete elegidos para ayudar a los apóstoles. Fue el primero que recibió la imposición de manos apostólicas, consagrado diácono, en la lista de aquella creciente comunidad de Jerusalén, que necesitaba delegar servicios. Esteban recibió esa autorización y estaba lleno de gracia y poder, cuando lo escucharon predicar se sorprendieron por su inspiración. Igual que a Jesús, lo llevaron ante el sanedrín con falsas acusaciones. Esteban interpretó las Escrituras desde Cristo, su discurso reveló a un verdadero israelita que conoció "a Alguien más". Por ese Jesús, vio relativo el templo y el culto antiguo. Esto desató la furia y, sin juicio, murió apedreado.

ಏ ❖ ೞ

Los Hechos de los Apóstoles (6; 7) describen a Esteban como un conocedor de las esperanzas de su pueblo. Seguro que esperaba una chispa de luz que encendiera la conversión, para aceptar a Cristo. La respuesta fue al revés: la negación y el rechazo. Esta es la otra cara de la experiencia misionera. Pero, no todo se pierde, allí estuvo Saulo, en él cayó la semilla. Esteban murió como otros profetas, por esta nueva causa: "El Hijo del Hombre sentado a la derecha de Dios. Esta es la primera sangre que empapa la tierra imitando el ejemplo de Cristo de perdonar a los ofensores".

¿Tienes en cuenta que un misionero tiene el riesgo del rechazo y que en su camino está el fracaso? ¿Cómo reaccionas cuando alguien da testimonio del Evangelio y otros se lo atacan?

San Juan Evangelista

La vida se manifestó: la vimos, damos testimonio y les anunciamos la vida
eterna que estaba junto al Padre y se nos manifestó. Lo que vimos y oímos se
lo anunciamos también a ustedes para que compartan nuestra vida, como
nosotros la compartimos con el Padre y con su Hijo Jesucristo.
—1 Juan 1:2–3

Los padres de San Juan Evangelista (c. 15–100) están identificados en el Evangelio: Zebedeo, un pescador y su madre, Salomé, entre las servidoras de Jesús. San Juan se nombra a sí mismo "el discípulo amado", que quizá era una identificación del grupo de discípulos más que de él mismo. Participó de las enseñanzas y de los acontecimientos más significativos: la resurrección de la hija de Jairo; la Transfiguración; (Mc 5:37; 9:2; 14:33) la agonía en el huerto y la Crucifixión, (Jn 19:36), donde Jesús le encomienda a su madre. Después, en la Iglesia temprana, Juan acompaña a Pedro, cura a un cojo en la puerta del templo (Hch 3: 1–13) y también acude al Concilio de Jerusalén. La Tradición lo identificó en Éfeso, con la madre del Señor, y después en Roma. Finalmente, desterrado en la isla de Patmos donde estuvo hasta avanzada edad, escribió sus Cartas y el Apocalipsis.

ℰ✥℞

San Pablo llamó a Juan columna de la Iglesia (Gal 2:9), seguro de su papel como discípulo y apóstol. Juan fue muy íntimo, guardó detalles del afecto, como la hora en que Jesús le dijo el famoso "vengan a ver", y nos transmite el mandamiento principal de su maestro: "Ámense unos a otros".

¿Identificas en el Evangelio de Juan lo que lo diferencia de los demás? ¿Qué te dice a
ti el mandamiento que nos transmite?

Santos Inocentes

María conservaba y meditaba todo en su corazón. Los pastores se volvieron
glorificando y alabando a Dios por todo lo que habían oído y visto; tal como
se lo habían anunciado.
—Lucas 2:19–20

El Evangelio de san Mateo (2:1–18) narra el nacimiento de Jesús y cómo vinieron a adorarlo los pastores y los reyes. Cuando los reyes llegan a Judea se dirigen al rey Herodes el Grande preguntando por el Rey esperado, y Herodes finge interés. Después, cruelmente, da la orden de acabar con los menores de dos años. A estos niñitos de Belén, la Iglesia los considera mártires. El Nuevo Testamento interpretó este suceso como el cumplimiento de lo profetizado por Jeremías (31:15). La Iglesia comenzó a celebrar este sacrificio de infantes desde el siglo IV, y en algunas partes se les llamó Santos Inocentes. La muerte de estos seres precedió el sacrificio de Cristo, pero ellos murieron por él.

❧ ✦ ☙

El sufrimiento de los inocentes trae un "porqué" automático. La inocencia perseguida, vulnerable, se repite una y otra vez. El profeta Isaías (53:3–7) identificó a Jesús como ese Inocente ante nuestros ojos: "Al verlo, se tapaban la cara, despreciado le tuvimos por nada. . . maltratado, aguantaba, no abría la boca; como cordero llevado al matadero, como oveja muda ante el esquilador, no abría la boca. . .".

¿Dónde identificas la inocencia más vulnerable? ¿Qué te despierta el sufrimiento de
los inocentes? ¿Haces algo en específico por alguna persona inocente?

Santo Tomás Becket

¡Gloria a Dios en lo alto y en la tierra paz a los hombres amados por él!
—Lucas 2:14

Santo Tomás Becket (1118–1170) nació en Inglaterra en tiempos en que los normandos gobernaban por la fuerza y debilitaban la presencia de la Iglesia. Tomás hizo una carrera de Derecho, ascendió a tesorero de Londres, después fue secretario del arzobispo de Canterbury, archidiácono y canciller del reino. Enrique II confiaba en él y aprovechaba largos viajes seguro de su fiel administrador. La casa de Tomás era un centro de intelectuales. Murió el arzobispo, y el rey lo pidió como arzobispo de Canterbury y primado de Inglaterra, para de esa manera someter a la Iglesia. Pero Tomás, una vez ordenado, tomó la actitud del pastor de su pueblo. Se opuso a los elevados impuestos reales, a que suprimiera los tribunales eclesiásticos y a que bloqueara el acceso a Roma de los obispos de Inglaterra. El aprecio que antes le tuvo el rey se volvió odio. Persiguió a Tomás, pero él logró escapar a Flandes, donde vivió como fraile, pasó gran necesidad y se volvió el consolador de los pobres. Seis años después el rey le pidió volver para pacificar al pueblo, pero ya le tenía una trampa con sus nobles, y lo asesinaron dentro de su misma catedral.

෩ ✤ ౦

¿Podemos pensar que Dios se esconde o que abandona a gente buena que lo ha servido? Es posible que historias como la de Tomás Becket nos lleven a esta sospecha. Lo interesante es que los grandes santos que han experimentado grandes pruebas, incluso ese "abandono", después concluyen que allí, en lo oscuro de esa prueba, estaba más intensa la presencia de Dios.

¿Has sentido la misteriosa presencia de Dios en medio de una gran dificultad? ¿Qué puedes decir a los que sienten que Dios se ha alejado de su vida?

Beata Margarita Colonna

La vida se manifestó: la vimos, damos testimonio y les anunciamos la vida eterna que estaba junto al Padre y se nos manifestó. Lo que vimos y oímos se lo anunciamos también a ustedes para que compartan nuestra vida, como nosotros la compartimos con el Padre y con su Hijo Jesucristo.

—1 Juan 1:2–3

La beata Margarita Colonna (1254–1280) nació en Palestrina, cerca de Roma. Los apellidos Colonna y Orsini eran identificados entre la nobleza de su tiempo. Margarita fue otra joven motivada a seguir los pasos de santa Clara de Asís, como otros, contra la voluntad de sus familias opulentas, que veían en este llamado más locura que vocación. Margarita no resistió la vida en Asís por su falta de salud, pero esto no impidió que consagrara su vida a Dios y al servicio de los necesitados. Fundó la Comunidad Clarisas de San Pedro, y tan solo en atender a los pobres de su tiempo, gastó su fortuna. Cuando no tuvo más, salió a pedir limosna para poder seguir ayudando hasta su muerte.

☙ ✤ ❧

San Agustín comentaba: "Perder el oro no significa perder el corazón". Cuando tenemos algo, nos cuesta compartirlo o donarlo porque tememos perderlo. Mucha gente piensa en qué invertirá su dinero, porque quiere que aumente, y no que disminuya. San Agustín nos invita a escuchar la voz de Cristo en el pobre: "Yo te pido exactamente lo que te he dado. Da, y te devolveré. He sido tu benefactor, hazme tu deudor" (*Sermón 85*).

¿Alguna vez has sentido miedo de que dando te empobrezcas? ¿Has dado algo y después caes en la cuenta de que eres tú quien ha recibido al dar?

San Silvestre

Yo siempre estaré contigo: me tomas de la mano derecha, me guías según tus planes y me llevas a un destino glorioso.
—Salmos 73:23–24

San Silvestre (c. 335) llegó a ser papa en un momento interesante de la historia de la Iglesia. A él le toca el cese de persecuciones por el edicto de libertad que firmó el emperador Constantino en 313. Esta tolerancia del edicto de Milán sí marcó una diferencia, ya que Constantino le dio al papa el primer edificio público —el Palacio de Letrán—, y le correspondió al Papa Silvestre hacer allí la catedral de Roma, conocida como san Juan de Letrán. San Silvestre se centró en una firme organización de la Iglesia, aunque habían cesado las persecuciones, tuvo al interior conflictos entre los arrianos, los donatistas. Fue muy constante en recuperar las catacumbas de los mártires y edificar los principales templos en su memoria, pero también le fue muy difícil la política ambivalente del emperador Constantino que mantenía "buenas relaciones" con unos y otros, y aunque dicen que al fin de sus días el Papa Silvestre lo bautizó, muchos dudan de esto.

☙ ✧ ❧

Los primeros cristianos insistieron en hacer real la caridad comenzando por el respeto. Respetarse mutuamente fue una recomendación tanto entre cristianos como con los paganos. Cuando comienzan las diferencias al interior de las comunidades, los distintos pareceres, las herejías, san Juan Crisóstomo recomendaba: "Imiten a los buenos médicos. Cuando ven que un mal no cede al primer remedio, buscan otro. Si tampoco, van por otro, a veces es necesario vendar, y en extremos hasta cortar. . ." (*Homilía de san Mateo*, 29).

En las relaciones de nuestras comunidades, ¿encontramos respeto? ¿Cómo podemos avanzar hacia la caridad? ¿Podemos evitar que nuestras diferencias se conviertan en divisiones?

Índice de santos

Santo	Fecha
Antonio de Padua, san	13 de junio
Antonio María Claret, san	24 de octubre
Antonio María Zaccaría, san	5 de julio
Antusa, santa	27 de julio
Apolinar, san	20 de julio
Aquila y Prisca, santos	8 de julio
Armogasto de Cartago y compañeros, mártires, san	29 de marzo
Atanasio, san	2 de mayo
Atanasio de Antioquía, san	20 de abril
Augusto Czartoryski, beato	2 de agosto
Áurea, santa	11 de marzo
Bartolomé, Apóstol, san	24 de agosto
Beda, san	25 de mayo
Begga, santa	6 de septiembre
Benito de Nursia, san	11 de julio
Benito José Labre, san	16 de abril
Benjamín de Ergol, san	31 de marzo
Bernabé, Apóstol, san	11 de junio
Bernardino de Siena, san	20 de mayo
Bernardo de Claraval, san	20 de agosto
Bernardo de Menthone, san	15 de junio
Bernardo Peroni, beato	22 de agosto
Bonifacio, san	5 de junio
Brígida de Suecia, santa	23 de julio
Bruno, san	6 de octubre
Buenaventura, san	15 de julio
Calixto, san	14 de octubre
Camilo Constanzo, beato	15 de septiembre
Camilo de Lelis, san	14 de julio
Carlos Borromeo, san	4 de noviembre

Santo	Fecha
Carlos de Foucauld, beato	1 de diciembre
Carlos Leisner, beato	12 de agosto
Carlos Lwanga y mártires de Uganda, san	3 de junio
Carlos Manuel Rodríguez, beato	13 de julio
Carmelitas de Compiegne, mártires, beatas	17 de julio
Catalina de Alexandría, santa	25 de noviembre
Catalina de Drexel, santa	3 de marzo
Catalina Laboure, santa	27 de noviembre
Cayetano, san	7 de agosto
Cecilia, santa	22 de noviembre
Cecilio, san	1 de febrero
Charbel Makhluf, san	24 de julio
Cipriano, san	16 de septiembre
Cirilo de Alejandría, san	27 de junio
Cirilo de Jerusalén, san	18 de marzo
Clara de Asís, santa	11 de agosto
Clara Luz Badano, beata	29 de octubre
Concepción Cabrera de Armida, beata	4 de marzo
Conmemoración de los fieles difuntos	2 de noviembre
Conversión de san Pablo, la	25 de enero
Cosme y Damián, santos	26 de septiembre
Crispín y Crispiano, santos	25 de octubre
Cristóbal de Licia, san	10 de julio
Cristóbal Magallanes, san	21 de mayo
Dámaso, Papa, san	11 de diciembre
Damián de Molokai, san	15 de abril
Dimas, san	25 de marzo
Domingo de Guzmán, santo	8 de agosto
Domingo de Silos, santo	20 de diciembre
Domingo Savio, santo	6 de mayo

Santo	Fecha
Dorothy Day, sierva de Dios	29 de noviembre
Eata de Hexham, san	26 de octubre
Edmundo, san	20 de noviembre
Eduardo, el Confesor, san	13 de octubre
Eduviges, santa	16 de octubre
Efrén, san	9 de junio
Elfego de Winchester, san	19 de abril
Elías, san	14 de junio
Elizabeth Seaton, santa	4 de enero
Enrique de Ossó, san	27 de enero
Ernesto, san	7 de noviembre
Escolástica, santa	10 de febrero
Estanislao de Cracovia, san	11 de abril
Esteban, san	26 de diciembre
Esteban de Hungría, san	16 de agosto
Ester, reina de Persia, santa	1 de julio
Eufrasia, santa	13 de marzo
Eulalia de Mérida, santa	10 de diciembre
Eulogio de Córdova, san	9 de enero
Faustina Kowalska, santa	5 de octubre
Federico de Utrecht, san	18 de julio
Federico Janssoone, san	19 de noviembre
Felícitas y Perpetua, santas	7 de marzo
Felipe Neri, san	26 de mayo
Felipe Smaldone, san	4 de junio
Felipe y Santiago, Apóstoles, santos	3 de mayo
Félix, Obispo de Nantes, san	6 de enero
Félix de Como, santo	8 de octubre
Fidel Sigmaringa, san	24 de abril
Finian de Clonard, san	12 de diciembre

Santo	Fecha
Francisca Javier Cabrini, santa	13 de noviembre
Francisca Romana, santa	9 de marzo
Francisco de Asís, san	4 de octubre
Francisco de Borja, san	3 de octubre
Francisco de Paula, san	2 de abril
Francisco de Sales, san	24 de enero
Francisco Javier, san	3 de diciembre
Francisco Regis Clet, beato	18 de febrero
Francisco Rogaczewski, beato	11 de enero
Francisco Solano, san	18 de abril
Gabriel Possenti, san	27 de febrero
Genoveva, santa	3 de enero
Gerardo Sagredo, san	24 de septiembre
Gertrudis, santa	16 de noviembre
Ghebra Miguel, beato	30 de agosto
Gotardo de Hildesheim, san	4 de mayo
Gregorio de Nacianzo, san	2 de enero
Gregorio Magno, san	3 de septiembre
Gregorio Ostiense, san	9 de mayo
Guillermo de Aquitania, san	28 de mayo
Hadewijch de Bravante, beata	15 de diciembre
Hamed, Saida y Zoraida, santos	21 de agosto
Hermione de Efeso, santa	4 de septiembre
Hilario de Arlés, san	5 de mayo
Hilario de Poitiers, san	13 de enero
Hildegarda, santa	17 de septiembre
Hildward, san	7 de septiembre
Hormisdas, san	6 de agosto
Hugo, el Grande, san	28 de abril
Hugo de Grenoble, san	1 de abril

Santo	Fecha
Hunger de Utrecht, san	22 de diciembre
Ignacio de Antioquía, san	17 de octubre
Ignacio de Loyola, san	31 de julio
Inés, santa	21 de enero
Inés Cao Kuiying, santa	1 de marzo
Ingrid de Skanninge, beata	2 de septiembre
Inocentes, santos	28 de diciembre
Irineo, san	28 de junio
Isabel de Hungría, santa	17 de noviembre
Isabel de la Trinidad, santa	8 de noviembre
Isidoro, san	4 de abril
Isidoro Bakanja, beato	15 de agosto
Isidro Labrador, san	15 de mayo
Iván Merz, beato	10 de mayo
Jacobo Griesinger de Ulm, beato	12 de octubre
Jenaro, san	19 de septiembre
Jerónimo Emiliani, san	8 de febrero
Jerónimo, san	30 de septiembre
Jerzy Popieluzco, beato	20 de octubre
Joaquín, san y Ana, santa	26 de julio
John Henry Newman, santo	9 de octubre
Jordán de Sajonia, beato	13 de febrero
Jorge, san	23 de abril
Jorge, el Ermitaño, san	8 de enero
Josafat, san	12 de noviembre
José, san	19 de marzo
José de Arimatea, san	31 de agosto
José Gabriel Brochero, san	16 de marzo
José María Robles, san	26 de junio
José Moscati, san	12 de abril

Santo	Fecha
José Pignatelle, san	14 de noviembre
José Sebastián Pelczar, san	19 de enero
Josué, san	1 de septiembre
Juan, Evangelista, san	27 de diciembre
Juan Bautista de la Salle, san	7 de abril
Juan Bautista Rossi, san	23 de mayo
Juan Bautista, san	24 de junio
Juan Berchmans, san	13 de agosto
Juan Bosco, san	31 de enero
Juan Capistrano, san	23 de octubre
Juan Crisostomo, san	13 de septiembre
Juan Damasceno, san	4 de diciembre
Juan de Brebeuf y compañeros, mártires, san	19 de octubre
Juan de Brito, san	4 de febrero
Juan de Dios, san	8 de marzo
Juan de la Cruz, san	14 de diciembre
Juan Diego, san	9 de diciembre
Juan Eudes, san	19 de agosto
Juan Francisco de Regis, san	16 de junio
Juan Gualberto, san	12 de julio
Juan I, Papa, san	18 de mayo
Juan Luis Loir, beato	19 de mayo
Juan Manuel Perboyre, beato	11 de septiembre
Juan María Vianney, san	4 de agosto
Juan Nepomuceno Newman, san	5 de enero
Juan Nepomuceno, san	16 de mayo
Juan Pablo II, Papa, san	22 de octubre
Juan XXIII, Papa, san	11 de octubre
Juana de Arco, santa	30 de mayo
Juana de Lestonnac, santa	2 de febrero

Santo	Fecha
Juana Delanoue, santa	17 de agosto
Juana María de Maille, beata	28 de marzo
Julia (Nemesia) Valle, beata	18 de diciembre
Julia de Billiart, santa	8 de abril
Julia Rodzinska, beata	20 de febrero
Julia Salzano, santa	17 de mayo
Juliana Falconieri, santa	7 de febrero
Justino, san	1 de junio
Kateri Tekakwitha, santa	17 de abril
Lamberto de Maastricht, san	18 de septiembre
Laura Vicuña, beata	10 de enero
León Magno, Papa, san	10 de noviembre
Leónidas de Alejandría, san	22 de abril
Liduvina de Shiedam, santa	14 de abril
Lorenza Harasymiv, beata	26 de agosto
Lorenzo, san	10 de agosto
Lorenzo de Brindisi, san	21 de julio
Lorenzo Ruiz, san	28 de septiembre
Lucas, Evangelista, san	18 de octubre
Lucía, santa	13 de diciembre
Ludgero, san	26 de marzo
Luis, rey de Francia, san	25 de agosto
Luis Gabriel Taurin, san	14 de septiembre
Luis Gonzaga, san	21 de junio
Luisa de Marillac, santa	15 de marzo
Macrina la Joven, santa	19 de julio
Magdalena Canossa, santa	9 de abril
Marana y Cira, santas	28 de febrero
Marcel Callo, beato	20 de marzo
Marceliano y Marcos de Roma, santos	18 de junio

Santo	Fecha
Marcelino y Pedro, santos	2 de junio
Marcelo I, Papa, san	16 de enero
Marcos Evangelista, san	25 de abril
Margarita Bourgeoys, santa	12 de enero
Margarita Colonna, beata	30 de diciembre
Margarita Metola, santa	13 de abril
María, Madre de Dios, santa	1 de enero
María de Jesús del Buen Pastor, beata	21 de noviembre
María de Jesús López Rivas, beata	12 de septiembre
María de la Encarnación Guyart, santa	29 de abril
María de la Encarnación Rosal, beata	27 de octubre
María Droste Zu Vischering, beata	8 de mayo
María Eva Noiszewska y María Marta Wolowska, beatas	19 de diciembre
María Goretti, santa	6 de julio
María Magdalena, santa	22 de julio
María Margarita de Youville, santa	23 de diciembre
María Rafaela Cimatti, beata	23 de junio
María Romero Meneses, beata	7 de julio
Marta, santa	29 de julio
Martín de Porres, san	3 de noviembre
Martín de Tours, san	11 de noviembre
Mártires colombianos de San Juan de Dios, beatos	10 de abril
Mártires ingleses, beatos	10 de marzo
Mateo, Apóstol, san	21 de septiembre
Matías, Apóstol, san	14 de mayo
Matilde, santa	14 de marzo
Mauricio Tebano, san	22 de septiembre
Mauro, san	15 de enero
Maximiliano María Kolbe, san	14 de agosto
Maximino de Treveres, san	29 de mayo

Santo	Fecha
Mayolo, san	11 de mayo
Medardo, san	8 de junio
Miguel Agustín Pro, san	23 de noviembre
Miguel Febres Cordero, hermano, santo	9 de febrero
Miguel, Gabriel y Rafael, Arcángeles, santos	29 de septiembre
Miguelina Matteli, santa	20 de junio
Mónica, santa	27 de agosto
Nacimiento de Nuestro Señor Jesucristo	25 de diciembre
Narcisa de Jesús Martillo, beata	8 de diciembre
Nereo y Aquileo, santos	12 de mayo
Nicolás Barre, beato	31 de mayo
Nicolás de Fueli, san	21 de marzo
Nicolás de Myra, san	6 de diciembre
Nicolás Owen, san	22 de marzo
Nicolás Pieck y compañeros, mártires, san	9 de julio
Nicolás Steensen, beato	5 de diciembre
Nicolás Tolentino, san	10 de septiembre
Noel Pinot, beato	21 de febrero
Norberto, san	6 de junio
Odón de Cluny, san	18 de noviembre
Olegario, san	6 de marzo
Onofre, san	12 de junio
Orosia, santa	25 de junio
Óscar (Anscario), san	3 de febrero
Óscar Arnulfo Romero, Arzobispo, san	24 de marzo
Otón de Bamberg, san	2 de julio
Pablo Chong Hasang, san	20 de septiembre
Pablo Ho Hyob, san	30 de enero
Pablo Miki y compañeros, mártires de Japón, san	6 de febrero
Pánfilo de Cesarea y compañeros, mártires, san	16 de febrero

Santo	Fecha
Patricio, san	17 de marzo
Paula Isabel Cerioli, santa	24 de diciembre
Paula Montal Fornes, santa	26 de febrero
Pedro Betancourt, san	26 de abril
Pedro Canisio, san	21 de diciembre
Pedro Claver, san	8 de septiembre
Pedro Crisólogo, san	30 de julio
Pedro Damián, san	22 de febrero
Pedro de Jesús Maldonado, beato	11 de febrero
Pedro Donders, beato	14 de enero
Pedro Julián Eymard, san	3 de agosto
Pedro Regalado, san	13 de mayo
Pedro y Pablo, Apóstoles, santos	29 de junio
Pedro Poveda, mártir, san	28 de julio
Peregrino Laziosi, san	1 de mayo
Pier Giorgio Frassati, beato	4 de julio
Pierina Morosini, beata	6 de abril
Pío V, Papa, san	30 de abril
Policarpo de Esmirna, san	23 de febrero
Primeros mártires de la Iglesia romana	30 de junio
Priscila, santa	18 de enero
Rafael Chilinzky, beato	2 de diciembre
Rafael Kalinowsky, san	9 de noviembre
Raimundo Peñafort, san	7 de enero
Raúl de Senlis, san	30 de marzo
Ricardo Wyche, san	3 de abril
Rita de Casia, santa	22 de mayo
Romualdo, san	19 de junio
Rosa de Lima, santa	23 de agosto
Rosa Venerini, beata	7 de mayo

Santo	Fecha
Ruperto de Salzburgo, san	27 de marzo
Santiago Alberione, beato	26 de noviembre
Santiago Laval, beato	9 de septiembre
Santiago el Mayor, Apóstol, san	25 de julio
Saturnino de Abitinia y compañeros, mártires, san	12 de febrero
Sebastián, san	20 de enero
Serapión de Antioquía, san	30 de octubre
Sergio de Capadocia, san	24 de febrero
Sergio de Radonezh, san	25 de septiembre
Sergio y Baco, santos	7 de octubre
Severo, san	6 de noviembre
Siete fundadores de los servitas	17 de febrero
Sigfrido de Suecia, san	15 de febrero
Silvestre, san	31 de diciembre
Simón da Costa, beato	16 de julio
Simón y Judas Tadeo, Apóstoles, santos	28 de octubre
Teodora de Rossano, santa	28 de noviembre
Teófilo de Cesarea, san	5 de marzo
Teresa Benedicta de la Cruz (Edith Stein), santa	9 de agosto
Teresa Bracco, santa	29 de agosto
Teresa de Ávila, santa	15 de octubre
Teresa de Calcuta, santa	5 de septiembre
Teresita del Niño Jesús, santa	1 de octubre
Timoteo, san	26 de enero
Todos los Santos	1 de noviembre
Tomás, Apóstol, santo	3 de julio
Tomás Becket, santo	29 de diciembre
Tomás de Aquino, santo	28 de enero
Tomás Moro, santo	22 de junio
Toribio de Mogrovejo, san	23 de marzo

Santo	Fecha
Trasio, san	25 de febrero
Úrsula, santa	21 de octubre
Valentín, san	14 de febrero
Valero, obispo, san y Vicente, diácono, san	22 de enero
Vicente de Paúl, san	27 de septiembre
Vicente Ferrer, san	5 de abril
Yolanda de Vianden, santa	17 de diciembre
Zacarías, san y Isabel, santa	5 de noviembre
Zita de Lucca, santa	27 de abril

Sobre la autora

Petra S. Alexander estudió Comunicación en la Universidad Iberoamericana (México) y en la actualidad es directora de la Oficina de Asuntos Hispanos en la Diócesis de San Bernardino, California, cargo desde el que acompaña al pueblo inmigrante con reuniones, clases, colaborando en la creación de materiales para la catequesis y con su constante escucha. Petra está especialmente interesada en la historia del Pueblo Hispano, su espiritualidad y en los testigos del compromiso profético.

Otros títulos en español

365 DÍAS ACOMPAÑADOS POR LOS SANTOS, VOL I

CARMEN F. AGUINACO

Las vidas de los santos, que a lo largo de los siglos han servido de inspiración a tantos, nos siguen inspirando hoy, pues aunque con el paso del tiempo el mundo haya cambiado, el espíritu humano sigue siendo el mismo. Deje que el ejemplo de estos maravillosos seres humanos lo acompañe cada día y sus vidas sirvan de guía para la suya.

365 días acompañados por los santos lo sorprenderá cada día. Siguiendo el santoral, presenta los acontecimientos más importantes de la vida de un santo del día, ofrece una reflexión sobre cómo su mensaje se puede aplicar a nuestra realidad hoy y nos hace un llamado a la acción.

Rústica | 978-0-8294-4857-3 | $14.95

Otros títulos en español

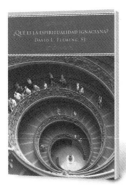

¿QUÉ ES LA ESPIRITUALIDAD IGNACIANA?

DAVID S. FLEMING, S.J.

En *¿Qué es la espiritualidad ignaciana?*, el Padre David S. Fleming, S.J., nos brinda un resumen erudito, aunque también muy accesible, de los elementos fundamentales de la espiritualidad ignaciana, entre ellos la oración contemplativa, el discernimiento y la participación activa en el servicio y la misión.

Rústica | 978-0-8294-3883-3 | $12.95

DESAFÍO
UN PROGRAMA DE REFLEXION DIARIA BASADO EN LOS EJERCICIOS ESPIRITUALES DE SAN IGNACIO DE LOYOLA

MARK LINK, S.J.

Desafío, con sus más de 250 reflexiones diarias, le ofrece la oportunidad de dedicar tiempo a la oración. Es un programa de reflexión diaria basado en los Ejercicios Espirituales de San Ignacio de Loyola.

Rústica | 978-0-8294-3300-5 | $9.95

Para hacer sus pedidos:
Llame al **800.621.1008** o visite **store.loyolapress.com**.

LOYOLAPRESS.
UN MINISTERIO JESUITA
A JESUIT MINISTRY

Otros títulos en español

UNA ORACIÓN SENCILLA QUE CAMBIA LA VIDA
DESCUBRIENDO EL PODER DEL EXAMEN DIARIO DE SAN IGNACIO DE LOYOLA

JIM MANNEY

Jim Manney presenta a los cristianos una forma de oración que existe desde hace 500 años y que cambió drásticamente la forma en que él reza y la manera en que "ve" la vida.

Rústica | 978-0-8294-4389-9 | $9.95

REDESCUBRIR EL EXAMEN IGNACIANO
DIFERENTES MANERAS DE REZAR PARTIENDO DE TU DÍA

MARK E. THIBODEAUX, S.J.

Únete a Mark Thibodeaux, S.J., mientras te guía y te invita a explorar nuevas y singulares versiones del Examen, totalmente flexibles y adaptables a tu vida. *Redescubrir el examen ignaciano* te conducirá a través de una reflexión nueva y estimulante sobre el día que termina, tu estado de ánimo actual y tus necesidades y deseos espirituales para mañana.

Rústica | 978-0-8294-4512-1 | $12.95

Para hacer sus pedidos:
Llame al **800.621.1008** o visite **store.loyolapress.com**.

LOYOLAPRESS.
UN MINISTERIO JESUITA
A JESUIT MINISTRY